Wolfgang Schäuble

Scheitert der Westen?

Wolfgang Schäuble

Scheitert der Westen?

Deutschland und die neue Weltordnung

Mit einem Vorwort von
Henry A. Kissinger

C. Bertelsmann

Das Vorwort von Henry A. Kissinger wurde von
Nils Ole Oermann aus dem Amerikanischen übersetzt.

Umwelthinweis:
Dieses Buch und der Schutzumschlag wurden auf
chlorfrei gebleichtem Papier gedruckt.
Die Einschrumpffolie (zum Schutz vor Verschmutzung)
ist aus umweltschonender und recyclingfähiger PE-Folie.

1. Auflage

Umschlaggestaltung: Design Team München
Satz: DTP im Verlag
Druck und Bindung: GGP Media, Pößneck
Printed in Germany
ISBN 3-570-00788-X
www.bertelsmann-verlag.de

Inhalt

Vorwort

Henry A. Kissinger

Die Welt nach dem Ende des Kalten Krieges ist gekennzeichnet durch eine Reihe von Paradoxien. Volkswirtschaften sind durch Technologie und Kommunikation eng vernetzt und dadurch gemeinsam verletzlich gegenüber Schwankungen, die notwendig zur Marktwirtschaft gehören. Gleichzeitig erwarten die Menschen in den verschiedenen Demokratien von ihren Regierungen Schutz vor eben diesen Schwankungen durch Maßnahmen, die außerhalb des Marktmechanismus liegen. Eine ganze Reihe fundamentaler Umwälzungen sind die Folge von demografischen Verschiebungen, von Klimawandel und der Veränderung menschlicher Wahrnehmung, hervorgebracht von einer Technologie, die noch eine Generation zuvor unbekannt war. Was der Welt jedoch fehlt sind Institutionen, die die Herausforderungen jenseits von reinem Krisenmanagement annehmen. Das Ende des Bedrohungsszenarios des Kalten Krieges und das Entstehen radikal neuer Gefahren begründen die Notwendigkeit einer Neudefinition des aus dem Kalten Krieg stammenden Verständnisses von Sicherheit. Die Diskussionen um Unilateralismus versus Multilateralismus zeigen, dass sich das Verständnis von gemeinsamen Interessen nicht mehr so deckungsgleich gestaltet wie zu der Zeit, als die Allianzen geschlossen wurden.

Die vergangenen Jahrzehnte haben eine triumphale Ausbreitung von Demokratie in vielen Teilen der Welt hervorgebracht. Gleichzeitig wuchsen in derselben Zeit neue Bedrohungen für die Beständigkeit von Demokratien, und zwar durch aufkeimenden Fundamentalismus in vielen Teilen des Globus.

Es ist die Aufgabe eines Staatsmannes, seine Gesellschaft von einer vertrauten Gegenwart in eine ungewisse Zukunft zu führen. Dies ist eine recht einsame Aufgabe, die den Willen voraussetzt, unpopuläre Entscheidungen zu treffen. Es liegt aber in der Natur des modernen demokratischen Staates, das aktuell Naheliegende dem wirklich Wichtigen vorzuziehen und das gegenwärtig Populäre gegenüber dem, was mit Blick auf die Zukunft langfristig notwendig erscheint. Diesen Zwiespalt zu überbrücken ist die wichtigste Aufgabe gegenwärtiger Politik.

Es ist zu würdigen, dass sich Dr. Schäuble dieser Herausforderung gestellt hat. Als eine führende Persönlichkeit in der zweiten Generation deutscher Nachkriegspolitiker befand er sich als Minister in der Übergangsphase am Ende des Kalten Krieges und während der deutschen Wiedervereinigung in Schlüsselpositionen. Als Teil der Generation, die die Übergangsphase von der Überwindung der Hinterlassenschaften des Weltkrieges hin zu einer Position des Ansehens für Deutschland innerhalb europäischer und globaler Politik gestaltet hat, wirkte er klug und konstruktiv sowohl an den nationalen wie internationalen Debatten mit, welche die Welt, in der wir heute leben, geprägt haben. Mit diesem Buch hat er eine Zukunftsvision entwickelt für sein Land, für Europa, für die transatlantischen Beziehungen und für das Verhältnis von Industrie- und Entwicklungsländern. Der Schwerpunkt liegt dabei nicht auf taktischen Lösungen, sondern auf grundlegenden Konzepten.

Veröffentlicht zu einer Zeit, in der die transatlantischen Beziehungen neu ausgelotet werden, in der sich Europa in einem Zustand von Evolution befindet und in der Deutschland versucht, sich dieser neuen Dynamik anzupassen, ist dieses Buch ein wichtiger Beitrag. Und für jene Amerikaner, die ihr Schicksal untrennbar mit dem Schicksal Deutschlands verbunden sehen, ist es ermutigend, eine Sichtweise kennenzulernen, die trotz gewisser Vorbehalte bestätigt, dass die gemeinsamen Anstrengungen der Vergangenheit die Grundlage bilden sollten für die noch wichtigere Zukunft.

Einleitung

Ich bin kein Schwarzseher. Meines Erachtens gehört ein Mindestmaß an Zuversicht zur notwendigen Grundausstattung jedes Menschen, der sich politisch engagieren möchte. Nur der Mutige gestaltet die Zukunft. Aber es mangelt mir auch nicht im nötigen Maß an Realitätssinn, um zu bemerken, dass sich die Welt wie auch Deutschland zwischen dem 9. 11. 1989 und dem 11. 9. 2001 und besonders danach weniger positiv entwickelt haben, als sich das viele nach dem Fall der Berliner Mauer erhofft hatten. In keinem Fall ist die Welt stabiler geworden, weniger bedroht. Das vereinte Deutschland im Jahr 2003 wirkt weniger glücklich, als man das 1990 vielleicht hätte voraussehen mögen. Der Westen als Gemeinschaft der freien, demokratisch verfassten Völker und Nationen Europas und Amerikas scheint noch ohne Konzeption für seine Rolle auf der Bühne der Weltpolitik zu Beginn des 21. Jahrhunderts zu sein.

Deutschland steckt in einer der bedrohlichsten Wirtschaftskrisen der Nachkriegsgeschichte und tut sich sehr schwer bei der Bewältigung seiner Strukturprobleme. Das Land schlingert in dieser Krise, weil es kein politisches Leitbild und keine Zukunftsvision gibt, die es der Bevölkerung erleichtern würden, die dringend benötigten Reformschritte als zukunftssichernd zu begreifen. Das Problem ist gar nicht so sehr, dass falsche Entscheidungen getroffen werden. Die Orientierungslosigkeit entsteht eher dadurch, dass oftmals gar keine oder nur sehr unzureichende Entscheidungen getroffen werden, obwohl mittlerweile jedem vor Augen steht, dass ein nicht mehr steuerbares Schiff Deutschland auf ein Riff zuläuft.

Global entwickeln sich die Dinge nicht wesentlich anders: Weite Teile Afrikas – wie beispielsweise Liberia oder der Kongo mit einer Landmasse von der Größe Westeuropas – versinken im Chaos. Scheinbar niemand, der dazu im Westen die Möglichkeiten hätte, handelt oder interveniert effektiv, weil die Bereitschaft, sich dort zu engagieren und sich damit auch entsprechender internationaler Kritik auszusetzen, nicht in ausreichendem Maße vorhanden ist. In Ruanda war die Sachlage im Jahr 1994 nicht anders, und das Ergebnis waren Hunderttausende von Toten. In Afghanistan und im Irak sind zwar die schlimmsten Exzesse totalitärer Herrschaft beendet worden, die Gestaltung der Freiheit und die Errichtung einer friedlichen Nachkriegsgesellschaft kommen aber nicht recht voran. Darüber hinaus tut sich die Staatengemeinschaft bei der Definition einer tragfähigen Weltordnung für das 21. Jahrhundert schwer. Es bleibt unklar, wer in Zukunft welche Rolle spielen soll, wer Verantwortung tragen wird für die Entwicklung der Welt und wie das Miteinander der Menschheit geregelt werden soll. Der Eindruck einer führungs- und konzeptionslosen Welt macht sich breit.

Stagnation ist viel lähmender als eine Fehlentscheidung, weil sie allen Beteiligten das Gefühl der Ohnmacht und der Untätigkeit vermittelt, was jede Gesellschaft und jedes Individuum am Ende handlungsunfähig macht. Politische Führung ist dazu bestimmt, auf bestehende Probleme zu reagieren und nach Lösungswegen zu suchen. Aus der Vielzahl der Lösungen müssen stets einige wenige ausgesucht und trotz ungewissen Ausgangs umgesetzt werden. In diesem Prozess sind immer auch Fehler und Fehlentwicklungen zu erwarten, denn kein politisches System ist unfehlbar, kein Politiker kann alle Probleme auf einmal lösen. Allerdings drängt sich dem Beobachter manchmal der Eindruck auf, dass gerade die Verantwortungsträger in den westlichen Staaten nicht zuletzt wegen der großen Bedeutung der Medien sich vor Entscheidungen drücken oder sie hinauszögern, aus Angst vor der Reaktion der Betroffenen und aus der falschen Wahrnehmung, dass das Ausbleiben von sofortiger Zustimmung sogleich einem politischen Versagen gleichkommt. Das Gegenteil ist der Fall. Zustimmung muss erkämpft werden. Sie muss in einem zähen Ringen um die öffentliche Meinung erstritten werden. Nur so stellt sich effektive nationale wie internationale politische Führung ein. Die politischen Führer der freien Demokratien des Westens sollten hierbei nicht den Fehler machen, zu sehr auf die vermeintliche Orientierungskraft der Demoskopie zu vertrauen. Als man Winston Churchill einmal den Rat gab, bei der inhaltlichen Bestimmung seiner Politik »das Ohr nahe am Boden zu haben«, bemerkte der große Staatsmann nur trocken: »Wie soll denn die britische Nation zu politischen Führern emporschauen, wenn sich diese in einer solchen Körperhaltung befinden?«

Dass unsere Nachbarn von der Insel eine gesunde Skepsis gegenüber der Demoskopie haben, zeigt ein dort weit verbreitetes Bonmot. Es beschreibt eine schwache Führung mit dem Blick auf einen Kommandeur, der die Meinungsbildung innerhalb seiner Truppe abwartet, bevor er klare Befehle gibt, und dies dann mit der Begründung verteidigt: *»I have to follow them, I am their leader!«* So weit darf es nicht kommen, denn die Lösung unserer großen und kleinen Probleme benötigt auf der Seite der Politik durchaus mehr *leadership*, mehr Initiative, mehr Mut und Leidenschaft. Bei dieser Kombination stellt sich das nötige Quäntchen Glück dann oft von selbst ein.

Was haben nun beide Krisen, die deutsche auf der einen und die globale auf der anderen Seite, trotz ihres völlig unterschiedlichen Ausmaßes gemein? Gibt es eventuell ähnliche politische Wege zu ihrer Lösung trotz kaum vergleichbarer Voraussetzungen? Hier liegen zentrale Fragen und Antworten dieses Buches:

Die globale wie die deutsche Krise haben ähnliche Merkmale in der ihnen innewohnenden Mechanik politischer und am Ende höchst menschlicher Prozesse. Sie sind durch vergleichbare Fehleinschätzungen und politische wie wirtschaftliche Entwicklungen entstanden. Sie sind sehr ähnlich, weil sie meines Erachtens Probleme des Westens sind, die die westlichen Staaten individuell und gemeinsam lösen müssen. Die Ursachen der Strukturkrisen in fast allen westlichen Staaten sind miteinander verwandt und lassen auf »Fehler im System« schließen. Das legt die Vermutung nahe, dass auch die Lösungswege beider Krisen nicht völlig unverbunden nebeneinander her verlaufen.

Dieses Buch will versuchen, die deutschen und die globalen Probleme möglichst parallel zu analysieren sowie konkrete Lösungsansätze für beide zu vergleichen.

Deutschland ist ein Teil des Westens und leidet mehr oder minder stark an den Gebrechen und Schwächen aller westlichen Staaten. Diese Schwächen muss der Westen überwinden, wenn er weiterhin Vorbildfunktion und Führungsrolle in der Welt einnehmen möchte. Wenn man vom Westen spricht, dann doch meist von den freien, demokratischen, rechtsstaatlichen, privatwirtschaftlich geprägten Staaten Nordamerikas und Europas sowie seiner dem britischen Empire entstammenden Ableger wie Australien und Neuseeland. Diese Staaten mit ihren offenen Gesellschaften waren nicht von Natur aus frei, demokratisch, rechtsstaatlich und privatwirtschaftlich, sondern haben sich ihre Eigenschaften über Jahrhunderte mit unterschiedlichen Entwicklungsgeschwindigkeiten und Erfolgsgraden erkämpft. Erkämpft im Streit zwischen Bürger und Staat, zwischen Individuum und Kollektiv, erkämpft aber auch gegen religiöse und ideologische Machtansprüche. Die Geschichte der politischen Emanzipation des Westens ist vornehmlich eine Geschichte innerer Kämpfe um das rechte Maß an Freiheit und Ordnung. Diese Geschichte hat bis zum heutigen Tag der Welt einen nie gekannten Entwicklungsgrad und Wohlstand gebracht. Erbe und Auftrag des Westens ist es, diese Entwicklung friedlich mit allen anderen Gesellschaften der Welt zu teilen und zu einer gleichmäßigen und nachhaltigen Entwicklung der ganzen Welt beizutragen. An dieser Aufgabe wird der Westen als Staaten- und Wertegemeinschaft in den kommenden Jahrzehnten gemessen werden, und daran darf er nicht scheitern, wenn wir unsere eine Welt weiterentwickeln wollen. Scheitern kann der Westen nur dann, wenn er sich dieser aus seiner Herkunft und Geschichte rührenden Verantwortung für die Zukunft nicht bewusst ist.

Da der Westen insgesamt immer nur so stark sein wird wie die Summe seiner ihn konstituierenden Mitglieder, kommt der Gesundung seines Staats- und Gesellschaftswesens in einem Land wie Deutschland eine Bedeutung zu, die über den eigenen Bereich noch hinausgeht. Gesundung und Entwicklung Deutschlands sind daher nicht nur Selbstzweck, sie tragen auch zur Stärkung des Westens und seiner Gestaltungsfähigkeit in der Welt bei. Auch in diesem Sinne sind die hausgemachten Probleme mit den globalen verzahnt und bedürfen eines durchdachten Lösungsweges.

Natürlich zeitigt nicht alles, was in Deutschland funktionieren kann und für deutsche Verhältnisse entwickelt wird, auch auf globaler Ebene Wirkung und umgekehrt. Dennoch bin ich der Meinung, dass Deutschlands Herausforderungen zwar in einem bestimmten nationalen Kontext stehen, dass die Werkzeuge zu ihrer Lösung jedoch auch global greifen können *et vice versa*. Dies ist nicht als Neuauflage eines kolonialen »An unserem Wesen soll die Welt genesen« misszuverstehen, im Gegenteil: Mit einem erheblichen Maß an Bescheidenheit können wir Deutsche aus eigenen Fehlern lernen und genauso fremde Erfahrungen für uns und andere nutzbar machen. Hier schließt sich der Kreis mit Blick auf den Titel dieses Buches: Der Erfolg des Westens ist eben dann bedroht, wenn seine verschiedenen Teile es nicht schaffen, ihre eigenen nationalen Probleme zu lösen. Gelingt ihnen dies nicht, führen die Konsequenzen dieses Unvermögens auf globaler Ebene im Zweifel zu mehr Konflikten und Auseinandersetzungen.

Das vorliegende Buch beruht auf zwei Grundhaltungen, die zwar keineswegs neu, aber hochaktuell sind. Beide finden sich als Inschrift im Apollotempel zu Delphi: *Erkenne dich selbst – Gnoti seauton* – und *Nichts im Übermaß – Meden agan.*

Die Suche nach Erkenntnis im Bewusstsein der eigenen Grenzen und das Maßhalten als Leitlinie menschlichen Handelns sind aus meiner Sicht die entscheidenden Fähigkeiten zur Lösung gesellschaftlicher Probleme, weil sie Fortschritt ermöglichen, ohne zu Selbstüberhebungen zu führen. Probleme – ob nun globale, nationale oder individuelle – können nur diejenigen lösen, die zunächst in der Lage sind, sie zu erkennen. Und mit einer adäquaten Problemdiagnose kann nur sinnvoll umgehen, wer maßvoll und abwägend Lösungsvorschläge umzusetzen weiß. Gerade nach dem Ende des Kalten Krieges bis hin zum 11.9.2001 schienen viele der Meinung zu sein, dass die Welt nun ihre großen Probleme bewältigt habe und der Mäßigung in Zeiten eines scheinbar grenzenlosen Wachstums nicht mehr bedürfe. Dem ist aber mitnichten so, wie ein Blick auf eine von Bedrohungen, Konflikten und Rezessionen geprägte aktuelle Weltlage zeigt.

Vor diesem Hintergrund werde ich mich im ersten Kapitel der Periode zwischen dem 9.11.1989 und dem 11.9.2001 zuwenden, um vor der Suche nach Lösungsansätzen zunächst ein Problembewusstsein dafür zu entwickeln, was sich in dieser außergewöhnlichen Dekade abgespielt hat. Diese Periode muss gerade im Westen als ein »Interregnum des Marktes« wahrgenommen werden, in der die entwickelte, globalisierte und sich immer schneller verändernde Welt losgelöst von staatlicher Einflussnahme und mit einem auf das rein Wirtschaftliche bezogenen vermeintlichen gesellschaftlichen Konsens auszukommen schien. Die Bill Gates oder Jerry Yangs dieser Welt, so die damals vorherrschende Meinung, würden die Dinge schon richten und weltweiten Wohlstand garantieren. Aber diese Vision zerschellte zunächst an den Börsen und schließlich an zwei Bürotürmen in New York. Der kraftstrotzende Koloss Globalisierung wurde über Nacht zum ängstlichen Atlas, der nun wieder nach Sicherheit, Orientierung und auch staatlicher Führung rief, damit er beim Tragen seiner Last unterstützt werde. Hier stellt sich eine der zentralen Fragen unserer aktuellen Befindlichkeit: Wie konnte es nur zehn Jahre nach dem Ende des Kalten Krieges zu einer weltpolitischen Situation kommen, in der sich Menschen durch Terror bedroht fühlen, Volkswirtschaften nicht mehr wachsen und der Ruf nach einem starken Staat vielerorts lauter wird? Warum hat sich gerade für uns Deutsche als diejenigen, die mit der Wiedervereinigung gesegnet wurden, die Lage im europäischen Maßstab so dramatisch verschlechtert? Welche Fehleinschätzungen lagen unserem Handeln zugrunde, und wie können wir sie korrigieren?

Im zweiten Kapitel ist der Prozess der zunehmenden Globalisierung als die dritte kapitalistische Revolution zu analysieren, die nach der Dampfmaschine und dem Erdöl den Computer zum Motor wirtschaftlichen Wachstums machte.

Wie hängen die geschichtlich beispiellose Industrialisierung und die damit verbundene wirtschaftliche Expansion im 19. und 20. Jahrhundert sowie der Einzug des Informationszeitalters zusammen? Wie haben diese Prozesse die Entwicklungen des letzten Jahrzehnts beeinflusst? Welche Chancen und Gefahren, welche Nebenwirkungen hat die Globalisierung offenbart, und wie gehen wir im Westen mit diesem Prozess um?

Im darauf folgenden dritten Kapitel soll nach der Beschreibung der momentanen ökonomischen und politischen Situation eine grundlegende Ursachenforschung betrieben werden, um zu realisierbaren Lösungswegen zu kommen: Fehler werden am

Ende nicht von Staaten oder Institutionen, sondern von den in ihnen eingebundenen und vernetzten Individuen gemacht. In welchen Handlungsparametern agieren diese Individuen, und an welchen scheitern sie?

»Ich bin ein Mensch, mir ist nichts Menschliches fremd«, lässt Terenz eine seiner Hauptfiguren sagen. Politische oder gesellschaftliche Gruppen, denen der Kern dieses Menschlichen fremd und unzugänglich bleibt, können ihre Umwelt weder verstehen noch deren Probleme lösen. Welches Menschenbild liegt unserer Gesellschaft als Teil des Westens zugrunde? Was trägt es, was tragen wir zum Problem und was zur Lösung bei? Oder besser: Erkenne dich selbst!

Sodann möchte ich der Frage nachgehen, wo wir herkommen und wo wir stehen, als Deutsche, als Europäer und als der Westen. Daher wird in einem vierten Kapitel zunächst Europa als die Heimat Deutschlands und als ein Kontinent, der alle historischen Höhen und Tiefen durchlebt hat, vorgestellt. Aus der Geschichte Europas und aus dem Zusammenspiel seiner vielen Völker und Nationen lässt sich sicherlich viel an Erfahrungen weitergeben, ohne dass es paternalistisch oder oberlehrerhaft wirken muss. Die Notwendigkeit zum Maßhalten, verbunden mit Geduld und Dynamik, sind für mich dabei die Destillate der langen Geschichte Europas und zugleich wesentliche Bestandteile westlichen Denkens und Handelns, die wir in der Weltpolitik des 21. Jahrhunderts gut gebrauchen können. Gerade im Licht der jüngsten Spannungen in den transatlantischen Beziehungen können die Vereinigten Staaten von Amerika – der andere Pfeiler des Westens – hier viel von Europa lernen, ohne dass Europa – wie in den letzten Monaten – als Lehrmeister auftreten muss.

Im fünften Kapitel werde ich mich deshalb den Lehren und Erfahrungen der Neuen Welt, deren Idealen und ihrer Zuversicht zuwenden, um so die Grundlagen für ein zukünftiges Erfolgskonzept des Westens zu suchen, mit dem man nationale wie globale Probleme angehen kann. Denn auch wir Europäer können von unseren engsten Verwandten, den Bürgern der Vereinigten Staaten von Amerika, vieles lernen, was uns bei der Bewältigung zukünftiger Herausforderungen von Nutzen sein wird, vor allem eben Idealismus und Lebensmut.

Da die Welt aber nicht nur aus dem Westen, aus Europa und den Vereinigten Staaten von Amerika besteht, will ich im sechsten Kapitel unter der Überschrift »Die Würde des Anderen« den Versuch unternehmen, die Vielfalt unseres Daseins als das eigentlich Faszinierende und das für unser Handeln im 21. Jahrhundert Prägende vorzustellen. Wie kann unsere Welt auf friedliche Weise zusammenwachsen, und wie können wir Konflikte vermeiden, statt an ihnen zu zerbrechen? Die Vielfalt des Lebens in politischer, wirtschaftlicher, gesellschaftlicher, religiöser, kultureller und biologischer Hinsicht wird uns durch die Intensität der Globalisierung täglich bewusster. Wir sind darauf anscheinend unzureichend vorbereitet und sollten doch positiv mit diesem Phänomen umgehen, weil es die Quelle für Fortschritt und Entwicklung der Menschheit ist.

Welche Lehren können und müssen wir aus der Globalisierung und den Ereignissen nach dem 11.9. im Westen ziehen, um in der Zukunft nicht nur bestehen, sondern auch friedlich zusammenleben zu können? Wie nutzen wir unsere natürlichen, ökonomischen und kulturellen Ressourcen und Erfahrungen so, dass nicht nur wir selbst, sondern möglichst viele andere die Herausforderungen der Globalisierung, von Terrorismus über Aids bis hin zu Umweltproblemen, bewältigen können? Wie schaffen wir es, als Westen vorbildlich aufzutreten und den Dialog der Kulturen anstatt des Kriegs der Zivilisationen zum Leitbild zu erheben? Diesen Fragen will ich im siebten Kapitel nachgehen.

Im letzten Kapitel stellt sich dann die Frage, was das alles für Deutschland außen-, sicherheits- und wirtschaftspolitisch bedeutet. Welche ist unsere Rolle in der Weltgemeinschaft?

Können wir diese wählen, und wie werden wir ihr langfristig gerecht? Wie bewältigen wir kurz- und mittelfristig unsere eigenen gesellschaftlichen Probleme? Was konkret können wir von unseren Freunden und Gegnern in der Welt lernen, und was geben wir diesen umgekehrt zurück?

Das vorliegende Buch will trotz aller auf der Welt bestehenden Nöte und Sorgen vor allem ermutigen. Ermutigen zum Lösen von Problemen, zum aktiven Handeln und zum geduldigen und nachhaltigen Umsetzen kleiner Schritte Tag für Tag und auch gegen Widerstände und Hindernisse. Heutzutage stehen viele Menschen an unterschiedlichen Orten der Welt vor ähnlichen Problemen. Ein von Hungersnöten, Krankheiten und Unterdrückung geplagter Bauer in Westafrika hat beispielsweise vermutlich eines gemein mit einem nahezu allmächtigen und mit immenser Ressourcenfülle ausgestatteten Vorstandsvorsitzenden einer global agierenden Bank im Herzen Europas: Beide haben das Gefühl, »nicht mehr Herr der Lage« zu sein. Das verbindet sie, ohne dass sie voneinander wissen. Aus diesem ähnlichen Empfinden stellen beide an die Politik die Frage, ob diese Abhilfe schaffen kann.

Wir dürfen von der Politik und von den Politikern keine Wunder erwarten, aber Mut und Leidenschaft werden schon gebraucht. Mut zur Ehrlichkeit, welche die Fehlbarkeit politischen Handelns nicht schönredet, sich aber auch nicht resignierend mit ihr abfindet. Und Leidenschaft, um dennoch jeden Tag zu handeln, um jeden Tag zu ermutigen und manchmal auch Vorbild zu sein. Das Scheitern der großen Gesellschaftsentwürfe, das Verpuffen ganzer Regierungsprogramme und die häufige Wirkungslosigkeit der ungezählten Regierungskonferenzen, Kommissionen, Expertengruppen und Räte sind kein Beleg für die Vergeblichkeit von Politik. Sie sollten eher Ansporn sein für eine auf den Menschen eingehende, zuhörende und verstehende Politik.

Als frisch gewählter Bundestagsabgeordneter stand ich Ende 1972 in einer Gesprächsrunde junger Abgeordneter mit dem damaligen Fraktionsvorsitzenden Rainer Barzel zusammen. »Reden«, sagte Rainer Barzel, »können Sie alle wohl mehr oder weniger, sonst wären Sie ja nicht hier. Was Sie in Bonn jetzt lernen können und lernen müssen, ist zuhören.« Seitdem habe ich immer wieder den Eindruck gewonnen, dass in der Tat die Fähigkeit zum Zuhören in unseren politischen und gesellschaftlichen Debatten eher gering entwickelt ist. Wer Menschen offen begegnet und ihnen das Gefühl gibt zuzuhören, ermutigt sie. Zuhören in diesem Sinne heißt, die Probleme der Menschen und die Probleme der Welt zur Kenntnis zu nehmen. Und Lösungen zu suchen bedeutet, auch längerfristige Entwicklungen und Folgen ins Blickfeld zu nehmen.

Unsere politischen Diskussions- und Entscheidungsprozesse wirken im Alltag oft kurzatmig. Man scheint oft zu vergessen, dass alles seine Zeit hat und dass gut Ding auch Weile haben will. Gerade weil die Veränderungsprozesse so gewaltig sind, darf die längerfristige Tragfähigkeit von Lösungen nicht zu stark ausgeblendet werden. Im Jahr 1993 habe ich mit der Feststellung, dass die Grenzen zwischen innerer und äußerer Sicherheit sich auflösen, viel Aufregung verursacht. Auch der Hinweis, dass wir um eine behutsame Weiterentwicklung des Völkerrechtes nicht herumkommen werden, galt noch Ende vergangenen Jahres fast als Tabubruch. Beides gehört heute genauso zum allseits akzeptierten Erkenntnisstand deutscher Politik wie die Einsicht, dass die Sicherheit der Bundesrepublik Deutschland unsere grundsätzliche Bereitschaft erfordert, außerhalb unserer Landesgrenzen gemeinsam mit anderen notfalls auch militärische Verantwortung zu übernehmen.

Als ich Mitte der 1980er-Jahre auf Auswirkungen der demografischen Entwicklung hinwies, war die öffentliche Resonanz gering. Ähnlich erging es anderen, die schon in den vorangegangenen 1970er-Jahren auf die wachsenden ökologischen

Probleme aufmerksam gemacht hatten. Deshalb plädiere ich dafür, in unseren aktuellen Debatten längerfristige Perspektiven nicht auszublenden. Auf Grund vielfältig drängender Sorgen und Probleme gibt es kein Recht zur Resignation, aber die Pflicht zum Handeln.

Die demografischen, ökonomischen und ökologischen Probleme und die daraus resultierenden handfesten Bedrohungen unserer Sicherheit lassen uns zwar wenig Zeit zur Überwindung der nationalen wie transnationalen Differenzen und zur Errichtung einer freiheitlichen Weltordnung. Eine Betrachtung unseres eigenen Menschenbildes und der einzigartigen westlichen Entwicklungsgeschichte zeigt aber auch, dass wir in Europa und gemeinsam mit unseren Freunden in Amerika diese Probleme sehr wohl lösen können. Und hier ist der von mir verwendete und von anderen vielfach kritisierte Begriff »Schicksalsgemeinschaft« angebracht: Das fundierte Verständnis des eigenen Menschen- und Gesellschaftsbildes sowie die ökonomisch-politische Analyse der Herausforderungen der Globalisierung machen deutlich, weshalb der Westen die Kraft aufbringen kann und muss, um dem bedrohlichen Menetekel eines weltweiten Kulturkampfes zu entgehen und einen friedlichen Wettbewerb der Kulturen zu fördern.

Eine allein der Sequenz von Wahlperioden folgende »Agenda 2010« wird weder Deutschland noch der Welt reichen, um erfolgreich durch die nationalen und globalen Stürme der nächsten Jahrzehnte zu steuern.

Meines Erachtens lassen sich alle vor uns stehenden Probleme durch eine Erneuerung konservativen Denkens und Handelns meistern. Damit ist vor allem gemeint, dass wir uns nicht mehr länger von der Dynamik der Moderne einfach treiben lassen, sondern dass wir diese Dynamik steuern und neben das Erneuern und Modernisieren auch das Bewahren stellen.

Die antiken Inschriften am Apollotempel zu Delphi sind hierfür höchst aktuelle Wegweiser zu einer ausgeglichenen Entwicklung. Die Handlungsmaximen, die daraus abgeleitet werden können, sind nicht schwer zu verstehen:

Erstens die Anerkennung und Wertschätzung menschlicher Langsamkeit und Mäßigung.

Zweitens das Bedürfnis nach beständigen, verlässlichen und bewahrenden Regeln und Institutionen zur Erhaltung von Freiheit und kultureller Vielfalt.

Drittens die Erkenntnis, dass Subsidiarität als Rückführung menschlicher Entscheidungen auf überschaubare Zusammenhänge, sei es nun die Familie oder der Betrieb oder der Wohnort, oft das verlässlichste und bewährteste Mittel im Umgang mit globalen wie nationalen Problemen darstellt.

Wer nun findet, dass sich dies alles altbacken und überkommen anhört, dem möchte ich entgegenhalten, dass diese Sichtweisen freilich nichts mit den großen ideologischen Gesellschaftsentwürfen linker und rechter Prägung zu tun haben, dafür aber an den Interessen und Fähigkeiten aller Menschen orientiert sind. Im 20. Jahrhundert, dem Jahrhundert der Ideologien, wurde mit Gesellschaftsmodellen operiert, in denen die allein selig machende Überzeugung von Minderheiten für alle verbindlich gemacht werden sollte. Im Zweifel wollte man die Menschen zu ihrem vermeintlichen Glück zwingen oder auch erst den neuen Menschen schaffen, der die Segnungen der Ideologie begreifen konnte. Der Ausgang all dieser Experimente war grauenvoll. Das liegt zum Glück hinter uns, und deshalb sollte man getrost nach Maximen handeln, dic dem Naturell und dem Wesen aller Menschen entsprechen. Das 21. Jahrhundert kann eine Epoche werden, in der die Entwicklung der Menschheit nicht von ein paar wenigen Ideologen, sondern von vielen Menschen aller Kulturen und Nationen gleichermaßen und in Maßen vorangetrieben wird.

Dass der Westen in dieser an die Bedürfnisse der Menschen angepassten Entwicklung eine gestaltende Rolle spielen kann, darf und muss, ist für mich unstrittiger denn je und könnte die Grundlage bilden für eine neue politische und gesellschaftliche Vision aller Deutschen. Als Nation nicht nur mitten in Europa, sondern dadurch auch mitten in der Welt, sollten wir optimistisch nach vorn blicken und mit Augenmaß und Leidenschaft unsere Probleme angehen und unseren Teil zur Entwicklung zu einer besseren Welt beitragen.

1. Vom 9. 11. zum 11. 9. – Das Interregnum des Marktes

Roland Tichy kenne ich seit den 1980er-Jahren, als ich Chef des Bundeskanzleramtes und er wissenschaftlicher Mitarbeiter war. Wir hatten uns damals und haben uns seitdem immer wieder über Zuwanderungs- und Asylpolitik sowie über die Probleme der demographischen Entwicklung unterhalten. Im Jahr 2001 hat er mit seiner Frau ein Buch »Die Pyramide steht Kopf« geschrieben, das sich mit den Auswirkungen der demografischen Katastrophe beschäftigt. Ich hatte gern zugesagt, an einer Diskussion zur Präsentation dieses Buches mitzuwirken. Die Spannungen, die sich in der Welt der Globalisierung aus dem ganz unterschiedlichen Bevölkerungswachstum in den verschiedenen Teilen der Welt und aus dem Widerspruch zwischen vielen Jungen in armen Ländern und vielen Alten in reichen ergeben, waren das Thema und die Probleme, die sich für uns in Deutschland aus dem Alterungsprozess der Bevölkerung ergeben.

Von dieser Veranstaltung kam ich gegen 15.00 Uhr in mein Abgeordnetenbüro im Berliner Reichstag zurück. Es war der 11. 9. 2001. Im Vorzimmer starrte meine Mitarbeiterin auf den Bildschirm. In New York war kurze Zeit zuvor ein Flugzeug in einen der Türme des World Trade Center geflogen. Kaum hatte ich den Fernsehapparat in meinem Arbeitszimmer eingeschaltet, raste das zweite Flugzeug in den anderen Turm. Der Rest des Tages verlief zwischen lähmendem Entsetzen und ohnmächtiger Hektik. Abends nahm ich an einem Gedenkgottesdienst im Berliner Dom teil. Was werden sollte, wusste niemand so recht.

Am 9. 11. 1989 war ich in Bonn Innenminister. Seit Monaten hatte sich die Lage in der DDR immer dramatischer entwickelt. Nach der Öffnung des Eisernen Vorhangs an der Grenze zwischen Ungarn und Österreich sowie nach der Massenflucht in die Botschaften von Budapest und Prag waren die Übersiedlerzahlen aus der DDR wieder so groß, wie sie zuletzt im Sommer 1961 vor dem Bau der Berliner Mauer gewesen waren. Im Schmidt-Rottluff-Zimmer des Kanzleramtes sprachen wir auf Einladung von Rudolf Seiters, dem Chef des Kanzleramtes, mit den Vorsitzenden der Bundestagsfraktionen über die mit der Aufnahme der hohen Übersiedlerzahlen verbundenen Probleme. Der Bundeskanzler war zum Staatsbesuch in Polen. Plötzlich wurden wir in unseren Beratungen unterbrochen. Eduard Ackermann platzte mit der Meldung herein, die Regierung der DDR habe bekannt gegeben, dass ab heute Abend die Mauer geöffnet werde. Wir konnten es nicht glauben, und ich fragte noch, ob denn mittlerweile Alkoholgenuss während der Dienstzeit im Kanzleramt üblich sei. Aber es war keine Täuschung, die Welt hatte sich verändert. Am 9. 11. 1989 wurde ein Traum wahr, nicht nur für uns Deutsche. Und daran erinnerte ich mich bei den Bildern vom zusammenstürzenden World Trade Center. Jetzt war es ein Albtraum. Und wieder wusste man unmittelbar, dass man einen historischen Einschnitt erlebte. Geschichte vollzieht sich beständig. Aber es gibt auch Einschnitte, Ereignisse, die das Rad der Geschichte gewissermaßen beschleunigen; Daten, die später in den Geschichtsbüchern stehen werden. Oft begreift man erst in der Rückschau, was geschehen ist. Aber dass vieles nicht mehr so sein würde wie zuvor, dass wusste jeder am 9. 11. 1989 genauso wie am 11. 9. 2001.

Die Stimmung des Abends am 9. November 1989 erscheint aus dem Blickwinkel des Jahres 2003 heraus nahezu unwirklich und fremd. Die Freude, das Staunen, die Euphorie, das Unbegreifliche – ja, und eben auch dieses tief empfundene Gefühl des Glücks vor allem bei uns Deutschen: Es wirkt heute wie ein Ereignis aus grauer Vorzeit, aus einer längst vergangenen Epoche. Nicht allein in Deutschland, sondern weltweit machte sich die Hoffnung breit, dass nunmehr der Konflikt zwischen Ost und West, der sich in der unmenschlichen Berliner Mauer in Stein und Zement manifestiert hatte, zu einem friedlichen Ende gelangen würde. Mit diesem Ende des Kalten Krieges verknüpften Menschen auf der ganzen Welt hohe Erwartungen. In den Staaten und Völkern des Westens war man sich einiger denn je in der Zuversicht und der Überzeugung, dass das westliche Gesellschaftsmodell zum Vorbild einer freien, friedlichen und demokratischen Welt geworden war. Die Menschen in den westlichen Ländern waren fast euphorisch, voller Hoffnungen und Erwartungen an eine bessere Zukunft. Freiheit und Demokratie, basierend auf freien Märkten und einer kraftstrotzenden Wirtschaft, schienen sich weltweit durchzusetzen. Der sich seit der Aufklärung vollziehende Prozess der kulturellen Internationalisierung des Westens mündete ein in das Phänomen der Globalisierung, die fortan vor allem in ihrer wirtschaftlichen Dimension erlebt wurde. Nichts konnte den vermeintlichen Sieg des westlichen Gesellschaftsentwurfes treffender darstellen als der Verlauf der Börsenkurse und die volkswirtschaftlichen Wachstumsraten. Die Dynamik der Ereignisse war bis in den letzten Winkel zu spüren. Alles hing irgendwie mit allem zusammen und war dank der Möglichkeiten der modernen Kommunikations- und Informationstechnologien auch für jeden einsehbar und erfahrbar. Die Wirtschaft und mit ihr die großen Unternehmen und ihre Koryphäen waren aus Sicht des Westens die neue Elite, die *global players*, die sich anschickten, die Geschicke der Welt zum Wohle aller zu lenken.

Unbestreitbar ist die Globalisierung in einer Hinsicht eine unglaubliche Erfolgsgeschichte. Sie verbindet Menschen weltweit, schafft Wohlstand, ermöglicht Zugang zu Informationen und weitet bisher geschlossene Horizonte. Nicht umsonst weist der Herausgeber des *Economist*, Bill Emmott, in seinem Buch *»20/21 Vision: Lessons of the 20th Century for the 21st Century«* darauf hin, dass es der Westen und besonders die Vereinigten Staaten sind, die im Prozess der Globalisierung durchaus Frieden und Wohlstand sichern können, wenn sie die Segnungen der Globalisierung nur richtig in den Griff bekommen. Wie sehr der mit dem Begriff der Globalisierung bezeichnete und vermeintlich vor allem wirtschaftlich definierte Prozess die Welt verändert und weit über das Wirtschaftliche hinaus das politische, soziale und kulturelle Zusammenleben der Menschen ergriffen hat, haben unsere französischen Nachbarn mit ihrem ausgeprägten Sprachsinn besser begriffen. Denn in Frankreich spricht man nicht von Globalisierung oder *globalization*, sondern von der *mondialisation* oder Mondialisierung. Das bezeichnet viel treffender, wie sehr die Welt emotional und mental zusammengewachsen ist, wie sehr schon heute ein »Weltzusammengehörigkeitsgefühl« herrscht. Das lateinische Wort *globus* – »Kugel« – beschreibt die Welt nur als Gestalt und damit als Objekt, während das Wort *mundus* – »Welt« – auch auf die Struktur und das Innenleben dieser Welt verweist. So gesehen schulden wir den Franzosen und ihrer sprachlichen Verbundenheit mit unserem römischen Erbe Dank für diese wichtige und richtige Wortwahl.

Ein Blick auf die atemberaubenden Erfolgsseiten der Globalisierung beziehungsweise der Mondialisation beweist eindrucksvoll, wie sehr unsere Welt zusammengerückt ist:

- Niemals zuvor war die Menschheit pro Kopf wohlhabender als in den vergangenen Jahren; niemals produzierte die Menschheit so viele Güter und Dienstleistungen, und dies gilt sogar für das Armenhaus der Welt, für Afrika.
- Zwischen den Jahren 1990 und 2000 hat sich die Weltproduktion, das heißt die Erzeugung von Gütern und Dienstleistun-

gen, um knapp 15 Prozent erhöht, der Welthandel verdoppelt und das Volumen der Auslandsdirektinvestitionen versiebenfacht von knapp 200 Milliarden US-Dollar auf über 1450 Milliarden US-Dollar.

- Wenngleich Einkommensmessungen und Verteilungsmessungen immer schwierig und umstritten sind, deuten neuere Statistiken des Institute for International Economists auf ermutigende Ergebnisse: 23 Prozent der Weltbevölkerung verfügten im Jahr 2000 über ein Einkommen von weniger als zwei US-Dollar pro Tag (Armutsdefinition der Weltbank) nach 56 Prozent im Jahr 1980. Das sind immer noch beschämende 1,1 Milliarden Menschen, aber noch 1990 waren es 1,7 Milliarden und 1980 noch 1,9 Milliarden Menschen.
- Die tendenziell steigenden Prokopfeinkommen der Menschheit haben mit besonderer Ausprägung in Asien zum Entstehen einer bürgerlichen Mittelschicht in vielen Ländern geführt, was für deren Fortentwicklung in der Zukunft von zentraler Bedeutung sein dürfte.
- Nach Schätzungen der Vereinten Nationen arbeiten weltweit 150 Millionen Menschen, das heißt rund zwei Prozent der Weltbevölkerung, außerhalb ihrer Heimatländer. Die transferierten Ersparnisse dieser Menschen beliefen sich im Jahr 2000 auf rund 70 Milliarden US-Dollar.
- Von den über sechs Milliarden Bewohnern der Erde sind knapp 600 Millionen täglich Nutzer der Internettechnologie.
- Zwischen 1990 und 2000 stieg weltweit die Anzahl der so genannten Nichtregierungsorganisationen (NGOs) um 10 000 solcher zumeist international vernetzter und humanitär, sozial und kulturell ausgerichteter Bürgerbewegungen auf 37 000 an, sodass man auch sagen kann, die Menschheit kommt sich »inhaltlich« näher.

Diese unterschiedlichen Schlaglichter verdeutlichen die Intensität des Zusammenwachsens der Welt nach 1990, und sie belegen den weit verbreiteten Optimismus der Zeit unmittelbar nach 1989. Die Freiheit, die sich 1989 in allen Teilen Mittel- und Osteuropas endgültig durchsetzte, erlaubte es Menschen an vielen Orten der Welt, ihre Kenntnisse und Fähigkeiten zusammen mit ihren Träumen und Wünschen im Einklang umzusetzen. Vom »Ende der Geschichte« war die Rede, und es schien, als ob das Zusammenwachsen der Welt an ein glückliches Ende gekommen und es nur noch eine Frage der Zeit sei, bis alle Erdbewohner ein vergleichbar hohes Ausmaß an Freiheit, Wohlstand, Frieden und Gerechtigkeit würden genießen können. Man konnte den Eindruck gewinnen, als wären zweihundert Jahre nach der Französischen Revolution deren Leitsätze von Freiheit, Gleichheit und Brüderlichkeit gleichsam zu den Säulen einer globalisierten Welt geworden.

Doch wie sich nach jeder rauschenden Ballnacht eine Ernüchterung einstellt, machten sich in der ersten Hälfte der 1990er-Jahre bald ein gewisses Unbehagen, eine Skepsis, ein Nachdenken über die Begleitumstände der nach 1989 beschleunigten Entwicklung breit. Dies lag vor allem daran, dass in vielen Bereichen menschlichen Zusammenlebens die Fliehkräfte der wirtschaftlichen Dynamik der Globalisierung erfahrbar und oft schmerzhaft spürbar geworden waren. Bislang geschlossene Volkswirtschaften fanden sich in einem globalen Wettbewerb wieder, der unter den Bedingungen weltweiter Vernetzung aller Märkte stattfand. Ganze Branchen, Regionen und Währungsräume waren oft über Nacht unrentabel und begannen zu sterben. Der Markt entfaltete seine von Joseph Alois Schumpeter beschriebene schöpferische Zerstörung in einer Weise, die in ihrer Reichweite und Intensität vor Anbruch des Informationszeitalters kaum vorstellbar schien: Unter den Bedingungen der Globalisierung konnten nun die Orte der Schöpfung sehr weit weg von den Orten der Zerstörung liegen. Die betroffenen Menschen fanden sich mal auf der Sieger-, mal auf der Verliererseite einer Entwicklung wieder, die sie oder die von ihnen legitimierten Regierungen kaum beeinflussen konnten. Schien es zu Beginn der 1990er-Jahre so, als würden die Menschen die Globalisierung treiben und steuern, so machten sich bald ein Bild, eine Wahrnehmung, ein Gefühl breit, wonach die Globalisierung den Menschen erfasst hatte, ihn nur noch als Marktteilnehmer forderte und bisweilen als Menschen überforderte. Selbstzweifel nehmen seither im Selbstwertgefühl gerade des Westens zu. Der im Jahr 1989 so euphorisch begrüßte Wegfall von politischen, wirtschaftlichen und kulturellen Grenzen und Abgrenzungen wird inzwischen mancherorts eher als Bedrohung von Sicherheit und Identität stiftenden Institutionen, Traditionen und Gepflogenheiten empfunden. Weil Sichtweisen, Einstellungen und Bewertungen mehr denn je dem Einfluss medialer Bildersprache unterliegen und weil in Nachrichten die Katastrophen und Unglücksfälle nach dem Prinzip *»Bad news are good news«* notwendig stärker gewichtet werden, traten immer mehr Bilder und Ereignisse in den Vordergrund der Berichterstattung und damit in das Bewusstsein der Menschen, die eher nachdenklich machten:

- Seit dem Fall der Mauer und dem Ende des Kalten Krieges hat sich die Anzahl der Demokratien zwar weltweit fast verdoppelt, gleichzeitig hat die Anzahl der völkerrechtlichen Grauzonen ebenfalls stark zugenommen: Weite Teile West- und Zentralafrikas sowie die Region am Horn von Afrika beispielsweise sind Gebiete, in denen die jeweiligen Regierungen ihren Bürgern keine staatliche Ordnung mehr bieten können oder wollen – so genannte *failed states* – mit zum Teil entsetzlichen humanitären Katastrophen, die an die Schrecken des Dreißigjährigen Krieges erinnern. Daneben gibt es Staaten, die sich in Gefahr befinden, ihre mühsam errungene staatliche Ordnung zu verlieren – die *failing states* –, wie etwa Pakistan oder Kolumbien. Die Welt ist nach dem Ende des Wettrüstens im Ost-West-Konflikt nicht unbedingt sicherer geworden.

- Der Zerfall der früheren Sowjetunion und Jugoslawiens führte zu einer Vielzahl von ethnischen Konflikten und Bürgerkriegen mit Hunderttausenden von Toten in Europa und in seiner unmittelbaren Nachbarschaft.
- Als Folge der geschilderten Instabilitäten sind weltweit rund 20 Millionen Menschen Dauerflüchtlinge ohne realistische Chance auf Rückkehr in ihre Heimatländer und mit zunehmenden Assimilationsproblemen in den Gastländern.
- Die Zunahme der Weltbevölkerung, die Vernetzung der wirtschaftlichen Produktion, die enorme Verstädterung sowie intensivere Landwirtschaft in den entwickelten und extensivere Landwirtschaft in unterentwickelten Ländern haben zu gravierenden ökologischen Belastungen geführt, seien es Schwefelemissionen, Kohlenmonoxidausstöße, Staub- und Rußentwicklung, die wiederum Klimaveränderungen und Grundwasserschädigungen verursachen.
- Trotz aller wissenschaftlichen Fortschritte bleiben Krankheiten wie Malaria, Tuberkulose, Hepatitis und Bilharziose ebenso auf der Tagesordnung wie neue bedrohliche Viruserkrankungen vom Schlage HIV, Ebola oder jüngst SARS. Während die erstgenannte Gruppe geografisch vorwiegend auf die unterentwickelten Gebiete der Welt beschränkt ist, werden die letztgenannten tödlichen Viruskrankheiten mittels der hohen Mobilität regelmäßig rund um den Erdball transportiert und lösen massive Vertrauenskrisen aus. In weiten Teilen Afrikas ist allein wegen der Verbreitung von HIV die durchschnittliche Lebenserwartung inzwischen schon wieder rückläufig.
- Bilanzfälschungsskandale oder auch Exzesse bei den Vergütungen und Abfindungszahlungen angestellter Manager haben das Vertrauen in das Innenleben und die Funktionsweise der Marktwirtschaft ebenso erschüttert wie die oftmals zu große Einflussnahme der Wirtschaft auf politische Entscheidungen. Der Einfluss der unterschiedlichen Lobbyisten

und Verbände auf den politischen Entscheidungsmechanismus in den Ländern des Westens wird zu einer die Glaubwürdigkeit der freien Gesellschaften zunehmend unterminierenden Bedrohung.

Diese Aufzählung, die in unbequemem Kontrast zu den zunächst gezeigten positiven Seiten der Globalisierung als Mondialisation steht, illustriert auch, wie grundsätzlich anders diese prägenden Bilder im Vergleich zu den Bildern jubelnder, glücklicher Menschen im Jahr 1989 sind. Die neuen, beunruhigenden Eindrücke führen zu einer eher zurückhaltenden öffentlichen Meinung, ob mit dem Ende des Kalten Krieges wirklich so vieles besser geworden ist. Die von außen auf die Bevölkerungen der westlichen Staaten einwirkenden Stimmungsbilder verstärken die bereits latent vorhandene Erwartung einer Krise. Der Systemstreit schien mit einem eindeutigen Sieger beendet zu sein, und doch fühlten sich die Sieger, die westliche Staatengemeinschaft oder genauer noch deren Bevölkerungen, eher unbehaglich. Der Markt als Ordnungskriterium hatte gewonnen, aber jetzt galt eben nicht nur die römische Maxime *Vae victis*, »Wehe den Besiegten«, sondern erstmalig musste es auch heißen: »Wehe den Siegern.« Die neue Marktwirtschaft nach 1989 ist effizienter, schneller und aggressiver als jemals zuvor. Das Veränderungstempo, die Beschleunigung in der wirtschaftlichen Entwicklung erfasste alle am weltwirtschaftlichen Prozess Beteiligten und forderte eine hohe Umstellungsbereitschaft in immer mehr Lebensgewohnheiten. Auch in den Staaten des Westens konnte man sich keine Minute auf den Lorbeeren des Sieges im Wettstreit der Systeme ausruhen, sondern im Gegenteil traten für die westliche Gesellschaft die schmerzhaften Folgen besonders zutage. Während nämlich die Menschen in den Staaten der ehemalig kommunistischen Welt als Kompensation für den Umsturz ihrer Systeme und Lebensgewohnheiten wenigstens eine nie erlebte Fülle an Gütern und Dienstleistungen geboten bekommen hatten, hielt die neue Ordnung der Dinge für die Bevölkerungen des Westens scheinbar fast nur Einschränkungen und Kürzungen gewohnter Annehmlichkeiten parat. Dies wurde und wird von den Betroffenen subjektiv als Verlust und Nachteil empfunden und wiegt vor dem Hintergrund eines vermeintlichen Systemsieges psychisch auf besondere Weise demotivierend.

Was ist mit entmutigenden Einschränkungen und Kürzungen gemeint? Es geht gar nicht in erster Linie nur um geringere Einkommens- und Vermögenszuwächse als vielmehr um erzwungenes Abschiednehmen von Gewohnheiten und Traditionen. Im Bereich der Arbeitswelt sind die Veränderungen noch am leichtesten zu erkennen. Der klassische dauerhafte, vollzeitige und sozialversicherte Erwerbsarbeitsplatz mit einem nahezu arbeitslebenslang gleichen Arbeits- und Wohnort wird mehr und mehr zum Relikt des Industriezeitalters zwischen den Jahren 1850 und 1990. Teilzeitarbeit, Outsourcing, Leiharbeit, Ich-AG, so lauten teils zutreffend, teils ungewollt zynisch die Begriffe der modernen Arbeitswelt. Die offenen und deregulierten Volkswirtschaften bedingen eine Form der menschlichen Arbeit, die eher als unmenschlich im Sinne eines Widerspruchs zu den Bedürfnissen von Verlässlichkeit und Beständigkeit erscheint. Die Einbringung menschlicher Arbeit in den wirtschaftlichen Produktionsprozess erfolgt zunehmend punktueller, individueller, unpersönlicher, periodischer und unstetiger. Mit anderen Worten, das bis vor kurzem noch auf viele Jahre hinweg freivertraglich geschlossene symbiotische Verhältnis zwischen Arbeitgeber und Arbeitnehmer wird Schritt für Schritt ersetzt durch innerbetriebliche Marktorganisation: Jeder Arbeitnehmer trägt sich und seine Kenntnisse selbst zu Markte. Was heute an Arbeitskraft und Qualifikation etwa in Ingolstadt noch von einem Unternehmen benötigt wird, kann morgen schon vom selben Unternehmen in Oldenburg gebraucht sein. Wer nicht mitziehen und umziehen kann, verliert seinen Arbeitsplatz. Eine Zunahme der so genannten Fusions- und Übernahmetransaktionen hat zudem dazu geführt, dass Unternehmensteile oder gar ganze Unternehmen mehr oder weniger regelmäßig den Eigentümer, die Geschäftsführung, den Standort und die Identität wechseln. Unstete Erwerbsbiografien liegen nicht nur den Karrieren von Spitzenmanagern zugrunde, sondern auch Facharbeiter und andere Spezialisten werden mehr und mehr gezwungen, wechselnde Lebensumstände zu akzeptieren, um nicht den Arbeitsplatz zu gefährden. Die wirtschaftliche Bindung eines Menschen konkurriert immer öfter mit seinen sozialen und kulturellen Bindungen. Dazu trägt auch der Umstand bei, dass die arbeitsplatzschaffenden Unternehmen schnell und häufiger als jemals zuvor ihre Struktur verändern. Der rasche Wechsel in den Marktverhältnissen führt im globalisierten Wettbewerb dazu, dass ganze Geschäftsbereiche und Standorte über Nacht nicht nur den Eigentümer, sondern auch ihre Existenzberechtigung insgesamt verlieren.

Man kann mit einiger Berechtigung von einem Prozess der Entsolidarisierung auf allen Ebenen des Wirtschaftslebens sprechen. Das Phänomen der Wirtschaft und die darin enthaltene menschliche Arbeitsleistung sind seit Beginn der industriellen Revolution am Anfang des 19. Jahrhunderts zu den nachhaltigsten Erfahrungen des modernen Menschen geworden. Öffentliches und privates Leben, Bildungseinrichtungen wie Schulen und Universitäten oder soziale und technische Infrastrukturen wie Sozialversicherungen und Verkehrsnetze ebenso wie Lebensplanungen und Lebensentwürfe der einzelnen Menschen waren und sind auf ein Wirtschafts- und Arbeitsbild ausgerichtet, das sich momentan gerade selbst abschafft. Darauf waren und sind weder die politischen noch die als flexibler geltenden wirtschaftlichen Eliten und Institutionen genügend vorbereitet. Die Globalisierung mit ihren Folgen gleicht einer ungewollten Revolution von innen oder – etwas prosaischer – den berühmten Geistern, die man rief und nun nicht mehr los wird. Für den einzelnen Menschen in seiner Rolle als »Arbeitnehmer« bedeutet dies, dass die Welt von heute ihm ein Mehr an Gütern und Dienstleistungen, ein Mehr an Wohlstand und Auswahlmöglichkeiten gewährt, er aber dafür weniger Sicherheit, weniger Planbarkeit, weniger Behaglichkeit und Ruhe im weitesten Sinn und mehr Risiko, mehr Brüche und Unwägbarkeiten akzeptieren muss. Man kann den Begriff des Unbehagens auch erweitern und davon sprechen, dass die Freiheit zuweilen eine »kalte« Erfahrung sein kann, dass Freiheit durch den Einzelnen nicht nur genossen werden kann, sondern manchmal auch ertragen und bewältigt werden muss.

Die geschilderte Erfahrungswelt des Einzelnen kann problemlos auf ganze Gruppen und Bevölkerungen übertragen werden. Die Veränderungen in der globalisierten und allseitig abhängigen Welt führen zur Auflösung institutioneller Arrangements in allen Lebensbereichen. Wenn der Einzelne in einer eher unsteten Arbeitswelt quasi gezwungen wird, stets räumlich und zeitlich flexibel und nahezu unbeschränkt verfügbar zu sein, dann werden private Bindungen leicht zur Last, zum Hindernis und zum Ärgernis. Private Bindungen aber sind vor allem Ehe und Kinder, Familie im weitesten Sinn. Die hohe Zahl an Scheidungen und die rückläufige Geburtenrate sind zweifelsohne auch Tribute an die moderne Wirtschaftswelt, die den freien und ungebundenen Einzelnen dem in einer Gemeinschaft oder an einen Ort Gebundenen vorzieht. Aber nicht nur Ehe und Familie sind bedroht, sondern auch das Nebeneinander der Generationen. Das moderne Wirtschaftsleben zieht den jungen Ungebundenen dem erfahrenen Älteren vor, Seniorität wird eher zur Belastung, und die Tendenz zur Frühverrentung in fast allen westlichen Staaten stellt dies eindrucksvoll unter Beweis. Die Beziehung der Generationen wird in der Zukunft noch viel stärker unter Druck geraten, weil die demografische Entwicklung zusammen mit dem Schwinden klassischer Erwerbsarbeitsplätze zu einem Zusammenbruch der umlagefinanzierten Rentensysteme in allen entwickelten Industriestaaten führt. Die Jungen werden die Alten als Last, die Alten werden die Jungen als egoistisch und undankbar empfinden, und beide Gruppen werden ihren Unmut bei der Politik oder »dem Staat« schlechthin abladen. Mehr und mehr gesellschaftliche Diskussionen werden entlang der Linie »Wer ist Gewinner, wer ist Verlierer?« geführt werden. Die allgemeine Verunsicherung der Menschen, die empfundene und die tatsächliche Zunahme der Lebensrisiken sowie die abnehmende Fähigkeit nichtökonomischer Institutionen wie Staat oder Kirche zur Stabilisierung und zum Ausgleich der Interessen könnten die soziale Erkaltung verstärken, die Gemeinwesen in tiefe Krisen stürzen und die politische Stabilität gefährden.

Skepsis und Selbstzweifel haben also relativ schnell Optimismus und Erfolgsgefühl abgelöst, haben Unbehagen und Identitätskrisen ausgelöst. Wie ein Katalysator verstärkten die spektakulären Anschläge islamistischer Terroristen auf die USA am 11. 9. 2001 die latenten Selbstzweifel im Westen, denn in diesen Anschlägen kam eine fundamentale, geradezu nihilistische Kriegserklärung und Totalabsage an das westliche Gesellschaftsmodell zum Ausdruck. Diese brutale Manifestation politischen Willens erschütterte die westlichen Gesellschaften zutiefst. Hier trat eine im Sinne des politischen Islam motivierte Gruppierung in Konfrontation zu einem Teil der Welt, zu dessen Glaubenssätzen der Primat des Wirtschaftlichen zählte, am besten ausgedrückt im Wahlkampfslogan des damaligen Präsidentschaftskandidaten Bill Clinton: *»It's the economy, stupid!«*. Für Mohammed Atta und die Al Kaida zählte das Ökonomische nichts, nicht einmal ihr Leben war ihnen ein Hindernis bei der Verfolgung ihrer politischen Ziele. Eine existenzielle Auseinandersetzung in dieser Intensität war für fast alle Beobachter neu und unerwartet. Das Bild vom Konflikt der Zivilisationen drängte sich in die Überschriften der politischen

Leitartikel und Kommentare. Die tatsächliche und die subjektive Bedrohung spielten sich plötzlich außerhalb des wirtschaftlichen Lebens ab – instinktiv suchten die Menschen in den westlichen Staaten Schutz und Orientierung bei ihren Regierungen; bei Institutionen also, deren Leistungsfähigkeit vielleicht nur mit Ausnahme der US-amerikanischen Regierung auch heute noch eher geschwächt und wie gelähmt erscheint. So gesehen widerlegten spätestens die Ereignisse des 11.9.2001 das vermeintliche Ende der Geschichte am 9.11.1989 und lassen im Nachhinein diese zwölfjährige Periode als eine im Guten wie im Schlechten wirtschaftlich geprägte Übergangszeit erscheinen, als das neuzeitliche Interregnum des Marktes.

Auch als Folge der terroristischen Bedrohung wurden innerhalb der westlichen Gesellschaften die Fragen nach der Beherrschbarkeit und der Legitimation gesellschaftlicher Veränderungsprozesse immer drängender. Betrugsskandale und eine sich häufende Wirtschaftskriminalität untergruben darüber hinaus die Glaubwürdigkeit der Wirtschaftsführer ebenso wie sie gleichzeitig die Werthaltigkeit der Unternehmen drastisch verringerten. Unter diesen Vorzeichen verschärfte sich die nach der Jahrtausendwende einsetzende schmerzhafte, weltweite Wirtschaftskrise nach dem 11.9.2001 noch. Die Welt erscheint in der Zeit nach dem Interregnum im Großen wie im Kleinen als zunehmend unberechenbar, unsicher, komplex und oftmals unbeherrschbar. Ob es Regierungsprogramme oder Tarifreformen bei der Eisenbahn sind – nichts scheint mehr zu funktionieren, nichts mehr von Dauer zu sein. Regierungen und Wirtschaftsführer wirken überfordert, Institutionen wie Universitäten oder die Gerichtsbarkeit wirken ebenso ausgelaugt, ineffizient und überaltert wie internationale Organisationen, etwa die NATO oder die UN, wo man hinschaut nur Verwaltung von Missständen statt Gestaltung von Zukunft. Die Welt wirkt führungs- und konzeptionslos, ein Gefühl der Sinnkrise und der Orientierungslosigkeit macht sich breit.

Wie ist diese Sinnkrise der westlichen Gesellschaften zu bewerten? Gibt es Ursachen, deren Analyse vielleicht Lösungsansätze bietet? Wie so oft im Leben wurde die Entwicklung eher von Zufälligkeiten als von Absichten und Plänen bestimmt. Kaum jemand war 1989 auf den 9. November vorbereitet, und wohl niemand konnte im Jahr 2001 mit Bestimmtheit die Anschläge des 11.9. vorhersehen.

Mit den Ereignissen der Jahre 1989 und 1990 endete bei Licht betrachtet kurioserweise lediglich ein innerwestlicher Ideologie- oder Modellwettstreit. Dieser begann bereits im 19. Jahrhundert mit der Entstehung der Arbeiterschaft und der damit verbundenen sozialen Frage. Die Auseinandersetzung erreichte nach der Entstehung der kommunistischen Bewegung und ihren vielfältigen politischen Manifestationen mit dem Kalten Krieg nach 1945 einen bipolaren Höhepunkt, der erst durch die Ereignisse des Jahres 1989 sein Ende fand. Innerwestlich ist dieser Streit trotz der Bezeichnung Ost-West, denn beide Gesellschaftsmodelle – das im engeren Sinne westliche, marktwirtschaftlich-kapitalistisch und freiheitliche Modell und das eher planwirtschaftlich-kollektivistische und unfreiheitliche östliche Modell – entspringen der Gesinnung der Aufklärung und des Rationalismus. Beide gehen auf die gleiche westliche, europäisch geprägte Denkhaltung der neuzeitlichen Moderne zurück. Beide haben eine Tendenz dazu, die Prägung des Menschen vor allem im und durch den wirtschaftlichen Bereich zu sehen. Man kann es auch so sehen: Beide Modelle teilen die Ansicht, dass das Sein das Bewusstsein bestimmt. Nicht von ungefähr entstammten die verschiedenen geistigen Gründungsväter der beiden Systeme aus vergleichbaren intellektuellen Milieus.

Diese strukturelle Ähnlichkeit wird innerhalb der Systeme leicht übersehen. Erst in der Auseinandersetzung mit nichtwestlichen Gesellschaftsmodellen in anderen Teilen der Welt oder bei der Betrachtung des Scheiterns beider westlicher Modelle in den tribalistischen und traditionalen Kulturen Afrikas und Teilen Asiens tritt dieser Wesenszug deutlich hervor. Die Wesensverwandtschaft und das gemeinsame geistige Erbe in einem rationalen Ökonomismus war und ist stets auch einer der zentralen Kritikpunkte der christlichen Kirchen, insbesondere der katholischen Kirche. Man muss nicht mit allen Inhalten der Enzyklika *Centesimus Annus* aus dem Jahr 1991 übereinstimmen, aber es macht doch nachdenklich, wenn dort zu lesen ist: »Menschen im Kommunismus und im Kapitalismus ähneln sich: Der eine wie der andere ist kulturell und moralisch enteignet, entfremdet, auf sich allein zurückgeworfen und daher anonymen Übermächten ausgeliefert.«

Menschen sind mehr als Teilnehmer an Wirtschaftsprozessen, und eine Ökonomisierung unserer Gesellschaft würde letztere in ein Vakuum abgleiten lassen. Wenn man mit Menschen in den neuen Bundesländern spricht, dann merkt man oft eine seltsame Bestätigung dieser päpstlichen Botschaft. Wenn Arnulf Baring von der demoralisierten Gesellschaft Ostdeutschlands spricht, dann trifft er genau diesen Punkt: die Ernüchterung der Menschen, die in beiden Systemen die gleichen Defizite in der nichtmateriellen Erfahrungsebene verspürt haben. Der Angriff der Al Kaida scheint diese Achillesferse unserer westlichen Gesellschaften aufs Korn genommen zu haben und wird wohl auch nur auf dieser Ebene wirksam bekämpft und abgewehrt werden können.

Materiell und wirtschaftlich ist der Westen allen anderen existierenden Gesellschaftsmodellen überlegen. Nur der Westen bietet dem einzelnen Menschen ein Höchstmaß an Freiheit und Selbstverwirklichung, worauf man stolz sein kann und muss. Es ist die Ebene menschlicher Beziehungen, die vielleicht nach dem Jahr 1989 ins Hintertreffen geraten ist und die es nun genauer ins Auge zu fassen gilt. Dieser Prozess muss sowohl innerhalb der westlichen Gesellschaften als auch im Zusammenleben mit anderen Nationen, Völkern, Staaten und Regionen geleistet werden.

Beginnen wir mit der Analyse der Verhältnisse innerhalb unserer eigenen Gesellschaft. Hier scheint ein erhebliches Maß an Selbstvertrauen verloren gegangen zu sein. Man kann dies mit der Unfähigkeit, mit dem Nichtvorbereitetsein des Einzelnen im Umgang mit einem Übermaß an Veränderung erklären. Wo trotz materiellen Überflusses nichts mehr sicher, nichts mehr dauerhaft zu sein scheint, da tritt ein Gefühl der Verunsicherung ein. Wenn Arbeitsplätze, Unternehmen, ja ganze Branchen über Nacht in ihrer Existenz bedroht werden, wenn Institutionen wie Schulen und Universitäten an Ansehen verlieren, dann sind dies nur die Folgen einer viel tiefer gehenden Veränderung im Leben und Erleben vieler Menschen. Und diese grundlegenden Veränderungen beziehen sich auch auf die prägenden Institutionen des Lebens für die meisten Menschen: Familie und Heimat. Was vielen Menschen früherer Generationen Halt gab, ist heutzutage anscheinend im Schwinden begriffen – ein lebenslanger Arbeitsplatz ebenso wie eine lebenslange Partnerschaft mit einem anderen Menschen oder ein lebenslanger Wohnort. Die wirtschaftlichen, sozial-emotionalen und geografischen Stützpfeiler eines ausgeglichenen Lebens werden von vielen Menschen als gefährdet empfunden und erlebt. Jeder von uns hat unterschiedlich ausgeprägte Zugehörigkeitsbedürfnisse, aber unstrittig dürfte sein, dass die meisten Menschen ein starkes Verlangen nach einer Partnerschaft mit einem anderen Menschen haben, ob ehelich oder nichtehelich, ob zwischen Mann und Frau oder gleichgeschlechtlich. Solche menschlichen Beziehungen, die in aller Regel von starken Gefühlen der Zuneigung und der Liebe getragen werden, haben in einem sozial und räumlich stabilen Umfeld bessere Chancen auf Dauerhaftigkeit. Und sie werden noch gestärkt durch über die private Partnerschaft hinausgehenden Gefühle der Zugehörigkeit zu Familien, Freundeskreisen, Nachbarschaften, Belegschaften, Kirchen, Vereinen und vielen anderen sozialen Gruppen.

Warum muss das hier so ausführlich erwähnt werden? Weil ein unkontrollierter Marktmechanismus diese sozialen und emotionalen Bindungen – Ralf Dahrendorf spricht von Ligaturen – ignoriert und den einzelnen Menschen, das Individuum, den *homo oeconomicus*, das rational agierende Subjekt in den Mittelpunkt des Geschehens rückt. Mit gewachsenen Strukturen und Bindungen, mit Institutionen wie Familie oder Ehe hat der Markt – das haben Marx, Schumpeter und die Kirchen gleichermaßen erkannt – wenig oder nichts am Hut.

Das klingt nach Kapitalismuskritik, ist es aber nicht, denn der Markt hat seine ungeheuren Erfolge in der Bereitstellung wirtschaftlichen Wohlstandes unter Auslösung gesellschaftlicher Nebenwirkungen erzielt. Bereits die Begründer der Sozialen Marktwirtschaft, allen voran Ludwig Erhard und die Freiburger Schule, wussten um diese Nebenwirkungen und haben ja gerade deshalb die Soziale Marktwirtschaft mit ihren Schutzmechanismen für den Menschen und seine Gepflogenheiten geschaffen. Die ausgleichende Funktion des öffentlichen Sektors, des Staates und seiner vielfältigen Einrichtungen ist seit Jahren spürbar weniger präsent und wird es wohl mangels wirtschaftlicher und finanzieller Kraft auch nicht mehr so sein wie früher. Nach 1989 hatte man in der Euphorie der Ereignisse die bekannten Nebenwirkungen des allzu freien Marktes nicht nur vergessen, sondern im Überschwang der Gefühle auch noch immer mehr anderen Lebensbereichen angedeihen lassen. Das die Marktwirtschaft auszeichnende Element der Wahlfreiheit und der großen Auswahlmöglichkeiten bei Gütern und Dienstleistungen wurde nun auch zum Organisationsmuster der nichtwirtschaftlichen Bereiche des Lebens. Arbeitsplätze, Berufe, Partnerschaften, Beziehungen, Wohnorte, Lebensstile, Essgewohnheiten, Einrichtungen, Einstellungen, Philosophien – alles scheint beliebig auswechselbar, beliebig benutzbar und auch beliebig entsorgbar zu werden. Gerade zwischenmenschliche Beziehungen werden mehr und mehr nach einem Nutzenkalkül eingegangen und auch wieder gelöst. Und dieses Nutzenkalkül wird beeinflusst vor allem durch die Frage nach Folgen individueller Entscheidungen im wirtschaftlichen Marktprozess. Verstärkt wird dieses Kalkül noch durch den Trend zur Selbstverwirklichung des Individuums. Selbstlose Aufopferung – welch altmodisches Wort – für Kinder, Partner, Eltern, Geschwister und Freunde stört nur bei der Umsetzung des eigenen Selbstbildes, das wiederum von vielerlei Vorbildern in den Medien geprägt wird. Man kann so weit gehen zu sagen, dass der Markt sich im Zeitablauf mit der Kraft eines Naturgesetzes seine optimalen Marktteilnehmer selbst schafft: Konsumenten von Gütern und Dienstleistungen ungeahnter Vielfalt sowie Produzenten der gleichen Güter und Dienstleistungen, oft in einer Person vereint. Ein ganz wesentliches Merkmal dieser Konsumenten ist ihre Unmündigkeit, ihre Existenz als Konsumenten ohne wirkliche Entscheidungsfreiheit. Ihr Konsumverhalten muss berechenbar, muss im kaufmännischen Sinn kalkulierbar sein. Wer als Produzent keine Lagerhallen finanzieren möchte, wer keine Einkaufskosten für Rohmaterialien haben möchte, wer nicht am Bedarf vorbei produzieren möchte, benötigt Konsumenten, die zum richtigen Zeitpunkt das richtige Produkt nachfragen. Daher müssen die Konsumenten ein vorhersagbares Konsumverhalten zeigen. Dies geht umso besser, je deutlicher sie Trends und vorgegebenen Geschmacksmustern folgen, was wiederum den Einsatz von Werbung und Werbemitteln zu allen Zeiten und in allen Medien bedingt.

Kein Wunder, dass die Werbebranche für ein paar Jahre fast als die Wachstumsbranche schlechthin galt. Aber der Höhepunkt scheint schon wieder überschritten. Auch hier zeigt sich, wie schnell Übertreibungen ins Gegenteil umschlagen. Jetzt haben wir wegen rückläufiger Werbeumsätze Probleme nicht nur bei nahezu allen Printmedien; auch die öffentlichen und privaten Fernsehprogrammanbieter müssen knapper kalkulieren. Und das Auf und Ab des Neuen Marktes hat letztlich viel mit überzogenen und inzwischen korrigierten Annahmen über die Entwicklung der Werbemärkte zu tun.

Der autonome, freie, willkürlich entscheidende Mensch als Konsument macht das Wirtschaften riskant. Mehr und mehr Menschen rebellieren gegen die Degradierung des Menschen auf die Funktion des zeitlichen und räumlich ungebundenen Produktionsfaktors und möglichst uneigenständigen Konsumenten, und sie reagieren zunächst mit Unbehagen, mit leichtem Groll und mit einem oftmals unbestimmten Gefühl des »Ich-fühle-mich-nicht-wohl-dabei«. Dieses Gefühl, verstärkt durch echte und vermeintliche ökologische Bedrohungen, durch das scheinbare Versagen des Staates und durch immer intensiver empfundene technologische Innovationen, die das gerade Erlernte und Erfahrene obsolet machen, breitet sich unterschwellig aus und stellt den Politiker vor schwierige Aufgaben.

Wer nun glaubt, hier würden unreflektiert die Positionen der Gegner der sozialen Marktwirtschaft übernommen, der irrt. Die Wirtschaftskritiker artikulieren eine Hilflosigkeit der Bürger, die bei Lichte betrachtet keine ist. Denn hilflos sind die Menschen gar nicht! Zwar fühlen sie sich von ihren Regierungen im Stich gelassen, weil sie es gewohnt waren, bei Störungen durch den Markt die ordnende und eingreifende Hand des Staates zur Hilfe zu rufen. Dabei haben sie allerdings gern übersehen, dass sie ja selbst, wirtschaftlich betrachtet, den Staat bilden und mittels Steueraufkommen finanzieren. Und so wie der Marktmechanismus schmerzhafte Nebenwirkungen mit sich bringt, erzeugt eben auch der unnötig komplizierte, überbürokratisierte Umverteilungs- und Regulierungsstaat ganz erhebliche und ebenso schmerzhafte Nebenwirkungen. Institutionelle Verkrustungen und Überregulierungen würgen genau jene Wirtschaftskraft ab, die in krisenhaften Zeiten zur Erholung und zur Schaffung von Wohlstand notwendig wäre. So läuft der Markt in seinen Anforderungen und Möglichkeiten jedenfalls bei Übertreibungen der menschlichen Natur mit ihrer Bevorzugung von Kontinuität und Stabilität zuwider, und umgekehrt verfehlt der Staat wiederum seine eigentlichen Ziele und Aufgaben und untergräbt seine Glaubwürdigkeit, wenn die Anforderungen an ihn übersteigert werden. Der Bürger bleibt eben doch auch auf sich selbst gestellt, und genau darauf ist er wenig vorbereitet. Doch dies muss alles kein Grund zu Verdruss und Unsicherheit sein, denn eigentlich ist der Bürger stark und selbstbewusst genug, um seine Probleme zu lösen. Uns scheint nur der Sinn für Bürgergesellschaft, für Selbstorganisation, für die Suche nach den Lösungen im Kleinen, im unmittelbar Erlebbaren verloren gegangen zu sein. Wenn man aber weiß, was einem fehlt, dann kann man dies auch wieder beherzt suchen und aufbauen, und hier könnte ein Schlüssel zur Lösung vieler vermeintlich unlösbarer Probleme liegen.

Wenn unsere westlichen Gesellschaften im Innenleben unter einem Zuviel an Wahlmöglichkeiten bei einer gleichzeitig anzunehmenden natürlichen menschlichen Neigung zu Stabilität und Kontinuität leiden, dann ist es umso kurioser zu sehen, dass außerhalb der westlichen Staatengemeinschaft eher eine gegenteilige Ursache den Konflikt erklärt. Denn dort wird eher ein Zuwenig an Wahlmöglichkeiten beklagt, insbesondere ein Zuwenig an eigenständiger, nichtwestlicher Kultur und Identität. So wie sich nach dem Jahr 1989 der Marktmechanismus innerhalb der westlichen Gesellschaften siegessicher ausbreitete, wurde in der internationalen Staatengemeinschaft ebenfalls das Leitbild des freien Marktes propagiert und gefördert. Für Weltbank und Währungsfonds gleichermaßen wurde die Errichtung freier Märkte zur nahezu alleinigen Voraussetzung für die Förderung und Unterstützung unterschiedlichster Entwicklungsländer.

Obwohl gegen das Prinzip des Marktes wegen seiner ungeheuren Effizienz und seiner unbestrittenen Wohlstandsbildungskraft zunächst *per se* nichts zu sagen ist, spricht vieles gegen die wahllose Übertragung seiner Prinzipien auf den gesamtgesellschaftlichen Rahmen.

Märkte sind eben nicht dasselbe wie Staaten. Die Tendenz, diese Gleichsetzung vorzunehmen, war während des Interregnums des Marktes vom 9.11. bis 11.9. besonders ausgeprägt und bildete damit die Grundlage für drei massive Fehlentwicklungen und Fehleinschätzungen, die es nun mühsam zu korrigieren gilt. Nicht zufällig kollidieren alle drei Fehleinschätzungen früher oder später mit dem Rat zum Maßhalten:

Erstens wurde verkannt, dass freie Märkte für die Schaffung von Wohlstand und Freiheit wohl eine notwendige, längst aber keine hinreichende Bedingung sind und dass sie zur Funktionsfähigkeit Regeln und Institutionen bedürfen.

Zweitens wurde verkannt oder ignoriert, dass die Welt aus grundlegend unterschiedlichen Kulturen und Zivilisationen besteht, die nicht *prima facie* den Wertekanon und die Funktionsmuster westlicher Gesellschaften als Dreingabe freier Märkte fraglos akzeptieren wollen. Das marktwirtschaftliche Gesellschaftsmodell wird zum Teil als bedrohlich für die eigene Identität und Lebensweise empfunden und folglich abgelehnt.

Drittens wurde gerade in den letzten Jahrzehnten vernachlässigt, dass die ansteigende Dynamik globaler Märkte Individuen eine derart hohe Geschwindigkeit von Veränderung vorgibt, dass viele Menschen, gleich ob nun in Berlin oder Bogotá, mit diesem raschen Wandel nicht mehr zurechtkommen. Im besten Fall verschließen sie sich einfach diesem Prozess und werden reformmüde, im schlechtesten Fall zerbrechen sie daran. Märkte überschätzen das Maß an Anpassungsfähigkeit des Menschen zwar nicht generell, aber ich beobachte doch zunehmend, dass sie auf zu viel Anpassung drängen und am Ende das Gegenteil des Angestrebten erreichen. Die jüngsten Erfahrungen der Deutschen Bahn bei der Einführung eines neuen Preissystems sind ein Beleg für die abnehmende Bereitschaft der Menschen, jedwede Veränderung als Verbesserung zu akzeptieren.

Was die erste Fehleinschätzung anbelangt, so ist sie eigentlich nur aus einer technokratisch ahistorischen Sichtweise erklärbar. Ein Blick zurück auf die Entstehung der Marktwirtschaft hätte zeigen müssen, dass politische Emanzipation des modernen Menschen, die Verfügbarkeit über Produktionsmittel und Kapital in der Hand vieler freier Bürger, dass Bildung und Wissen, Forschungsfreiheit und ein von Aufklärung und Toleranz geprägtes Menschenbild die historischen Ausgangsbedingungen und Entwicklungsvoraussetzungen für eine soziale und gerechte Marktwirtschaft waren und sind. Europas langer und konfliktreicher Weg zu einem solchen Wirtschafts- und Gesellschaftsmodell, seine Ausbreitung auf Amerika und das britische Empire und somit die Entstehung des »Westens« enthält viele praktische Lehren und Handlungsanweisungen, die die Länder und Völker außerhalb der westlichen Staatengemeinschaft nicht teilen und die ihnen auch nur unzureichend vermittelt wurden. Griechische Philosophie, römisches Recht, jüdisch-christliches Menschenbild, Investiturstreit, Magna Charta und die Habeaskorpus-Akte, der Augsburger Religionsfriede – *cuius regio, eius religio* –, das Edikt von Nantes, die Aufklärung und die Französische Revolution, die Unabhängigkeitserklärung Amerikas, sie alle bilden Mosaiksteine einer historischen Entwicklung, die es wert ist, immer wieder studiert und ausgewertet zu werden. Denn sie vermittelt einen Eindruck, wie kompliziert die Evolution der bürgerlichen Gesellschaft Europas und Amerikas war, die zur Voraussetzung einer blühenden Marktwirtschaft wurde. Ohne die Freiheitsrechte des Einzelnen, ohne ein Menschenbild der Eigenverantwortlichkeit des Menschen bei gleichzeitiger Verantwortung für andere, ohne Zugang zu Bildung und Wissen, ohne Gerechtigkeit zwischen den Geschlechtern und den Generationen, ohne die Freiheit von Krankheit und Epidemien, ohne all dies, was Völker des Westens entweder vorfanden oder sich erkämpften und erstritten, ist eine Marktwirtschaft mit sozial verträglichen Ergebnissen nicht so ohne weiteres möglich. Auch die Wechselbezüglichkeit mit Klima und Geografie darf nicht außer Betracht gelassen werden. Ohne all diese Voraussetzungen und ohne Berücksichtigung unterschiedlicher Ausgangslagen kann das System freier Märkte zwar ebenso schnell seine Effizienz entwickeln, aber mit zum Teil erschreckenden sozialen und politischen Folgen und Nebeneffekten. Oligarchie und Ausbeutung, wachsende soziale Ungleichheit bei gleichzeitiger Rechtlosigkeit des Einzelnen kennzeichnen nicht nur viele Volkswirtschaften im Bereich der ehemaligen Sowjetunion, sondern auch weite Teile Afrikas und Lateinamerikas. Hier entstehen im Schatten freier Märkte Gesellschaften mit Raubtiercharakter, wo der Schwächere dem Stärkeren schutzlos ausgeliefert ist. Die Verhältnisse in den Megastädten Asiens und Lateinamerikas, die Ausbreitung einer Wirtschaftsmafia in Osteuropa, die menschenrechtsfeindliche Umsiedlungs- und Familienpolitik in China, die weltweite Ausbreitung und Duldung von Kinderprostitution und Menschenhandel, die Verwendung von Armeen drogensüchtiger Kindersoldaten in den Rohstoffkonflikten Afrikas – auch durch westliche Firmen –, all dies stellt in erschreckender Art und Weise unter Beweis, dass die Verbreitung freier Märkte außerhalb des Westens nicht ohne weiteres zu einer Besserung der Verhältnisse geführt hat. Hier sind Nachdenken und Kritik, hier ist ein Umsteuern hin zur Schaffung der politischen und rechtlichen Voraussetzungen für sozialverträgliches Marktwirtschaften dringend geboten.

Ein erster notwendiger Schritt hierzu ist die Selbsterkenntnis im Westen, dass die eigene Entwicklung kompliziert und entbehrungsreich war. Wir alle haben gegenüber dem Rest der Welt eine Pflicht zur Weitergabe eigener Erfahrungen und Erkenntnisse und sollten dieser Pflicht schleunigst nachkommen.

Dazu bedarf es der Ergänzung unseres mechanistisch-funktionalen Bildungskanons um geisteswissenschaftliche und historische Inhalte und der Einladung an die bestehenden und zukünftigen Bildungseliten der Welt zum Studium dieser bislang so einzigartigen und erfolgreichen Entwicklungsgeschichte. Dies sollte aber nicht um der Selbstbeweihräucherung willen geschehen, sondern allein aus der Erkenntnis, dass freie und wohlhabende Gesellschaften einer Pflicht zum Helfen und zum Finden von Lösungen unterliegen. Wem viel gegeben ist, dem wird entsprechend viel abverlangt. Nicht nur materielles, auch geistiges Eigentum verpflichtet in diesem Sinne. Freiheit ist immer auch Verpflichtung zur Weiterentwicklung und Weitergabe. Freiheit als rein individuelles Gut führt ins Abseits. Freiheit ist auch ein kollektives Gut und verpflichtet den Einzelnen zur Mitwirkung und Übernahme von Verantwortung.

Das Interregnum hatte wohl auch deshalb ein Ende, weil es uns dazu zwingt, die Welt als Einheit zu erkennen und zu konstatieren, dass die Beseitigung von Unfreiheit und Elend nicht nur praktizierte Nächstenliebe ist, sondern auch eine Bedingung, ohne die ein Leben in Wohlstand und Freiheit für alle Menschen nicht möglich sein wird.

Freiheit wird beschützt durch Regeln, und mit denen verhält es sich in der Welt der Staaten wie mit einem Flickenteppich: Regeln sind nicht immer einheitlich, was sie aber nicht weniger notwendig macht. Sie werden nicht von einer Suprainstanz global entwickelt, sondern sind ein Konglomerat aus Interventionen von staatlicher, wirtschaftlicher oder privater Seite wie im Falle von Bürgerinitiativen und Nichtregierungsorganisationen. Erst das Zusammenwirken all dieser Institutionen und Individuen stellt am Ende sicher, dass vereinbarte Regeln der Verschiedenartigkeit von Ansprüchen in einer Gesellschaft gerecht werden und damit gesellschaftliche Wirklichkeit erst erfassen. Regional, national und supranational einigt man sich auf *modi* des Zusammenlebens und vermeidet damit, seine Hoffnung zu sehr auf eine Weltregierung zu konzentrieren, die von oben alles regelt und die globale Sicherung von Freiheit durchsetzt. Das Problem einer solchen Weltregierung ist nicht nur, dass sie Utopie bleiben muss, sondern ein Problem könnte auch sein, dass damit die Natur von Freiheit nicht richtig verstanden wird. Freiheit wird zuerst in kleinen Einheiten durch den individuellen Bruch von Regeln verletzt. Genau dort muss auch ihr Schutz beginnen, um dann in größeren Einheiten und national koordiniert zu werden. Das Problem dabei ist, dass die Wertvorstellungen, die den entsprechenden Regeln zugrunde liegen, in verschiedenen Kulturen verschieden sind. Die Ausgestaltung und Umsetzung einer Weltordnung wird nur gelingen, wenn sich die vielen Akteure der Weltpolitik dieser kulturellen Vielfalt stellen und sie als ein unabänderliches Faktum auch akzeptieren. Eine globale Ordnung kann nur geschaffen werden in einem langen Prozess des Herausfilterns der gemeinsamen, verbindenden Werte. Dabei wird kein perfektes System ohne Fehl und Tadel entstehen, aber jede Verbesserung des bestehenden Systems ist bereits ein großer Fortschritt. Geduld und Augenmaß werden auch hier die besten Ratgeber sein.

Dies bringt uns zur zweiten Fehleinschätzung, nämlich der Annahme einer homogenen, westlich dominierten Weltkultur, deren Verbreitung und weltweite Durchsetzung mit der Schaffung von Wohlstand und Freiheit nach 1989 notwendig verbunden erschienen. Die Ereignisse des 11.9. haben diese Annahme westlichen Denkens und Handelns auf grauenhafte Weise zerstört. Al Kaida und Osama bin Laden haben den Westen wesentlich mehr als vielleicht ursprünglich geplant in seinem Selbstverständnis erschüttert, und es zeigte sich, dass dieses Selbstverständnis eher oberflächlich begründet und deshalb auch leichter verletzbar war. Wenn der Glaube an das Machbare, an die eigene Unverletzbarkeit nach den ersten Verwerfungen an den Weltbörsen – insbesondere nach dem Platzen der

Spekulationsblase am Neuen Markt seit dem Herbst 2000 – schon erschüttert war, so war er nun vollends zerstört. Aus den Trümmern des Welthandelszentrums wurde der *Ground Zero*: der als Nullpunkt bezeichnete Abschluss der im Jahr 1989 so glorreich begonnenen Entwicklung einer einheitlichen westlichen Weltkultur.

Aber bekunden wir mit dieser Geisteshaltung nicht zu viel Respekt gegenüber dem Nihilismus eines Bin Laden und seiner Helfershelfer? Handelt es sich denn nicht nur um einen Rückschlag, der den Westen zur Besinnung bringt und ihn dazu verleitet, die begonnene Entwicklung mit mehr Rücksicht auf die Natur des Menschen, auf seine kulturelle und zivilisatorische Vielfalt, auf seine großartige Unterschiedlichkeit fortzusetzen?

Wer in und mit der Politik etwas gestalten will, der muss sich an Rückschläge gewöhnen – ja, er muss aus ihnen Ermutigung und Bestärkung beziehen können. Von Karl Raimund Popper und seinem Kritischen Rationalismus, der auf der alten sokratischen Weisheit aufbaut, wonach wir nur das als endgültige Wahrheit werten können, was als gescheitert oder widerlegt gilt, können wir uns ermutigen lassen. Daraus muss kein Skeptizismus des »Geistes, der stets verneint« erwachsen, denn aus einem gescheiterten Bestreben erwächst immerhin die Kenntnis dessen, was man besser machen kann und muss. George Steiner hat erst jüngst anlässlich der Verleihung des Börne-Preises eindrucksvoll davon gesprochen, dass wir eben allesamt nur »Gäste des Lebens und der Wahrheit« seien, und beschrieb damit auf besonders gelungene Weise die Vorläufigkeit unserer Erkenntnis.

So banal es klingen mag: Oftmals ist ebendieser Weg des Strebens, des Fehlermachens, des Stolperns und des Laufens das Ziel. Und was wir bei jedem neuen Anlauf in die nächste Phase des Zusammenwachsens der Welt besser machen müssen, ist heute klarer und ermutigender. Es gilt die Welt mit mehr Einfühlungsvermögen und Empathie, mit mehr Verständnis und mehr Respekt für andere und deren Unterschiedlichkeit zu entwickeln. Gegenseitiges Zuhören und Lernen, die Suche nach dem Gemeinsamen in der Unterschiedlichkeit der Lebensformen und Identitäten wird zum hervorstechenden Merkmal der nächsten Jahrzehnte werden.

Und nun zur dritten Fehleinschätzung: Menschen mögen temporär äußerst anpassungsfähig sein, sie tun sich aber mit stetigem und immer schnellerem Wandel schwer. Anpassungsfähigkeit wird in immer kürzeren Zeiteinheiten gefordert, ob nun am Arbeitsplatz oder mit Blick auf ganze Staaten. Medien machen den globalen Vergleich einfacher, da jedes Entwicklungsland viel direkter als noch vor 50 Jahren mit dem Reichtum in anderen Teilen der Welt konfrontiert wird, und damit verschärft sich die Anpassungs- und Veränderungsgeschwindigkeit. Dies erhöht den Druck auf Regierungen und Individuen, was den Wandel und die Verbesserung der eigenen Lebensumstände betrifft. Darin liegt zunächst etwas durchaus Positives, daraus ergibt sich aber auch mit zunehmender Geschwindigkeit ein Prozess, der schnell unkontrollierbar werden kann. Zwar geschieht Wandel in unterschiedlichen Teilen der Welt auf jeweils verschiedenem ökonomischem Niveau; was aber die Menschen insgesamt spüren, ist die erhöhte Geschwindigkeit und der damit verbundene Druck, sich zu ändern, ohne die Notwendigkeit zur Veränderung immer akzeptieren zu können. Dabei liegen sie auch intuitiv nicht grundsätzlich falsch. Dass Wandel ohne sinnvolle Perspektive an sich wertlos ist, zeigt Heinrich Bölls bekannte *Anekdote zur Senkung der Arbeitsmoral*, in der ein ärmlich gekleideter Mann in einem Hafen in seinem Fischerboot liegt und döst. Ein mit Kamera ausgestatteter, reicher Tourist stößt zu ihm und erklärt ihm, dass der Fischer wegen des guten Wetters die Möglichkeit habe, einen enormen Fang zu machen. Der Angesprochene erwidert, dass er sein Tagwerk doch schon getan habe. Er habe sogar schon für morgen und übermorgen genug gefischt. Darauf drängt ihn der Tourist, doch gleich noch einmal hinauszufahren, um bei so exzellenten Bedingungen mehr zu fangen. So könne sich der Fischer in einem Jahr einen eigenen Motor, dann in zwei Jahren ein besseres Boot, danach mehrere Kutter, ein Kühlhaus, eine Räucherei, Fangrechte, eine Marinadenfabrik, einen Hubschrauber mit Funksucher für Fischschwärme und am Ende ein Fischrestaurant kaufen. »Und was dann?«, fragt ihn der dösende Fischer. »Dann können Sie den ganzen Tag am Hafen sitzen, in der Sonne dösen und auf das herrliche Meer blicken«, antwortet der reiche Tourist begeistert. »Aber das tu ich ja schon jetzt«, entgegnet der Angesprochene, und aus dem ursprünglichen Mitleid des Touristen für den armen Fischer wird am Ende ein wenig Neid.

Wandel, so führt uns Böll vor, ist nicht notwendigerweise Fortschritt. Zumindest in der immer größeren Beschleunigung wird Wandel nicht an sich erstrebenswert. Angesichts der Beschleunigung technologischer Entwicklungen und des wissenschaftlichen Fortschritts, aber auch des Wandels in Kultur, Sozial- und Wirtschaftsstrukturen zeichnet sich zunehmend ab, dass das Evolutionstempo die Anpassungsfähigkeit von Mensch und Gesellschaft überfordert. Ein Übermaß an Veränderungen in zu kurzer Zeit belastet den menschlichen Organismus. Der Mensch reagiert mit Widerstand und Stress. Vielleicht ist die Zunahme von Allergien und Neurosen bei Menschen aller Altersgruppen dafür ein Symptom. Und ich vermute auch, dass die zu groß gewordene Veränderungsgeschwindigkeit eine der Hauptursachen unserer ökologischen Probleme sein dürfte. So wie man biologische und chemische Ökosysteme nicht mit zu vielen Veränderungen pro Zeiteinheit überlasten kann, so ist auch der Mensch nur bedingt bereit, viel Veränderung ertragen zu müssen. Wichtig ist daher, dass wir bei aller Veränderung nicht unsere Orientierung und damit Maß und Mitte verlieren. Die Natur scheint einen eingebauten Gleichgewichtsmechanismus zu haben, der auf übermäßige Störungen empfindlich reagiert. Insofern war die Entstehung der ökologischen Bewegung vor über 20 Jahren eine frühe und notwendige Reaktion auf die Philosophie der unendlichen Veränderbarkeit von Mensch und Natur. Denn dass die unendliche Veränderbarkeit der Natur zumindest ohne notwendige Zeit zur Anpassung eine irrige Annahme war, konstatierte bereits 1972 die erste von den Vereinten Nationen in Stockholm durchgeführte Weltumweltkonferenz. Vor über dreißig Jahren warnten Experten aller Wissenschaftsdisziplinen eindringlich vor den Folgen ungebremsten Ressourcenverzehrs. Waldsterben, Erderwärmung, Artensterben, Wasserknappheit und Raubbau bei endlichen Ressourcen wurden damals der Erde als Determinanten ihrer Zukunft vorhergesagt. Und wie wir mittlerweile wissen, waren dies leider ziemlich zutreffende Prognosen. Die meisten dieser Umweltveränderungen haben keine natürlichen, sondern nahezu ausschließlich menschliche Ursachen. Für die von der Menschheit verursachten Umweltveränderungen ist charakteristisch, dass sie eine vergleichsweise hohe Geschwindigkeit und Intensität besitzen und dadurch zumeist Anpassungsfähigkeit und Selbstheilungsmechanismen der Natur völlig überfordern. Die Folgen können wir mittlerweile überall auf der Welt spüren, und deshalb ist das ökologische Problem eines der globalen Problemfelder, auf dem die Menschheit zur Zusammenarbeit gezwungen ist.

Wie sehen diese Folgen aus? Wer die vergangenen Sommer in Deutschland verbrachte, konnte selbst hier am eigenen Leib die Erwärmung der Erdatmosphäre erfahren. Das Jahr 2001 war das zweitwärmste Jahr seit Beginn der Temperaturaufzeichnungen im Jahr 1861, neun der zehn wärmsten Jahre überhaupt liegen im Zeitraum seit 1990. Eine Steigerung schien kaum noch möglich zu sein, und dann kam der Jahrhundertsommer 2003, der alle Hitzerekorde schlug.

Hauptursache hierfür ist nach herrschender Meinung die Eigenschaft so genannter atmosphärischer Spurengase, hier vor allem des langlebigen Treibhausgases Kohlendioxid, die Wärmeabstrahlung der Erdoberfläche zu verringern. Der seit dem Jahr 1900 weltweit zu beobachtende Anstieg des Meeresspiegels um zehn bis zwanzig Zentimeter dürfte hauptsächlich auf die anhaltende Erwärmung der Erde zurückzuführen sein. Inselbewohner wie die der Malediven oder auch Hoteliers in der Nähe der großen schweizerischen Alpengletscher kennen die schmerzlichen Auswirkungen auf ihren Lebensunterhalt. Zentraleuropa wird seit kurzem von Tornados, Wirbelstürmen und sintflutartigen Regenfällen heimgesucht, wie man sie eigentlich nur aus Amerika oder den Tropen kennt. Am meisten leiden die Entwicklungs- und Schwellenländer heute und wohl auch in Zukunft unter den Folgen der Erderwärmung. Wissenschaftler rechnen weltweit mit drastischen Konsequenzen. Wegen der Erwärmung der Erde könnte sich die Zahl der in Ländern mit unzureichenden Trinkwasserreserven lebenden Menschen bis zum Jahr 2025 von heute 1,7 Milliarden Menschen schlimmstenfalls auf fünf Milliarden verdreifachen. Die Auswirkungen der Luftverschmutzung in städtischen Ballungsräumen dürften sich erheblich verschlimmern, zumal der Anteil der städtischen Bevölkerungen weltweit ansteigt. Lebten noch 1950 lediglich 30 Prozent der Weltbevölkerung in Städten, so wird es im Jahr 2007 nach Schätzungen der Vereinten Nationen wohl die Hälfte der enorm gewachsenen Weltbevölkerung sein. Bereits heute liegen zwei Drittel aller Millionenstädte in den Entwicklungsländern. Wer sich ein Bild von den Lebens- und Umweltbedingungen in diesen Metropolen machen will, dem sei eine Reise nach Karatschi, Kalkutta oder Lagos empfohlen. Gemessen an den Gesundheits- und Lebensqualitätsstandards des deutschen Sozialstaates ist das Leben dort wahrlich unzumutbar. Aber auch der Westen als größter Produzent von Treibhausgasen wird von den Auswirkungen der Erderwärmung keinesfalls verschont bleiben. Bis zum Ende des 21. Jahrhunderts soll jeder zweite europäische Gletscher komplett abgeschmolzen sein. Extreme Hitzewellen, schleichende Versteppung sowie das Austrocknen von Flüssen wie etwa der Spree könnten immer mehr zum Dauerzustand werden, sodass uns das Jahr 2003 nicht den letzten Jahrhundertsommer beschert haben dürfte.

Als wäre die Erderwärmung nicht schon Herausforderung genug, gefährdet unsere bislang wirklich maßlose Lebens- und Wirtschaftsweise auch Wälder, Artenvielfalt, Wasserreserven und Böden, die allesamt für das Überleben der Menschheit von zentraler Bedeutung sind. Mancher empfand die in Deutschland geführte Diskussion um das Waldsterben als gelegentlich übertrieben, aber die Befunde zur Entwaldung aus dem Rest der Welt sind in jedem Fall alarmierend. Seit über einhundert Jahren werden die für das Weltklima und die Artenvielfalt so wichtigen tropischen Urwälder der Äquatorialzonen wegen der Ausweitung der Plantagenwirtschaft und des Bedarfs an Weidefläche kontinuierlich abgeholzt. Die Plantagenflächen in den Tropen sind seit 1980 ganz erheblich gewachsen, um 75 Prozent in Afrika, um 190 Prozent in Asien und um 76 Prozent in Lateinamerika. Wer nun behauptet, dies alles sei vor allem auf die steigende Bevölkerung in den Entwicklungsländern zurückzuführen, der irrt. Ein großer Teil der landwirtschaftlichen Produktionsfläche dient der Rindfleischhaltung und dem Anbau von Pflanzenölen und Proteinfuttermitteln. In allen drei Fällen sind die USA und die EU Hauptnachfrager. Die Hälfte der weltweiten extensiven Sojaschrotproduktion dient der intensiven Landwirtschaft und Nahrungsmittelindustrie in den USA und der EU. Der von diesen beiden Nachfragern im Wesentlichen betriebene und seit 1960 verdreifachte Anstieg des weltweiten Fleischkonsums wird sich in den Jahren bis 2020, bedingt vor allem durch die Entwicklungsländer, nochmals um 60 Prozent erhöhen. Das aber wird Folgen für Böden und landwirtschaftliche Produktion nach sich ziehen, da der Flächenverbrauch pro Kalorie bei Fleisch wesentlich höher als bei pflanzlicher Nahrungsmittelproduktion ist. Die drohende Verknappung fruchtbarer Ackerböden bei weiter steigender Weltbevölkerung und sich ändernden Nahrungsgewohnheiten, die den Bedarf an Weideflächen anschwellen lassen, dürfte das zweite große globale Umweltproblem werden, dem sich die Menschheit mit Vorrang wird zuwenden müssen.

Das vielleicht dringlichste und bislang gern übersehene oder bagatellisierte Problem könnte die Verteilung der weltweiten Süßwasserreserven werden. Während sich ein großer Teil des intellektuellen Milieus des Westens noch an Verschwörungstheorien über die Rolle von Erdöl in der Weltpolitik ergötzt, bahnt sich bei der Nachfrage nach Wasser ein wahrhaft globaler Konflikt an. Für uns Menschen ist Süßwasser das wichtigste Nahrungsmittel. Mittelbar ist ohne Süßwasser auch keine Produktion anderer Nahrungsmittel möglich. Wir sollten uns dabei vor Augen halten, dass 97,5 Prozent aller weltweiten Wasservorkommen aus den salzigen Weltmeeren bestehen, die den Planeten zu 70 Prozent bedecken und ihn zum blauen Planeten machen. Von den 2,5 Prozent trinkbaren Süßwassers sind 70 Prozent in den Eisschichten der Pole gebunden, die bei steigender Erderwärmung bis auf weiteres unwiederbringlich in die Weltmeere verloren gehen dürften. Die verbleibenden 30 Prozent der 2,5 Prozent des trinkbaren Süßwassers sind als Bodenfeuchte ebenfalls nur schwer zugänglich. Mit anderen Worten: Nur ein Prozent des weltweiten Süßwassers oder 0,007 Prozent allen Wassers der Erde sind für den Menschen nutzbar. Die energieintensive, teure und aufwändige Gewinnung von Süßwasser aus der Entsalzung von Meerwasser ist trotz Verwendung erneuerbarer Energieformen auf lange Sicht noch kein Ausweg. Keine Versicherung der Welt würde daher wohl das am Wasser hängende Überlebensrisiko der Menschheit versichern wollen. Süßwasser ist noch ungleicher verteilt als Erdöl, und die bestehende Verteilung des Süßwassers wird wohl durch die Folgen des Klimawandels in sich selbst auch noch Veränderungen unterliegen. Mehr noch: Umwelt, Klima und Wasser werden global zu entscheidenden sicherheitspolitischen Faktoren. Süßwasserreserven sind nationale Besitztümer und können daher sehr schnell zu bedrohlichen Verteilungskonflikten führen, wenn eine sich abzeichnende Wasserverknappung droht. Schon heute bestehen latente Wasserverteilungskonflikte in Zentralasien oder auch im Nahen Osten zwischen dem NATO-Mitgliedsland Türkei und seinen Nachbarn wie Syrien und Irak, da der Bau von Staudämmen an Euphrat und Tigris auf dem Gebiet der Türkei den Nachbarn den Zugang zu Wasserreserven verwehrt. Konfliktpotenzial birgt auch der Jordan für das Verhältnis zwischen Israel und Syrien. Man kann sich mit etwas Fantasie ausmalen, wie sich die politischen Beziehungen zwischen Deutschland auf der einen Seite und Österreich oder den Niederlanden auf der anderen Seite entwickelten, würde Deutschland aus Eigeninteressen die Wassermengen der Donau und des Rheins in so massiver Art und Weise nutzen, dass in unseren Nachbarländern nur noch ein Bruchteil zur Verfügung stünde.

Die Aufzählung der aktuellen und zukünftigen ökologischen Risiken und Probleme belegt bedauerlicherweise, dass wir allesamt seit den 1970er- und 1980er-Jahren wohl verdrängt hatten, wie empfindlich und sensibel unsere Umwelt auf Eingriffe und maßlose Nachlässigkeit reagiert. Und wir hatten genauso aus dem Blickfeld verloren, dass die Anpassungsfähigkeit von Mensch und Gesellschaft sich eben auch darin ausdrückt, dass Glück oder – etwas bescheidener ausgedrückt – Zufriedenheit des Menschen nicht allein von materiellen Lebensumständen abhängt. Jedenfalls scheinen die Menschen in den ärmeren Teilen der Welt nicht notwendigerweise weniger fröhlich oder glücklich zu sein als wir, auch wenn ihre materielle Lage dazu viel eher Anlass böte. So stimmte es mich nachdenklich, als ich vor wenigen Jahren eine Studie der Vereinten Nationen las, die das Maß an Zufriedenheit unter der Weltbevölkerung zum Inhalt hatte und in der zu lesen war, dass die Bewohner von Bangladesh sich weltweit am glücklichsten schätzten und die Bewohner der OECD-Länder, also auch wir Deutschen, nur beschämende Mittelplätze einnahmen. Dies ändert sicher nichts daran, dass man sich um die Armut und das Elend in Bangladesh und anderswo sorgen sollte, aber es spricht doch Bände, dass die westliche Welt nicht nur trotz, sondern auch aufgrund eines so hohen materiellen Niveaus nicht besonders glücklich ist.

Wandel um des Wandels willen ist wenig sinnvoll. Der Weg kann nur das Ziel sein, wenn man ihn bewusst geht. Stetiger Wandel macht schnell reformmüde und fördert dadurch am Ende das, was ursprünglich durch Wandel gerade vermieden werden sollte: Stagnation. Dieser Zusammenhang wird im Ruf nach globaler Liberalisierung der Märkte oftmals vergessen. Deshalb ist es die Aufgabe von Staaten und politischen Institutionen, Elemente von Kontinuität in den stetigen Wandel hineinzubringen, damit sich Menschen in diesem und in ihrer sich wandelnden Umwelt zurechtfinden. Greift der Staat hier nicht ein und überlässt Märkte und Bürger sich selbst, wird sich bei vielen Menschen sehr schnell das Gefühl einstellen, Verlierer der Globalisierung zu sein und ohnehin nichts bewirken zu können. Regionale wie lokale Bindungen und Identifikationsmöglichkeiten kommen dem zuvor, da sich Menschen auf überschaubarer Ebene und in kleineren Gruppen weniger leicht aus den Augen verlieren. Global aber gehen momentan Bindungen und Identifikationsmöglichkeiten verloren, und so steigt die Zahl der vermeintlichen Verlierer der Globalisierung proportional zur Zahl der Orientierungs- und Mittellosen.

Ein Blick auf nackte Zahlen macht eher verständlich, wo die künftigen Herausforderungen global liegen. Trotz aller begrüßenswerten Wohlstandsmehrungen liegen noch gewaltige Anstrengungen vor uns, um etwa die folgenden Probleme zu lösen oder wenigstens zu mildern:

- Mehr als ein Fünftel der Weltbevölkerung, fast 1,4 Milliarden Menschen, lebt noch immer in bitterster Armut; fast 900 Millionen Menschen sind unterernährt und ohne jeden Zugang zu medizinischer Versorgung.
- Täglich sterben weltweit über 20 000 Kinder an vermeidbaren und heilbaren Krankheiten wie Malaria, Bilharziose oder Durchfall.
- Das Vermögen der weltweit drei reichsten Milliardäre ist größer als das der 600 Millionen Bewohner in den am wenigsten entwickelten Ländern der Erde.

Ich zähle diese Fakten nicht auf, um eine fruchtlose Umverteilungsdiskussion anzustoßen, denn die Gründe für diese humanitären Katastrophen liegen nicht nur im Bereich der materiellen Hilfe und Unterstützung. Sie liegen meines Erachtens ganz primär im Desinteresse der westlichen Welt an den Lebens- und Überlebensbedingungen der Menschen außerhalb unserer unmittelbaren Erfahrungswelt. Ungleichheit zwischen Menschen hat es schon immer gegeben. Neu ist jedoch das durch die umfassende und grenzenlose Medienberichterstattung geschaffene Bewusstsein, dass es diese ungleichen Lebensbedingungen gibt. Niemand kann heute sagen, er habe davon nichts gewusst. Wir alle kennen die Bilder hungernder und kranker Menschen aus den Äquatorialzonen der Welt, wir alle wissen, dass es zwar genug zu essen gibt, dass aber sehr oft die verheerenden politischen Bedingungen vor Ort für das Elend verantwortlich sind.

In einer enger verflochtenen Welt sind die Probleme der Armen heute die Sorgen der Reichen von morgen, denn dass ein Übermaß an Ungleichheit und Ungerechtigkeit zu gewalttätiger Entladung führen muss, liegt auf der Hand. Hier müssen präventive Konfliktlösungsstrategien ansetzen, und der Westen darf nicht vergessen, dass die, denen es gut geht, am Frieden eher interessiert sein müssen, weil sie mehr zu verlieren haben.

Ich bin zwar von vielen Seiten für die Reform der Asylgesetzgebung gescholten worden, vertrete aber noch heute die Auffassung, dass wir nur mittels einer nachhaltigen und abgestimmten Außen- und Entwicklungspolitik die Probleme der Unfreiheit und der Unterdrückung in den Ländern vor Ort beeinflussen können. Eine sinnvolle Alternative zu einer solchen Politik gibt es nicht. Wenn wir uns anderen zuwenden wollen, dann ist von ganz zentraler Bedeutung, dass wir in einen Dialog der Kulturen eintreten und die Erfahrungen, im Guten wie im Schlechten, unserer eigenen Entwicklungsgeschichte einbringen. Wir müssen in diesem Dialog Zeit, Ressourcen und Geduld für die anderen Kulturen aufbringen, wir müssen bereit sein, die Errungenschaften der großen nichtwestlichen Kulturen ebenso zu würdigen wie deren von uns als erklärungsbedürftig eingestufte Kulturbestandteile zu thematisieren. Dies wird uns nur dann gelingen, wenn wir unsere eigene kulturelle Herkunft mit allen Vor- und Nachteilen bewusst und selbstbewusst – zwar ohne Arroganz und Überheblichkeit, aber auch ohne Zaudern und Selbstzweifel – zu vertreten wissen. Die westliche Kultur hat herausragende Kultureigenschaften hervorgebracht, die weit über das Wirtschaftliche hinausgehen, und es muss unser Anliegen werden, dass der Westen nicht nur für mehr als 100 Fernsehprogramme oder 30 Weichspüler wahrgenommen wird. Das Interregnum des Marktes ist auch deswegen beendet worden, weil es jenseits der Marktwirtschaft drängende gesellschaftliche Fragen existenzieller Natur zu lösen gibt, auf die die Menschen gern Antworten hätten. Darüber hat schon Wilhelm Röpke, einer der Väter der Sozialen Marktwirtschaft, in seinem Buch »Jenseits von Angebot und Nachfrage« geschrieben. Dies betrifft den Westen als Ganzes, dies betrifft den Westen in seinen Pfeilern Europa und USA, und dies betrifft ganz besonders die Deutschen als zentrale Macht mitten in Europa, mitten in der Welt.

Die Geschichte, die wir Deutschen erzählen können im Dialog der Kulturen, ist eine Geschichte der Suche, voller Triumphe und auch großer, verheerender Irrwege und Rückschläge. Sie ist aber seit dem Jahr 1945 auch die Geschichte einer unglaublichen Rückkehr, eines »Comebacks«, wie man in der Boxersprache sagt. Deutschlands Weg in der Welt seit 1945 ist eine Geschichte des Ausgleichs, des »Sich-Zurücknehmens«, des Dialogs, des Zuhörens und des Integrierens.

Ich bin der Meinung, dass wir dankbar sein können, dass das schnelllebige Interregnum des Marktes sein Ende gefunden hat. Nun können wir uns einbringen in die nächste Phase einer Entwicklung unseres Landes und der uns umgebenden Welt. Wir können unsere Stärken mit den anderen teilen und von ihnen lernen. Wir können auf eine lange geschichtliche Entwicklung zurückblicken, aus der andere vieles lernen können für die Gestaltung einer besseren Welt von morgen. Zukunft braucht Herkunft, so der Philosoph Odo Marquard.

Ich bin immer wieder überwältigt, wie sehr jüdisches Denken und Handeln beeinflusst sind von der Erinnerung an die lange jüdische Geschichte und wie sehr viele Juden sich stets der Erfahrungen ihrer Vorfahren gegenwärtig sind. Wenn es uns gelingt, als Deutsche, als Europäer, als Teil des Westens unsere in unseren jeweiligen Geschichten verankerten Erfahrungen im vor uns liegenden Dialog der Kulturen einzubringen und mit den Völkern der Welt zu teilen, dann ist es mir um die Entwicklung der Welt nicht bange. Denn wir werden erleben, dass die Schöpfung einem Plan folgt, der gerade die Unterschiedlichkeit des Lebens zum Grundmuster hat und der von uns verlangt, in der Unterschiedlichkeit das Gemeinsame zu suchen, zu finden, zu erkunden und zu pflegen.

Die Beschreibung der Stimmungs- und Gemengelage des westlichen Menschen in der Globalisierung und der Fehleinschätzungen bei der Ökonomisierung der Gesellschaft möchte ich mit einem ermutigenden Zitat Amartya Sens, des Nobelpreisträgers für Wirtschaftswissenschaften des Jahres 1998, abrunden: »Seit Jahrtausenden entwickelt sich die Globalisierung durch Reisen, Handel und Migration sowie durch die Ausbreitung von Kultur, wissenschaftlichen Kenntnissen und technologischem Know-how. Das war nie eine Einbahnstraße. Zum Ende des letzten Jahrtausends hin ging die Bewegung zwar hauptsächlich vom Westen aus; in dessen erster Hälfte aber absorbierte Europa auch chinesische Erfindungen oder indische und arabische Mathematik. Der weltweite Austausch gehört zu unserem Erbe, und der gegenwärtige Trend gehört ebenfalls dazu.

Die Globalisierung ist nicht an sich ein Irrweg; sie hat die Welt wissenschaftlich und kulturell bereichert; viele Völker haben von ihr auch materiell profitiert. Noch vor wenigen Jahrhunderten beherrschte, abgesehen von wenigen Inseln des Reichtums, allgegenwärtige Armut die Welt, war das Leben allgemein unangenehm, tierisch und kurz, wie Hobbes meinte. Bei der Überwindung dieses Elends haben die moderne Technik und der wirtschaftliche Austausch eine große Rolle gespielt.«

Die Überwindung des Elends in der Welt bedingt in den westlichen Staaten und Nationen eine Überwindung der weit verbreiteten Skepsis und Zukunftsangst, die eine lähmende und entmutigende Wirkung entfalten. Dabei gibt es vielerlei Grund zu Optimismus und Zuversicht. Das Interregnum des übermächtigen Marktes musste enden, denn es war in vielerlei Hinsicht zu schnell und zu schnelllebig, zu oberflächlich und zu technokratisch. Zu sehr ignorierte es die Bedürfnisse der Menschen und versuchte, sie den Erfordernissen des Marktes anzupassen, anstatt den Markt selbst dem Menschen in seiner Vielfalt anzupassen. Das Interregnum entsprach eben nicht dem

Erfordernis der Langsamkeit und der Mäßigung. Es wurden keine Institutionen und Regeln zur Bewahrung von Recht und Freiheit geschaffen. Da wir dies alles aber erkennen und bewerten können, sollten uns Erneuerung und Reform gar nicht so schwer fallen, denn bekanntlich ist ja Einsicht immer der erste Schritt auf dem Wege der Besserung.

Gelingt uns diese Einsicht nicht, so wird das westliche Lebens- und Gesellschaftsmodell, so wird der Westen als Ganzes scheitern. Dies zu verhindern ist die große Herausforderung der nächsten Jahre, die unsere ganze Energie und Leidenschaft erfordern wird.

2. Identität und Verantwortung – Politik in der Globalisierung

Den Erzählungen meiner Frau verdanke ich mancherlei Eindrücke aus fernen Kontinenten. Als Vorsitzende der Deutschen Welthungerhilfe bereist sie immer wieder die ärmsten Gegenden dieser Welt und erfährt dabei die Lebensbedingungen der einfachen Menschen, die sehr oft fast nicht zu beschreiben sind. In Nordkorea fand sie es am kältesten – nicht nur das schiere Elend, sondern vor allem die Apathie der Menschen hatte sie erschüttert. Sie wirkten nicht nur verängstigt, sondern völlig abgestumpft. Demgegenüber hat sie aus Afrika oder auch aus Indien oder aus Südamerika oft berichtet, dass die Menschen bei aller Armut viel fröhlicher seien als in unseren Breitengraden. Allerdings war nach Afrika-Reisen auch ihre Wut immer am größten, und zwar über die Geschäftemacher aus der zivilisierten Welt des Westens, die rücksichts- und gewissenlos diesen Kontinent ausbeuten, die Gewaltherrscher nähren und ihnen noch die Waffen liefern. Was aber allen Erlebnisberichten gemein ist, ist die Tatsache, dass die Einflussfaktoren der Lebensbedingungen aller Menschen enger denn je miteinander verknüpft sind. Und oft hat man den Eindruck, die Ärmsten der Welt wüssten mehr über die Lebensbedingungen der Reichsten als umgekehrt. Das ist eine bizarre Erscheinung in einer globalisierten Welt.

Nach der Periode zwischen dem 9. 11. 1989 und dem 11. 9. 2001 möchte ich die Erinnerung auf den Herbst 1969 lenken: Jeder,

der in jenem ereignisreichen Jahr die ersten Weltraumbilder des Blauen Planeten sah und die Übertragungskommentare der amerikanischen Astronauten hörte, erinnert sich noch an die tiefe Emotionalität dieser Bilder und Worte. Hier hatte etwas seine empirische Bestätigung gefunden, was mit Galilei und Kopernikus 500 Jahre früher begonnen hatte und nun in einem globalen Bewusstsein endete. Der Anblick des Blauen Planeten löste damals wie heute ein unter die Haut gehendes Gefühl aus. Zu erhaben, zu schön und zu bewahrenswert ist die Schöpfung hier zu erkennen. Während aber damit ein neues, ein positiv empfundenes Bewusstsein der Herkunft und der Heimat des Menschen en gros einherging, scheint demgegenüber erstaunlicherweise das Wissen um die Bedeutung von Herkunft und Verankerung im Kleinen für viele Menschen gerade im Westen seit dem Ende des Kalten Krieges verloren zu gehen. Und deshalb mangelt es auch an Verständnis dafür, dass andere Kulturen darauf nicht verzichten wollen und auf den Einbruch westlicher Kultur mit Abwehr und Aggression reagieren. Aber das Kleine bleibt so wichtig wie das Große, was im Übrigen in der naturwissenschaftlichen Forschung eine Parallele findet, wo nicht nur die Weltraumforschung, sondern genauso die Nanotechnologie atemberaubende Fortschritte macht. So ist die Welt in unserer modernen Wahrnehmung größer und kleiner zugleich geworden.

Welche mittel- und langfristigen Konsequenzen hat dieser Prozess? Mit diesen Fragen befinden wir uns in der Mitte einer Problematik, die zunehmend zur Schicksalsfrage für uns als Weltbürger, als Europäer und damit letztlich auch als Deutsche wird: Wo und wie positionieren wir uns innerhalb des Prozesses der zunehmenden Globalisierung, und wie tragen wir zur Lösung aller mit ihr verbundenen Probleme bei? Wie nutzen wir gleichzeitig alle mit ihr einhergehenden enormen Chancen und Möglichkeiten zum Wohle aller?

Globalisierung als solche ist nichts Neues. Die Ausbreitung von Weltreichen oder die christliche Mission können als globale Phänomene interpretiert werden, die Erschließung transnationaler Handelsrouten wie der Seidenstraße oder die Schaffung von Handelsbündnissen wie der Hanse ebenfalls. Astronomie und Mathematik haben sich ebenso global verbreitet wie Schwarzpulver oder das Schachspiel. Was unterscheidet also das, was man postmodern mit dem Terminus Globalisierung belegt hat, um die Umwälzungen der Welt innerhalb weniger Jahrzehnte zu beschreiben, von anderen globalen Prozessen, die unser Denken und unsere Existenz über Jahrhunderte hinweg geprägt haben? Die Antwort muss in Prozessen zu suchen sein, deren Parameter sich in den letzten 100 Jahren so entscheidend verändert haben, dass es angemessen erscheint, von Globalisierung als einem neuartigen Phänomen zu sprechen und diese als etwas Neuartiges zu analysieren.

Ich meine, dass hier vor allem zwei Faktoren in Frage kommen, nämlich zum einen das weltweite wirtschaftliche Wachstum und zum anderen der Zugang zu und die Verbreitung von Informationen. Beide Faktoren sind ausgeprägte Entwicklungen des 20. Jahrhunderts, die vor allem in der zweiten Hälfte, nach Beendigung des Zweiten Weltkrieges, an Bedeutung gewannen.

Wirtschaftsräume sind schon immer regional gewachsen, so wie Informationen bereits zu Zeiten des Römischen Reiches oder Magellans kontinentale Grenzen überschritten haben. Neu ist das exponentielle Ausmaß von weltweitem Wirtschaftswachstum seit der Industrialisierung und die Echtzeit-Übertragung von Informationen im Zeitalter der Telekommunikation und des Internets. Beiden Prozessen, Wirtschaftswachstum und Informationsverbreitung, ist eigentümlicherweise gemein, dass sie schwerpunktmäßig von den Industrienationen des Westens in Europa und Nordamerika ihren globalen Siegeszug antraten. Gerade seit dem Ende des Zweiten Weltkrieges sind sie wie eineiige Zwillinge global verbunden geblieben. Märkte dominierte derjenige, der mit den nötigen Informationen ausgestattet am effizientesten produzieren konnte, und das waren Europa, Nordamerika und Japan. Was war es also, was ausgerechnet diese Regionen der Welt zum Schauplatz fundamentaler ökonomischer, sozialer und politischer Umwälzungen machte?

Lang anhaltendes und robustes Wirtschaftswachstum ist wie bereits gesagt ein Phänomen der Neuzeit, welches untrennbar mit dem Prozess der Globalisierung verbunden ist. Zwar haben Volkswirtschaften und Nationen schon immer Perioden ausgeprägten Wachstums erlebt, aber erst mit der Industrialisierung des 19. Jahrhunderts erreichte das Wachstum in Europa und später in Amerika eine Größe und Robustheit, die zur Bildung von entwickelten Industrienationen führte.

Diesen mit der Industrialisierung und der Ausbreitung des Welthandels eng verwobenen Prozess hat der Wirtschaftshistoriker Angus Maddison, nach dem die Maddisonkurve benannt ist, eindrucksvoll dargestellt: Während das Bruttosozialprodukt pro Kopf zwischen den Jahren 1500 und 1820 weltweit um lediglich 15 Prozent und damit 0,04 Prozent im Jahresdurchschnitt anstieg, beziffert Maddison den Anstieg des Pro-Kopf-Einkommens zwischen 1820 und 1992 auf weltweit 800 Prozent, was einer durchschnittlichen jährlichen Wachstumsrate von 1,21 Prozent entspricht, die in Europa, Nordamerika und nach der Meiji-Reform seit dem Ende des 19. Jahrhunderts auch in Japan ihren Schwerpunkt hatte. Die Entwicklung moderner Industriegesellschaften wäre ohne ein entsprechendes Wirtschaftswachstum nicht denkbar gewesen. Gleichzeitig erkennt Maddison aber auch eine wesentliche Krux dieses von ihm beschriebenen Wachstumsprozesses, welche moderne Globalisierungsgegner und Entwicklungsländer immer öfter benennen: Globales Wirtschaftswachstum nach dem Jahr 1820 weist regional ganz verschiedene Entwicklungen auf. Während die Volkswirtschaften Westeuropas ab 1820 im Durchschnitt um jährlich

1,8 Prozent wuchsen, erreichte Afrika in derselben Periode eine Wachstumsrate von nur 0,7 Prozent. Die beschriebenen Wachstumsprozesse selbst zeichnen sich dadurch aus, dass ihre Dynamik stark schwankt: Ihre höchsten Wirtschaftswachstumsraten erreichte die Welt zwischen 1950 und 1973, ihre zweithöchste Wachstumsperiode waren die Jahre 1870 bis 1913.

Daneben fällt auf, dass sich einstige Gewinner innerhalb weniger Jahrzehnte durch veränderte weltwirtschaftliche und politische Bedingungen auf Seiten der großen Verlierer wiederfinden: Während Argentinien im Jahr 1913 ein höheres Pro-Kopf-Einkommen erzielte als Frankreich und noch im Jahr 1950 ein größeres Eisenbahnnetz vorzuweisen hatte als jedes westeuropäische Land, stand eben dieser Staat im Jahr 2002 vor der Zahlungsunfähigkeit.

Mit seiner Analyse stellt Maddison drei hervorstechende Merkmale modernen Wirtschaftswachstums heraus: Ausgeprägtes wirtschaftliches Wachstum stellt sich einerseits erst zu Beginn des 19. Jahrhunderts ein, und es tritt andererseits in regional sehr unterschiedlichen Wellen auf. Als drittes fällt auf, dass das Wachstum seinen Schwerpunkt oftmals in den Ländern hat, die man als Westen oder altmodisch als »Okzident« zu beschreiben pflegt.

Volkswirte und Wirtschaftshistoriker wie Jeffrey Sachs, David Landes oder Eric Jones haben sich intensiv mit den Gründen für diese regionalen Differenzen wirtschaftlichen Wachstums und den daraus folgenden gesellschaftlichen Entwicklungen auseinander gesetzt. In diesem Zusammenhang macht man immer wieder die verblüffend simple, aber dennoch bemerkenswerte Beobachtung, dass Klima, Geografie und wirtschaftlich starke Nachbarn die entscheidenden Erfolgsfaktoren für nationales Wirtschaftswachstum sind. Länder in gemäßigt temperierten Zonen, mit navigierbaren Häfen und Flüssen und in der Nähe von Küsten erzielen in der Regel erheblich höhere Wachstumsraten als klimatisch und geografisch benachteiligte

Staaten im Landesinneren von Kontinenten – es sei denn, diese Staaten haben starke Handelsmächte als Nachbarn. Der wirtschaftliche Erfolg von Österreich oder der Schweiz schwächt das Argument demnach nicht.

Die geschilderte Beobachtung lässt sich mit eindrucksvollen Daten belegen. Während die gemäßigt temperierten Zonen nur acht Prozent der weltweit bewohnten Landmasse ausmachen und kaum mehr als 20 Prozent der Weltbevölkerung beherbergen, erwirtschaften sie 53 Prozent des weltweiten Bruttosozialprodukts. Auf der anderen Seite haben Länder in extremen Klimazonen, wo 78 Prozent der Weltbevölkerung zu Hause sind, neben Krankheiten (HIV/Aids, Malaria) und Naturkatastrophen schon aufgrund ihrer geografischen Lage und ihres Klimas ganz erhebliche Standortnachteile im globalen Wettbewerb – von erhöhten Transportkosten bis zur enorm kostspieligen Infrastruktur. Die nicht-tropischen Länder, in denen 59 Prozent der Weltbevölkerung leben, haben ein dreimal so hohes Pro-Kopf-Einkommen wie die tropischen Länder, in denen die restlichen 41 Prozent der Weltbevölkerung leben.

Mit anderen Worten: Allein ihre geografische Lage scheint einige Volkswirtschaften und deren Wirtschaftswachstum überproportional zu begünstigen, während geografisch stärker isolierte Staaten in den Tropen erheblich weniger zum globalen Wirtschaftswachstum beitragen können. Länder wie Bangladesh oder Zentralafrika, die von Naturkatastrophen, ungünstigem Klima und daraus resultierenden Krankheiten und entsprechender Armut gekennzeichnet sind, können ohne Hilfe schon aufgrund ihrer weitaus schlechteren Startposition kaum als gleichwertige Teilnehmer am globalen Wettbewerb bezeichnet, geschweige denn behandelt werden.

Auf der anderen Seite waren die Südstaaten der Vereinigten Staaten bis zur Erfindung und Verbreitung der Klimaanlage in der ersten Hälfte des 20. Jahrhunderts das Armenhaus Nordamerikas – was wiederum im Sinne des Nobelpreisträgers

Robert Solows belegt, was technischer Fortschritt für Lebensqualität und Wachstumsdynamik bedeuten kann.

Handel und Fortschritt sind im modernen ökonomischen Denken untrennbar miteinander verknüpft. Diese Erkenntnis bewog schon die Hanse, das altrömische Sprichwort *navigare necesse est* zu ihrem Wahlspruch zu machen. Handel als grenzüberschreitendes Phänomen bedarf aber Regeln, und dies gerade in Zeiten, in denen es, wie in der aktuellen politischen und gesellschaftlichen Globalisierungsdebatte, um ein *equal playing field* im Welthandel oder um Gerechtigkeit und Fairness im globalen Wirtschaftssystem geht. Der amerikanische Nobelpreisträger Joseph Stiglitz und andere artikulieren zu Recht große Vorbehalte bei der Frage, ob man Industrienationen und Entwicklungsländer als gleichwertige Handelspartner innerhalb der internationalen Finanzarchitektur behandeln darf und wie man Letztere fördern soll. Auf der anderen Seite hat sich gerade in den letzten zehn Jahren viel in der Führung der Weltbank und der Organisation und Denkweise der internationalen Finanzarchitektur verändert. Nicht zufällig liegt dies zum großen Teil an den Führungspersönlichkeiten, die die Vereinten Nationen, die Weltbank und den Internationalen Währungsfonds leiten. Kofi Annan, James Wolfensohn und Horst Köhler illustrieren durch ihre Arbeit die These, dass jede Institution immer so gut und so effektiv ist wie die Menschen, von denen sie geführt wird und die in ihr arbeiten. Individuen allein können globale Probleme nicht lösen, aber am Ende sind es Individuen, welche die kleinen und großen Mosaiksteine zur Lösung globaler Probleme in der Hand halten und in ihrem gelungenen Zusammenwirken eben diese komplexen Fragestellungen beantworten helfen. Ihnen allen ist gemeinsam, dass sie mehr denn je einem multidisziplinären Ansatz bei ihrer Arbeit folgen und Fragen von Wirtschaft und Entwicklung nicht mehr ohne Beachtung von geschichtlichen, kulturellen, geografischen und sozialen Nebenbedingungen beantworten können. Die Zeit der rein ökonometrisch, das heißt unter der Annahme der Berechenbarkeit menschlicher Handlungen argumentierenden Wachstumstheoretiker scheint nun vorüber zu sein. Aber weil es zunächst klimatische, geografische oder institutionelle Grenzen des Wachstums für Entwicklungsländer zu identifizieren und zu verändern gilt, braucht eine zunehmend vernetzte und entsprechend komplexe Welt mehr denn je auch Eliten, die Probleme nicht nur erkennen und verwalten, sondern andere zu deren Lösung inspirieren und anleiten. Globalisierung und ihre Probleme lediglich zu verwalten wäre fatal; aber die für alle nutzbringende Gestaltung des Globalisierungsprozesses fordert Menschen, die auch global gestalten können. Solche Persönlichkeiten fallen nicht vom Himmel, sondern werden geformt. Wenn wir Deutsche an dieser Stelle mitgestalten und Verantwortung tragen wollen, müssen wir solche Menschen in unserem Bildungssystem identifizieren und in unserer Gesellschaft fördern.

Ich habe den Eindruck, dass »Elite« seit den Achtundsechzigern in unserer Gesellschaft zunehmend zu einem negativ besetzten, »elitären« Begriff wurde. In unserem Zusammenhang fällt dabei sowohl die Tatsache ins Gewicht, dass unsere Hochschulen im internationalen Vergleich kaum noch Spitzenplätze einnehmen, wie auch die andere Tatsache, dass wir im Führungspersonal europäischer wie internationaler Organisationen nur eher durchschnittlich vertreten sind. Es kann aber heute nicht mehr übersehen werden, dass globales Wachstum ohne Gestaltung durch Eliten zu Wildwuchs führt, der komplette Gesellschaften überwuchert. Wenn ganze Kontinente ohnehin schon geografisch und klimatisch benachteiligt sind, so stürzen sie korrupte Regime noch stärker ins Elend. Treibt der Westen mit solch korrupten Regimen unbefangen Handel, so macht er sich an diesem Elend zusätzlich mitschuldig, indem er eine kleptokratische Elite hervorbringt und bereit ist, mit dieser zu kooperieren. Blickt man sich die deutsche Entwicklungspolitik der letzten Jahre an, so blickt man ins Leere. Es scheint wenige zu geben, die sich mit so gravierenden Problemen wie der Verteilung internationaler Wirtschaftshilfe, der Regulierung des Waffenhandels oder des *nation building* kompetent auseinander setzen. Leider aber werden die entsprechenden Probleme nicht kleiner, sondern im Gegenteil größer. Wenn diese Probleme nicht durch kompetente Führungseliten und entsprechend effektive Institutionen angegangen werden, so werden sie bald übergroß. Im politischen Bereich und in internationalen Organisationen gibt es zu wenige Horst Köhlers oder Klaus Töpfers. Bei der Ausbildung von Eliten hat der Staat eine Bringschuld. Glücklicherweise wird er dabei zwar zunehmend von privaten Nichtregierungsorganisationen unterstützt, aber deren Initiative bedarf der institutionellen Unterstützung. Probleme werden nämlich am Ende nicht im Westen, sondern durch Hilfe aus dem Westen in tropischen und wasserarmen Gebieten selbst gelöst.

Wie steht es nun um den zweiten entscheidenden Faktor, der den gerade im letzten Jahrzehnt des 20. Jahrhunderts einsetzenden Prozess erheblich vertiefter Globalisierung erst ermöglichte, nämlich dem vereinfachten und immer kostengünstigeren Zugang zu Informationen? War die Abschrift eines Buches noch vor 600 Jahren ein Werk mehrerer Monate, so erfolgt dies heute mit der Hilfe eines Scanners in wenigen Stunden. Diese Tatsache wirkt sich vor allem auf eine Wirtschaft aus, die per Definition Austausch zum Gegenstand hat: Globaler Handel bedarf der Kommunikation und Information. Soll Warenaustausch expandieren, muss auch der Austausch an Informationen expandieren: Aus einer 2001 von der *Federal Communications Commission* (FCC) der Vereinigten Staaten veröffentlichten Studie zur Entwicklung der Telekommunikationsindustrie in den Vereinigten Staaten von Amerika geht hervor, dass sich allein die Anzahl der von dort aus geführten Telefongespräche in andere Länder von 200 Millionen im Jahr 1980 auf 5,2 Milliarden im Jahr 1999 erhöht hat, wofür 14,4 Milliarden US-Dollar von der amerikanischen Bevölkerung ausgegeben wurden. Diese Zahl beschreibt sehr deutlich das eigentlich Neue dessen, was die Globalisierung der letzten zwei Jahrzehnte ausmacht: Menschen auf verschiedenen Kontinenten treten in Echtzeit persönlich und als Marktteilnehmer in direkten Kontakt. Die Welt wird vernetzt und gerade dadurch zum viel zitierten Dorf. Die Preise für Telefonate und die Nutzung des Internets fallen seit Jahren. Das gleiche Prinzip greift nicht nur für den Transport von Informationen, sondern auch für den von Menschen und Gütern: Der internationale Flugverkehr erhöhte sich weltweit (von 260 Millionen Passagieren im Jahr 1980 auf 590 Millionen Passagiere im Jahr 1996), nicht zuletzt durch die Privatisierung staatlicher Fluggesellschaften.

Der Computer hat sich am Arbeitsplatz und zu Hause so sehr durchgesetzt, dass er aus unser aller Leben kaum noch wegzudenken ist. Die mit der Datumsumstellung am 31. 12. 1999 verbundenen Ängste vor dem neuen Millennium waren eine eindrückliche Illustration dieser Wahrnehmung. Seit Beginn der 1990er-Jahre konnten Privat- wie Geschäftsleute billiger miteinander kommunizieren und reisen. Mit dem Internet wurden dann der Zugang, die Preisstruktur und die Verbreitung nochmals grundlegend und nachhaltig revolutioniert: Informationen konnten in Sekundenschnelle und für einen Bruchteil früherer Kosten übermittelt werden. Märkte waren plötzlich nur noch den berühmten Mouseclick weit entfernt.

Die atemberaubende Geschwindigkeit, mit der sich das Internet durchgesetzt hat, ist auch ein guter Beleg für die These, dass sich Innovationen und Veränderungen immer schneller vollziehen. In der Antrittsrede von Präsident Bill Clinton im Januar 1993 tauchte das Wort »Internet« gar nicht auf. Es gab damals nur etwa 26 000 Domain-Adressen und drei Millionen

Nutzer weltweit; beim Amtsantritt seines unmittelbaren Nachfolgers acht Jahre später waren es eine halbe Milliarde.

Die Symbiose von Information, Transport und Handel vertieft den Prozess der Globalisierung immer stärker, macht diese aber auch gleichzeitig zum Privileg einer globalen Minderheit – nämlich derjenigen, die Zugang zu Transport, Telekommunikation und Märkten haben. Und hier schließt sich der Kreis und verstärkt das Argument, dass die Nutzung der Chancen von Globalisierung vom Zugang zu Märkten abhängt. Es ist unbestritten, dass der Zugang zu globalen Märkten überproportional oft von Bewohnern der Industrienationen aus erfolgt. Allein: Bei genauerer Betrachtung der Benutzerprofils der »Internet-User« wird die Schattenseite dieses Phänomens dramatisch sichtbar, wird die Annahme eines Gleichheitsprinzips aller Marktteilnehmer stark relativiert. So ergab eine Studie zum Internetzugang und zur Internetnutzung aus dem Jahr 1999, dass die reichsten 20 Prozent der Weltbevölkerung 93,3 Prozent des gesamten Internetverkehrs nutzten, während die mittleren 60 Prozent 6,5 Prozent des Internetaufkommens ausmachten und die ärmsten 20 Prozent der Weltbevölkerung nur noch auf 0,2 Prozent der weltweiten Internetnutzung kommen. Wer das Internet benutzen will, braucht einen Computer mit einem Internetzugang. All dies hat ein Großteil der Weltbevölkerung trotz der Verbreitung von Internet-Cafés nicht. Dieser Teil der Menschheit ist dadurch von vielen Segnungen jener Globalisierung ausgeschlossen und droht als impliziter Verlierer immer stärker zurückzufallen. Diese Entwicklungen sollen nicht über den immensen Fortschritt, den das Internet gebracht hat, hinwegtäuschen; sie sollen aber jede damit verbundene Globalisierungseuphorie in eine kritische Perspektive stellen.

Es lässt sich nicht bestreiten, dass das Internet zu einem der zugkräftigsten Motoren der Globalisierung geworden ist und in Zukunft noch stärker sein wird. Der Schlüssel zur Erfolgsgeschichte Internet ist, dass die Verbreitungskosten von Information als solche über Nacht gegen null gingen, wie Philip Evans und Tom Wurster in *Blown to Bits* ausführen. Das Internet macht Preise transnational vergleichbar. Unternehmer in Indien oder China haben plötzlich direkten Zugang zu den Weltmärkten. Und hier liegt die Chance für die Bewohner von Industrienationen und Entwicklungsländern gleichermaßen, sofern Letztere ebenfalls Zugang zu Informationen und Märkten bekommen. Genau bei der Sicherstellung von Zugang hat der Westen eine Bringschuld, wenn er die weitere Vertiefung des Grabens zwischen Industrienationen und Entwicklungsländern, der so genannten *digital divide*, verhindern will. Und auch hier kann Veränderung nur aus einer Mischung aus Initiativen vor Ort und koordinierter Unterstützung durch staatliche und wirtschaftliche Eliten von außen entstehen.

Es steht außer Zweifel, dass sich gerade im letzten Jahrzehnt globale Wirtschaftsbeziehungen im Volumen exponentiell erhöht haben und dass die ökonomischen und politischen Verflechtungen der Weltwirtschaft enger geworden sind. Der Prozess verlief unstetig und hat auch vermeintliche und echte Verlierer gehabt, in jeder Region der Welt, in jedem Land, in jedem Unternehmen, in jeder Stadt, in jeder Familie. Es trat eine verstärkt wahrgenommene Ungleichheit ebenso in den Mittelpunkt der Wahrnehmung wie ein Gefühl, die gerufenen Geister nicht mehr loszuwerden, immer weniger kontrollieren zu können. Selbst sehr vermögende Individuen haben nur ein geringes Maß an Kontrolle über den Globalisierungsprozess.

Ich meine, wir brauchen nicht nur Regeln, sondern auch Mechanismen, die deren Umsetzung sicherstellen. Und dies auch auf der internationalen, der globalen oder besser mondialen Ebene. Es geht um Regeln für Märkte, für Gesellschaften und Staaten und für die Art und Weise des Miteinanders.

Wenn man sich mit den Globalisierungsgegnern in Genua, Seattle oder Davos unterhalten würde, so bekäme man zu hören, dass es ja schon Spielregeln gäbe, leider eben die falschen, und dass zuvörderst allein der Westen diese zu seinem Vorteil bestimme. Ich halte diese Sicht für zu vereinfachend, weil wie bei jeder Verschwörungstheorie plakativ suggeriert, stark vereinfacht und damit verzerrt wird: Immerhin können selbst die Vereinigten Staaten als größte Wirtschaftsmacht der Welt von der Welthandelsorganisation oder sogar der EU reglementiert und damit jedenfalls teilweise kontrolliert werden. Problematischer erscheint mir, dass es insgesamt diese Spielregeln der Globalisierung nur unzureichend gibt beziehungsweise dass sie, wo vorhanden, oft nicht durchgesetzt werden können.

Unreglementierte, anarchisch »freie« Märkte verstärken die Nebenwirkungen der Globalisierung. Der Markt funktioniert auch global nach den Regeln von Angebot und Nachfrage, aber immer bedarf es der Grenzen und Spielregeln: national, transnational und global. Wandel vollzieht sich immer schneller, oftmals unkontrolliert und institutionell nicht eingebunden, und häufig fehlen handhabbare Kontrollmechanismen. Im nationalen Bereich haben wir den Staat, der funktionsfähige Märkte und Wettbewerb institutionell gewährleisten kann. International und global fehlt uns Vergleichbares. Wir bleiben auf Verträge – staatliche wie private – zwischen Handelspartnern und Wirtschaftsorganisationen angewiesen. Und deshalb müssen sich die Staaten auf die Durchsetzung von Regeln einigen. Aber wir sind, wie alle konkreten Erfahrungen belegen, vom globalen Konsens noch weit entfernt – selbst in der EU tun wir uns öfters noch schwer; man erinnere sich nur an die leidige Geschichte der Besteuerung von Zinseinkünften.

In diesem Zusammenhang gewinnt das Bild vom Flickenteppich eine positive Bedeutung. Neben weltweiten Konventionen, zwischenstaatlichen Verträgen und regionalen Zusammenschlüssen – von der EU über *Nafta*, *Mercosur* bis zu *Asean* – schaffen Institutionen wie WTO, OECD, G8, Weltbank oder

Internationaler Währungsfonds ein dichter werdendes Netz von Regelungen. Hinzu kommt ganz wesentlich selbst geschaffenes Vertragsrecht der Wirtschaftspartner und der zunehmende Druck, der von Nichtregierungsorganisationen ausgeübt wird. Auch Dialogforen wie das *World Economic Forum* bleiben nicht ohne mittelbare Wirkung.

Auch wenn also die eine Weltregierung noch in weiter Ferne scheint, vielleicht im Ergebnis sogar glücklicherweise, ist damit nicht notwendig verbunden, dass kein Regelwerk entsteht. Im Übrigen sind in der Wirtschaftsgeschichte Ordnungen meist induktiv entstanden. Und selbst für den staatlichen Gesetzgeber empfiehlt sich, im Zweifel mit Kodifizierungen tatsächliche Entwicklungen erst am Ende abschließend zu regeln und eben nicht *ex ante* steuern zu wollen – letztlich ist auch das ein Ausdruck von Freiheit, Offenheit und Pluralismus.

Weil aber die Gefahr von Fehlentwicklungen und Missbräuchen so groß ist, muss der Druck hin zu stabilisierenden Ordnungen aufrecht erhalten und verstärkt werden. Den größten Druck schafft die Informationsgesellschaft. Sie fördert die Herbeiführung und Kontrolle politischer Entscheidungen in großen globalen Foren. Ein weiterer positiver Effekt der Globalisierung ist, dass sich heute niemand mehr darauf berufen kann, er habe von Missständen nichts gewusst und sich deshalb nicht engagiert. Engagement braucht aber ebenso wie die Durchsetzung von Regeln Kontinuität.

Hier ist eine Politik gefordert, deren wichtigste Aufgabe es ist, Kontinuität und Regeln im Prozess stetiger, allumfassender Veränderungen zu fördern. Wandel geschieht heute so schnell, dass man diesen kaum noch planen kann. Aber die betroffenen Menschen bringen nicht die gleichen Voraussetzungen mit. Ihre Startchancen im globalen Wettbewerb sind unterschiedlich und werden zusätzlich durch unterschiedlichen Zugang zu Märkten und nationalen Verteilungsmechanismen beeinflusst. Wachsende geografische Distanz der einzelnen Marktteilnehmer führt außerdem dazu, dass die Produktionsfaktoren Arbeit und Kapital in den letzten Jahrzehnten immer mobiler geworden sind. Umweltschutz- und Gesundheitsstandards sind in den verschiedenen Teilen der Welt sehr unterschiedlich, mit der Gefahr, dass gerade in Entwicklungs- und Schwellenländern weniger umweltbewusst und stärker gesundheitsschädigend produziert wird , als Ausgleich für unterschiedliche Produktivität und Qualifikation. Nun kann man darüber streiten, wie viel Harmonisierung der Lebensverhältnisse eine funktionierende Wettbewerbsordnung voraussetzt – eine Frage, der wir vor allem in der Europäischen Union angesichts zunehmender Überregulierung vertieft nachgehen müssen. Aber weil einerseits Umweltbeschädigungen globale Auswirkungen haben können und weil andererseits ein zu großes Maß an Ungleichheit und Ungerechtigkeit sich mit einer stabilen globalen Entwicklung nicht verträgt, können wir auf gewisse Mindeststandards nicht verzichten.

Bei der Festlegung der benötigten globalen Regeln, innerhalb derer die Globalisierung mit weiterhin guten Ergebnissen in ihre nächste Entwicklungsstufe treten sollte, kann das deutsche Modell der Sozialen Marktwirtschaft entscheidende Anstöße im internationalen Kontext geben. Denn einerseits müssen zur Förderung der wirtschaftlichen Leistungsfähigkeit Marktkräfte gestärkt werden. Andererseits sollten zur Eindämmung der Nebeneffekte global wie lokal regelbare, wettbewerbsrechtliche, ökologische und soziale Standards vorgegeben werden. Dabei ist das Nachhaltigkeitsprinzip eine logische langfristige Ergänzung der Idee der sozialen Marktwirtschaft, deren zentrale Elemente wie die Förderung des privaten Eigentums unter Sozialbindung von Kapital, fairer und freier Leistungswettbewerb, marktgerechte Preise und ein leistungsgerechtes, subsidiäres – also die Eigenverantwortung betonendes – soziales Sicherungssystem in Einklang mit ausgewogenen ökologischen Rahmenbedingungen durchaus international übertragbar sind. Grundlage und Folge einer funktionierenden Sozialen Marktwirtschaft sind allerdings stabile politische Strukturen, deren wichtigste Elemente Demokratie, Achtung der Menschenrechte und Rechtsstaatlichkeit sind. Gerade diese stabilen politischen Strukturen sind es aber, an denen es in weiten Teilen der Welt oftmals fehlt. Ohne die globale Stabilisierung von Märkten läuft jede Entwicklungspolitik ins Leere, schlimmer noch: Instabile Märkte destabilisieren politische Strukturen, und destabilisierte politische Strukturen führen zu Konflikten, zu humanitären Katastrophen und Verarmung weiter Teile der Weltbevölkerung. Darin liegt ein Bedrohungspotenzial, welches weit über die betroffenen Regionen hinausgeht.

Wie kann nun die internationale Gemeinschaft diesen Entwicklungen konkret begegnen? Nach dem bisher Gesagten kann und muss dies zuallererst über eine nachhaltige und umfassende finanzielle Entlastung der Entwicklungsländer geschehen, um die Schuldenfalle nicht weiter zuschnappen zu lassen. Nach Angaben der Weltbank betrugen die gesamten Auslandsschulden aller Entwicklungsländer im Jahr 1980 noch 610 Milliarden US-Dollar. Dieser Betrag ist bis zum Jahr 1998 auf rund 2,5 Billionen US-Dollar angewachsen. Würden die Industrienationen auf die Rückzahlung der Schulden der Dritten Welt verzichten, müssten sie dafür lediglich acht Promille ihrer Wirtschaftskraft aufbringen. Eine Entschuldung der Entwicklungsländer ist aber nur dann nachhaltig sinnvoll, wenn sie unter genau definierten Auflagen geschieht, die *good governance* in den einmal entschuldeten Ländern sicherstellen und eine Wiederholung der Verschuldung verhindern. Daher ist mit einer Entschuldung *nolens volens* auch ein politischer, in die Souveränität der Empfängerländer eingreifender Verhaltenskodex verbunden, sind gesellschaftliche und politische Verhaltensregeln innerhalb der Empfängerländer zu definieren. Dies wird einen breit angelegten, dialogischen Politikprozess bedingen, auf den wir uns innen- wie außenpolitisch erst noch vorbereiten müssen. Als

Beispiel will ich hier nur die aktuellen Schwierigkeiten im Umgang mit Simbabwe nennen.

Gerade mit Blick auf die Entwicklungs- und Schwellenländer müssen sich die Europäer gemeinsam mit den USA wesentlich stärker als bisher für den Abbau von protektionistischen Handelshemmnissen und Subventionen der eigenen Volkswirtschaften einsetzen. Internationale Organisationen wie Währungsfonds, Weltbank und Welthandelsorganisation sollten von denjenigen effizienter genutzt werden, die auf den Prozess der Globalisierung einwirken und ihn gestalten wollen. So unvollkommen die Mittel und Organisationen der internationalen Gemeinschaft derzeit auch sein mögen: Nur im Rückgriff auf diese internationalen Organisationen kann gemeinsam ein effektiver Ordnungsrahmen entworfen werden, der Krisen strukturell früher erkennt und ihnen präventiv durch koordiniertes Handeln begegnet, statt als Form des reinen Krisenmanagements im Anschluss an Staatsbankrotte gutes Geld schlechtem Geld hinterher zuwerfen. Einzelne nationalstaatliche Akteure sind diesen gewaltigen Herausforderungen keinesfalls gewachsen, und Deutschland ist in jedem Fall gut beraten, entsprechende Reformen gemeinsam mit allen führenden Industrienationen zielgerichtet voranzutreiben. Aber schon an dem Willen zur Reform hat es uns und unseren transatlantischen Partnern in den letzten Jahren oftmals gemangelt. Zwar verpflichtet der Maastrichter Vertrag die EU-Mitgliedsstaaten, ihre Entwicklungszusammenarbeit zu koordinieren und komplementär auszugestalten, aber bis heute ist das nur unzureichend umgesetzt. Nichtregierungsorganisationen und existierende bilaterale Entwicklungszusammenarbeit sollten stärker genutzt werden. Ähnliches gilt für Reformschritte der Vereinten Nationen. Zur Erhöhung ihrer Effizienz, Transparenz und Akzeptanz ist es notwendig, Reformschritte im Dialog aller internationalen Organisationen zu vollziehen. Allein mit Reformen der internationalen Finanzarchitektur und der UN-Organisationsstruktur ist es allerdings nicht getan: Zu den ökonomischen Maßnahmen muss darüber hinaus die Koordination internationaler Rechtssprechung vorangetrieben und durchsetzungsfähig gemacht werden.

Der aktuelle Streit um den Internationalen Strafgerichtshof ist ein Beispiel dafür, wie gemeinsame internationale Einrichtungen als Instrumente zur Durchsetzung von Recht in ihrer Wirkung abstumpfen, wenn ein politischer Handlungs- und Durchsetzungswille bei den Hauptbeteiligten fehlt. Die Frage, wie man Gerechtigkeit auf globaler Ebene erreichen kann, ist längst keine Frage von nationaler Entwicklungspolitik im engeren Sinne mehr, sondern integraler Teil einer global verantwortlichen Außen- und Sicherheitspolitik. Die Welt im Zeitalter der Globalisierung hat sich dahin gehend verändert, dass es kaum noch Konflikte gibt, die lediglich lokale Konsequenzen haben. Bei dem derzeitigen Kampf gegen Terrorismus oder während der Wirtschaftskrise in Südamerika erleben wir, wie Krisen oder Auseinandersetzungen in kurzer Zeit ganze Regionen erfassen. Die entsprechenden Probleme regionaler und internationaler Stabilität werden oftmals als Folgeprobleme der Globalisierung wahrgenommen, die zwar keine rein ökonomischen Folgen der Globalisierung sind, aber unmittelbar mit dieser zusammenhängen und mittelfristig ein enormes Bedrohungspotenzial für die Stabilität unserer Welt schaffen.

Aufgrund ihrer Gravität dürfen sie aber nicht von makroökonomischen Betrachtungen der Globalisierungsfrage getrennt werden. Aus dem ökonomischen Problem der ungleichen Güterverteilung erwächst das politisch explosive Problem der ungleichen Chancenverteilung, die letztendlich über Armut und globale Verelendung zu transnationalem Terrorismus und massiven Gefahren für die internationale Sicherheit und Stabilität führt. Auch national bedroht genau jene ungleiche Güter- und Chancenverteilung den sozialen Frieden. Eben hier zeigt sich die Verbindungslinie zwischen Globalisierung als internationalem wie nationalem Phänomen mit großen Chancen und Risiken. Globalisierung hat Kosten, die von Staaten und Menschen getragen werden, welche diese massiven »Nebenwirkungen« nicht notwendigerweise produziert oder zu verantworten haben und sich mit stetiger Veränderung schwer tun. Nicht zufällig vollzieht sich diese Lastenverteilung oftmals entlang ökonomischer Grenzlinien, nationaler wie internationaler: Junge, mobile, gut ausgebildete Menschen gehören in der Regel ebenso zu den Gewinnern der Globalisierung wie die Industrienationen in Europa und Nordamerika, in denen diese berufstätigen Gruppen leben. Verlierer der Globalisierung finden sich dagegen in den Entwicklungsländern, aber auch in strukturschwachen Regionen der Industrieländer, wo keine neuen Arbeitsplätze entstehen und soziales Konfliktpotenzial wächst.

Warum ist der Blick auf die Verlierer der Globalisierung für die Rolle Deutschlands in diesem Prozess so relevant? Weil es eben diese neue, beschleunigte Form der Globalisierung ist, die die Probleme in anderen, nur scheinbar weit entfernten Teilen der Welt viel schneller zu unseren eigenen macht. Sie bedroht die internationale Stabilität als solche und hat einen Kampf der Kulturen seit dem 11. 9. wahrscheinlicher gemacht. Dies gilt schon lange nicht mehr nur für Entwicklungsländer. Es war der japanische Ministerpräsident Juichiro Koizumi, der nicht etwa ein japanisches Sprichwort, sondern die Weisheit des Westens aus den Texten von Horaz heranzog, als er im Jahr 2002 mit Blick auf Terrorismusbekämpfung in Asien den lateinischen Dichter zitierte: »Brennt des Nachbarn Wand, ist dein Haus gefährdet.« Gerade auch Phänomene wie der neuartige transnational agierende Terrorismus zeigen uns auf tragische Weise, wie klein die Welt geworden ist.

Neuen Sauerstoff erhält dieser Schwelbrand durch die ungleiche Verteilung eines Maßes an Wohlstand, der noch vor 200 Jahren undenkbar schien. Erfolg, auch der in wirtschaftlichem Wohlstand sich manifestierende, macht leicht träge und vergesslich. Aus Trägheit werden dann schnell Hochmut und Ignoranz. Dabei kann und darf sich der Westen nicht auf seinen wirtschaftlichen und politischen Lorbeeren ausruhen. Denn während ein Sechstel der Welt im Wohlstand ohne Grenzen lebt und dafür einen bislang ungekannten Ressourcenverbrauch benötigt, verharrt ein Fünftel immer noch in bitterster Armut. Informationen darüber stoßen aber auf weniger Grenzen als jemals zuvor. Oder wie es der peruanische Ökonom Hernando de Soto ausdrückt: »Oliver Twist hat heute einen Fernseher, und er wird sehr ärgerlich und sucht sich andere Kanäle von Machtausübung, wenn er sieht, wie der begüterte Teil der Welt lebt.« Mit zunehmend ungleicher Verteilung von Wohlstand und Wirtschaftswachstum wachsen Bitterkeit und Hass auf den Westen – und dies nicht nur in Teilen der islamischen Welt. Der sich für modern und aufgeklärt haltende, westliche Mensch muss sich mit diesen Problemen der Globalisierung auseinandersetzen, um nicht von ihnen überrollt zu werden. Es gilt, Armut und ungleiche Güterverteilung, Korruption und ähnliche Krebsgeschwüre der globalen Gemeinschaft nicht nur im eigenen Land oder aus Nächstenliebe, sondern schon aus Sorge um die eigene Existenz auch außerhalb der eigenen Grenzen zu bekämpfen. Entwicklungs- und auch grenzüberschreitende Wirtschaftspolitik wird immer mehr zu einer Funktion und neuen Form der Außen- und Sicherheitspolitik. Wenn der Westen auf globale Probleme keine angemessenen und umsetzbaren Antworten hat, werden die von den Problemen akut Betroffenen kaum bessere haben und ihre eigenen, oftmals bedrohlichen und autokratischen Alternativen durchzusetzen versuchen.

Spätestens seit dem Revolutionsjahr 1789 ist der Westen zur Freiheit in derselben Weise befähigt, wie er zu ihr verdammt ist. Manche Folgen der Freiheit sind für die meisten Gesellschaften des Westens – mit Ausnahme der USA – eben erst seit dem Niedergang des Kommunismus vor knapp fünfzehn Jahren so richtig zu spüren. Freiheit hat mit Entscheidungen zu tun, und diese fallen Individuen schwerer, je schneller und zahlreicher sie getroffen werden müssen. Stagnation ist oft nichts weiter als ein Ausdruck des fehlenden Willens, Entscheidungen zu treffen. Marktteilnehmer entscheiden sich im Gegensatz zu Wählern sehr häufig. Die entsprechende Wahlfreiheit der Märkte, wo und wie sie scheinbar grenzenlos Handel treiben, hat Folgen für jene Menschen, die an solchen Entscheidungen gar nicht teilnehmen. Während Globalisierung für weite Teile der Welt Armut bringt, schafft sie für einen kleineren Teil der Welt Reichtum und Optionen. Gewinner und Verlierer trennen oftmals nur ein paar Breitengrade. In jedem Fall müssen sich die scheinbaren Gewinner auch und gerade als Marktteilnehmer klar werden, dass sie einen Pyrrhussieg erringen, wenn sie die fortwährende Verelendung eines anderen Teils der Menschheit kalt lässt. Ideologisch zu erklären, man sei gegen Globalisierung, ist ähnlich sinnvoll wie die Aussage, man sei entschiedener Gegner des Gravitationsgesetzes. Diese Beobachtung darf aber nicht darüber hinwegtäuschen, dass viele Menschen Globalisierung als Bedrohung empfinden. Die Ereignisse von Seattle, Melbourne oder Genua müssen aus rechtsstaatlicher Sicht kritisch beurteilt werden, die dort geäußerten Bedenken sind jedoch politisch ernst zu nehmen. Gerade im islamischen Raum wird Globalisierung als neue Form westlicher Hegemonie beziehungsweise als westlich gesteuerte Neuauflage des Kolonialismus wahrgenommen. Wenn einige Bewohner der westlichen Welt eine auf grenzenloser Freiheit beruhende Überfülle an Wahlchancen und Handlungsmöglichkeiten besitzen oder damit ungewollt konfrontiert werden, so werden sie nur dann eine global verantwortbare Auswahl treffen können, wenn ihr Handeln in gewisse Wertvorstellungen und Maßstäbe eingebunden beziehungsweise von innen her fundiert ist. Ralf

Dahrendorf ist ausdrücklich zuzustimmen, wenn er sagt: »Hier liegt die große und bedrohliche Schwäche einer postmodernen Haltung des *anything goes*, also der grundsätzlichen Beliebigkeit aller Optionen. Wenn es nicht darauf ankommt, was wir wählen – welche politische Partei, welches moralische Verhalten, welche Theorie der Erkenntnis, aber auch welche Konsumgüter, wenn also alles gleich gültig wird, dann wird nicht nur alles gleichgültig, sondern es setzt eine allgemeine Richtungs- und Orientierungslosigkeit ein. Das könnte noch zum bestimmenden Thema unserer Zeit werden und ist heute schon die schwerste Prüfung jeder Politik der Freiheit. Denn in dieser Welt ohne Halt suchen Menschen neue Bindungen.«

Diese Bindungen findet der Mensch primär im Kleinen, im Regionalen, im Örtlichen, im Familiären. Trotz der vielen Handlungsoptionen, die das moderne Leben dem Menschen bietet, strebt er doch nach Harmonie, nach Sicherheit im Sinne von berechenbaren und zuverlässigen Lebensverhältnissen, nach Zugehörigkeit, nach Sinnhaftigkeit. Vertrauen wird aber zu einem knappen Gut in einer Welt der permanenten Veränderung, in der die Institutionen des sozialen Zusammenlebens wie Familie, Beruf oder Nachbarschaft zerfallen. Eine Gesellschaft ohne Bindungen löst sich auf, und eine Diktatur der Märkte ist am Ende eben eine Diktatur. Das im ersten Kapitel beschriebene Interregnum des Marktes darf also nur ein Inter-Regnum gewesen sein.

Die Zersetzung der geistig-moralischen Voraussetzungen der Freiheit durch die Freiheit selbst in einer grenzenlos kapitalistischen Gesellschaft, die von Babel bis hin zum Goldenen Kalb ihre alttestamentarische Entsprechung hat, ist zwar noch nicht eingetreten. Aber Politik und andere gesellschaftliche Institutionen, national wie global, sollten sich dieser Bedrohung bewusst sein. Darum wird es in den vor uns liegenden Jahren gehen, um den politischen Umgang mit Freiheit und dem individuellen Bedürfnis der Menschen nach Bindung, nach Zugehörigkeit, nach Identität. Ohne diese Bindungen verliert der Mensch die Initiative und Übersicht über sein Leben, und der Verlust von Übersicht muss als eine der größten schleichenden Bedrohungen unserer freiheitlich-demokratischen Verfassungen gesehen werden. Denn die Legitimität freiheitlicher Verfassungen beruht kurioserweise auch darauf, dass dem Menschen entsprechende individuelle Belastungen zur Sicherung seiner Freiheit zugemutet werden können.

Der Prozess der Globalisierung, des Zusammenwachsens der Menschheit, der verbunden ist mit einem Austarieren von Moderne und Tradition, kann und muss von den Staaten und Völkern des Westens maßgeblich beeinflusst und getragen werden, da sie es sind, die – wie Dahrendorf so treffend formulierte –, das »Fegefeuer der Modernisierung« bereits durchschritten haben und daher die Gefahren von Unterdrückung und Tyrannei kennen. Dieser Westen hat zwei tragende Säulen, Europa und die USA, die – mit sich ergänzenden, aber durchaus auch unterschiedlichen Stärken ausgestattet – dazu verpflichtet sind, das weitere Zusammenleben der Menschheit in einer Weise mit zu fördern, dass die Vielfalt des Planeten Erde nicht zur steten Quelle von Konflikten, sondern zur Architektur einer neuen Weltordnung wird.

Eine solche Weltordnung muss eine rechtliche Basis haben, auf der Konflikte gelöst werden können. Dieser Ansatz ist fest im Denken westlicher Demokratien verwurzelt, deren Grundlage die Rechtsstaatlichkeit ist. Wir müssen uns aber stets darüber klar sein, dass unsere westlichen Konzepte von Recht, Freiheit und Demokratie in anderen Teilen der Welt völlig anders und oftmals weniger positiv bewertet werden.

Damit stellen sich zwei Probleme. Zum einen bedarf Recht immer auch der Fähigkeit zur Durchsetzung, weil Recht ohne Macht keine Ordnung schafft. Aber Recht braucht auch Zustimmung. Nur aus Zustimmung wird Legitimität. Und die

Vorstellungen, was gerecht sein soll, sind unterschiedlich in der Geschichte wie in den verschiedenen Gesellschaften und Kulturen. Deshalb entsteht eine Rechtsordnung nur, indem sie von den ihr Unterworfenen akzeptiert wird. Gewiss kann diese Zustimmung auch erzwungen werden, und das Völkerrecht hat dem mit der Lehre von der Anerkennung der Souveränität als der tatsächlich dauerhaft verfestigten Ordnungsmacht Rechnung getragen. Aber die erzwungene Zustimmung wird im Zweifel labiler bleiben als die freiwillig akzeptierte, ganz abgesehen davon, dass nur das unserem grundsätzlichen Verständnis von Freiheit und Menschenrechten entspricht.

Deshalb muss sich die Politik des Westens im Zeitalter der Globalisierung um eine internationale Rechtsordnung bemühen, die auf Zustimmung der Betroffenen beruht. Damit sind wir bei der Unterscheidung von Joseph Nye zwischen *hard power* und *soft power*. Will der Westen dauerhaft Erfolg haben, muss er seine Werte und Ordnungsvorstellungen nicht nur mit – notfalls militärischer – Macht durchsetzen, sondern er muss für sie Überzeugungskraft schaffen. Und das geht am Ende nur, wenn diese Werte und Ordnungen auch für andere Kulturen und Menschen in anderen Entwicklungsstadien erträglich, zustimmungsfähig sind. Je mehr die unterschiedlichen Kulturen einander verstehen und sich annähern, umso eher wird ein auf Zustimmung beruhendes internationales Recht entstehen.

Aber wir dürfen die andere Seite nicht außer Acht lassen, die letztlich aus der Fehlerhaftigkeit des Menschen folgt. Menschen werden – die einen mehr die anderen weniger – Grenzen einer Ordnung immer nur einhalten, wenn sie wissen, dass sie letztlich auch dazu gezwungen werden können. Eben deshalb braucht Recht auch Macht. In den rechtsstaatlich verfassten Staaten entspricht dem das Gewaltmonopol des Staates. In den internationalen Beziehungen hat sich das Völkerrecht seit dem Westfälischen Frieden mit den Prinzipien von Souveränität und Interventionsverbot beholfen. Das befriedigt im Einzelnen immer weniger, und angesichts der zunehmenden Interdependenz im Zeitalter der Globalisierung nimmt die Sehnsucht zu nach dem alten Menschheitstraum einer Weltregierung, die, mit einem entsprechenden Gewaltmonopol ausgestattet, militärische Kapazitäten entbehrlich machen und sich nur noch auf Polizeikräfte stützen könnte.

Aber davon sind wir weit entfernt, und solange dieser Traum nicht Wirklichkeit ist, wird zur Aufrechterhaltung von Sicherheit auf militärische Mittel nicht verzichtet werden können. Nach den Erfahrungen zweier Weltkriege und angesichts der Zerstörungskraft moderner Waffensysteme kann Krieg aber nicht mehr so einfach als die Fortsetzung der Politik mit anderen Mitteln akzeptiert werden. Dazu ist es die Aufgabe von Politik, internationale Ordnungen zu schaffen, die die Wahrscheinlichkeit gewalttätiger Auseinandersetzungen verringern, und nicht nur, militärische Mittel zur Konfliktvermeidung und Konfliktlösung zu stärken.

Und zum anderen sollte alles darangesetzt werden, den Einsatz militärischer Mittel möglichst auf die bloße Potenzialität zu begrenzen. In der Ordnung des staatlichen Gewaltmonopols lässt man es ja in der Regel auch nicht auf die Auseinandersetzung mit den Polizeikräften ankommen, weil man weiß, dass man letztlich den Kürzeren zieht. In der internationalen Politik nennt man das Abschreckung. In Zeiten des Ost-West-Gegensatzes war sie hoch entwickelt, und manche strategische Debatte über Zweitschlagkapazitäten oder Raketenabwehrsysteme mutete manchmal fast schon pervers an. Dass man sich, um die Rüstungskontrollpolitik nicht zu gefährden, nicht gegen die Gefahr von Raketenangriffen schützen durfte, erschloss sich dem gesunden Menschenverstand vielleicht erst auf den zweiten Blick. Aber weil eben das Gleichgewicht des Schreckens auf der Grundannahme beruhte, dass jeder Angriff der einen Seite auf die andere notwendigerweise auch zu ihrer eigenen Vernichtung führen würde, konnte der atomare Holocaust vermieden werden. Dieses Prinzip der Abschreckung funktioniert in den Zeiten nach der bipolaren Welt des Kalten Krieges nicht so einfach gegenüber den vielfältigen Bedrohungen von asymmetrischer Kriegsführung, *failed states*, internationalem Terrorismus und dergleichen mehr. Dennoch darf der Grundgedanke nicht aufgegeben werden, dass jeder, der Gewalt zur Durchsetzung seiner Ziele einsetzen will, davon überzeugt werden muss, dass er mit der Anwendung von Gewalt außer seiner eigenen Vernichtung letztlich nichts wirklich erreichen kann.

Deshalb sind überlegene militärische Fähigkeiten dann nicht negativ, wenn sie zur Abschreckung von Gewalt und zur Wahrung und Stärkung internationaler Ordnung eingesetzt werden. In der Auseinandersetzung um den Irak ist dabei viel schief gelaufen. Auf der einen Seite wird die Stärke der USA zunehmend als Bedrohung empfunden, und selbst in Europa wird die Auffassung vertreten, dass man ein Gegengewicht gegen die USA aufbauen müsse und deshalb auch an einer Schwächung der überlegenen Führungsmacht interessiert sei. Und auf der anderen Seite wächst in den USA die Neigung, im Bewusstsein der eigenen Überlegenheit letztlich einseitig zu entscheiden und mit militärischen Mitteln diese Entscheidungen durchzusetzen.

Beide Auffassungen sind falsch. Angesichts der vielfältigen Bedrohungen und Gefahren für gewalttätige Auseinandersetzungen bietet die militärische Überlegenheit der USA einerseits eine bessere Chance für eine nicht in Gewalt eskalierende Welt, und auf der anderen Seite muss das militärische Potenzial auf die Durchsetzung einer solchen Ordnung gerichtet sein, und deshalb ist es auch in diese Ordnung einzubinden. Und das heißt, dass die Entscheidung über militärische Einsätze in multilaterale Entscheidungsstrukturen eingebunden werden muss. Nur dann werden Stärke und Überzeugungskraft, *hard power* und *soft power*, in einer fruchtbaren Weise miteinander verbunden, und das setzt die vertrauensvolle Zusammenarbeit der Staaten voraus, die sich einer rechtlich verfassten internationalen Ordnung verpflichtet fühlen, also der rechtsstaatlich verfassten Demokratien, und damit vor allem die atlantische Allianz oder die Partnerschaft des Westens.

Meine Position in der Irakdebatte war vom ersten Tag an, dass nur aufgrund einer Entscheidung des Weltsicherheitsrats ein militärischer Einsatz notfalls gerechtfertigt werden könnte, dass man aber für den Fall einer solchen Entscheidung auch nicht von vornherein jede Beteiligung ausschließen durfte. Beides zusammen – die Beschränkung, nur im Rahmen der Charta der Vereinten Nationen zu handeln, aber auch die Bereitschaft, auf dieser Grundlage mit aller Entschiedenheit und größtmöglicher Geschlossenheit die Resolution des Weltsicherheitsrates durchzusetzen – hätte vielleicht die Chance geboten, dass Saddam Hussein sich dem Druck schließlich doch noch gebeugt hätte. Solange der Diktator in Bagdad auf die mangelnde Einigkeit der Völkergemeinschaft und vor allem auf den Streit zwischen den atlantischen Partnern spekulieren konnte, wurde seine Bereitschaft, sich den Resolutionen des Weltsicherheitsrates zu beugen, nicht gefördert.

Es ist anders gekommen, und die Fehler, die dazu geführt haben, wurden meines Erachtens nicht nur auf einer Seite gemacht. So beeindruckend der Erfolg der von Amerika geführten Militärmacht zur Beseitigung des Diktators Saddam Hussein war, so wenig gelingt den Amerikanern allein der Aufbau einer stabilen und friedlichen Nachkriegsordnung im Irak. Schon kurze Zeit nach dem Krieg zeigte sich, was ich bereits am 22. März 2003 in der *Stuttgarter Zeitung* gesagt hatte: »Den Krieg kann Amerika alleine machen, Frieden nicht.« *Hard power* ohne *soft power* wird dauerhafte Stabilität nicht schaffen. Das wurde übrigens schon zu Napoleon gesagt, den sein Außenminister Talleyrand einst mahnte: »Auf Bajonetten sitzt man nicht bequem, Sire.«

In einer Welt, die immer enger zusammenwächst, ist das Bewusstsein für gemeinsame grenzüberschreitende Gefährdungen wie für gemeinsame Chancen gewachsen. Vor einiger Zeit antwortete Weltbankpräsident James D. Wolfensohn auf die Frage, was von den unterschiedlichen Diskussionen über nachhaltige Entwicklung und den Umgang mit den Problemen der Globalisierung zu erwarten sei, die beste Antwort hierauf sei eventuell, sich zu fragen, welche Welt wir denn wollten. Ich meine, dass man auf diese Frage eine absolute Antwort nicht so einfach geben darf, weil die Vorstellungen, welche Welt wir denn wollen, in einer Welt von Freiheit und Pluralismus notwendig unterschiedlich sein müssen. Deshalb muss die Antwort auf Wolfensohns Gegenfrage wohl lauten, dass wir eine Welt wollen sollten, die allen Menschen das größte und gleichzeitig schonendste Maß an Freiheit garantiert, ihre individuellen Möglichkeiten, Ziele und Ideale innerhalb einer demokratischen Gemeinschaft zu verwirklichen. Es ist nicht die Aufgabe des Staates, glücklich zu machen, sondern das Glücklichwerden zu ermöglichen. Die Welt, die wir wollen, muss also globales Wirtschaften und Leben auf der Basis von Regeln und fairen Institutionen im Rawls'schen Sinne gestalten. Sie muss Staaten und Institutionen hervorbringen, die inmitten von stetigem Wandel verschiedenen Gesellschaften gleichzeitig ein entsprechendes Maß an sozialer, politischer und kultureller Kontinuität garantieren können.

Globalisierung ohne Regeln und ohne ein notwendiges Maß an Fairness und Humanität ist zum Scheitern verurteilt. Verlieren wir das Streben nach einer solchen Ordnung im Zeitalter der Globalisierung aus den Augen, landen wir schnell bei der instabilen, rücksichtslosen und damit unsicheren Welt. Die Welt wächst zusammen, wirtschaftlich und politisch, in Hoffnungen – aber leider auch in Bedrohungen. Der Prozess der Globalisierung ist unumkehrbar und verlangt nach politischer Gestaltung. Und hier sind Politiker gerade der Industriestaaten gefragt. Genau hier kann ein zentraler Beitrag liegen, den die internationale Gemeinschaft im Allgemeinen und die Gruppe der G8-Staaten im Besonderen leisten muss, nämlich dem Wildwuchs von globalem wirtschaftlichem Handeln mit Standards und gemeinsamen Regeln zu begegnen. Hinzu kommt die Notwendigkeit, Investition in und Integration von Entwicklungs- und Schwellenländern und letztendlich einen fairen, gerechteren Interessenaustausch zu ermöglichen.

Die in der Vergangenheit getätigten Fehler und Versäumnisse zu vermeiden, dass muss unser Ansporn in der Entwicklung der Welt von morgen sein. Und einen beachtlichen Beitrag zu leisten beim Aufbau dieser besten Welt, das sollte auch die Rolle Deutschlands in der globalisierten Welt sein. Wir Deutschen sind in einer vergleichsweise glücklichen Lage. Aus volkswirtschaftlicher Sicht leidet Deutschland im globalen Vergleich auf sehr hohem Niveau; die Tendenz zeigt aber gerade im europäischen Vergleich nach unten. Diese Feststellung sollte uns Antrieb sein, unsere internationale Verantwortung als eine der reichsten Industrienationen wahrzunehmen. Nur ein Land, welches Spitzenuniversitäten, ein modernes Gesundheitswesen oder Hochtechnologieindustrien besitzt, kann an den Segnungen einer globalen Informationsgesellschaft in vollem Umfang partizipieren. Wir sollten dabei nicht aus dem Auge verlieren, dass wir unseren zurückgewonnenen Wohlstand zwar zum einen eigener wirtschaftlicher Leistung nach dem Zweiten Weltkrieg verdanken, zum anderen aber auch der entschiedenen Hilfe Dritter und der Tatsache, geografisch mitten in einer der gemäßigt temperierten Zonen der Welt zu liegen: In der Mitte von Europa als dem Kernland der Industrialisierung hatte Deutschland stets bevorzugten Zugang zu internationalen Transportwegen, ohne unter negativen klimatischen oder infrastrukturellen Verhältnissen zu leiden. Urteilt man heute aus deutscher Sicht über Chancen und Risiken der Globalisierung, sollte man nicht den Blick dafür verlieren, dass man sich in der

Mitte von Europa *in puncto* Standort an einem der weltweit günstigsten Handelsplätze befindet, der Wirtschaftswachstum im Vergleich zu vielen anderen Orten der Welt erheblich erleichtert. Eine solche Sichtweise macht bescheidener und selbstbewusster zugleich: Einer Nation wurde viel mitgegeben, woraus die Verantwortung erwächst, daraus etwas zu machen. Wenn Einigkeit und Recht und Freiheit des Glückes Unterpfand sind, so sollten wir im Angesicht aller derzeitigen Probleme dieses Glück nicht überstrapazieren und uns als Teil der globalen Gemeinschaft der Verantwortung bewusst sein, die mit diesem Glück verbunden ist. Als Teil des Westens haben wir das Glück, wirtschaftlich leistungsfähig sein zu können, und sollten diesen natürlichen Standortvorteil nutzen zum Wohle aller. Dies schulden wir nicht nur uns selbst, sondern auch denjenigen Nachbarn und Freunden auf der Welt, die weniger begütert sind als wir und auf unsere Partnerschaft hoffen.

Am Ende bleibt aber die Frage: Wer sind wir und – vor allem – warum sind wir mitten in Europa und mitten in der Welt wir selbst geworden? Erkenne dich selbst!

3. Der lange Weg in die Freiheit – Die Werte des Westens

Zum Millenniumswechsel wurde auf fünf Kontinenten – in Sydney, Peking, Kapstadt, New York und in Berlin – die 9. Sinfonie von Ludwig van Beethoven gespielt und weltumspannend im Fernsehen übertragen. Für uns Deutsche war das ein vielfältig bewegendes Ereignis. Ein deutscher Komponist, Schillers Ode an die Freude und Berlin, das Brandenburger Tor, stellvertretend für ganz Europa. Ich hatte an die Geschichte des zu Ende gehenden Jahrhunderts gedacht. Zwei Weltkriege, der Abgrund der nationalsozialistischen Diktatur, totale Zerstörung und bedingungslose Kapitulation – und 50 Jahre danach ein solcher Abschluss des Jahrhunderts.

Aber es war noch mehr. Sechs Milliarden Menschen zählt die Weltbevölkerung, nicht einmal ein Zehntel davon Europäer, und dennoch wird die weltumspannende Fernsehinszenierung zum Millenniumswechsel ganz selbstverständlich mit nichts anderem als europäischer Klassik gestaltet. Europäische Kultur und Zivilisation hatten sich in dem zu Ende gegangenen Jahrtausend vielfältig bestimmend durchgesetzt. Und Schillers Verheißung »Alle Menschen werden Brüder« war zwar noch nicht erfüllt, aber die richtige Botschaft am Beginn des neuen Millenniums.

Die Weltbevölkerung als Familie. Wer das Glück einer kinderreichen Familie hat, der kennt das Phänomen, dass schon kleine Kinder den Wettbewerb lieben und brauchen. Früh schon wollen sie sich messen, wollen ihre Fähigkeiten und Kenntnisse im spielerischen Wettstreit einbringen. Wettbewerb dient hier noch keinem Erwerbsmotiv, sondern erfolgt eher als Rückkopplung im Prozess menschlichen Lernens und Entwickelns. Kinder wollen spielend herausfinden, wie gut sie etwas beherrschen. Sie beziehen aus diesem Wettbewerb Selbstachtung, Befriedigung und Motivation. Dem Menschen ist also durchaus eine Ader für friedlichen Wettstreit gegeben. Und so ist es kaum verwunderlich, dass man in fast allen Lebensbereichen Wettbewerbe sieht. Politische Parteien, Modeunternehmen, Sportvereine – wohin man blickt, geht es anscheinend wettbewerblich zu.

Wettbewerb kennt Gewinner und Verlierer, und damit diese miteinander auskommen, gibt es Regeln für das Verhältnis im Wettbewerb und für den Umgang zwischen Gewinnern und Verlierern. In einem fairen Wettbewerb kann der Verlierer von heute der Gewinner von morgen sein. Die Globalisierung könnte eigentlich ein solcher Wettbewerb sein. Alle Nationen und Völker der Welt tauschen ihre Fertigkeiten auf einem wettbewerblichen Markt aus und messen einander tagtäglich. Auch hier kommt es zu Gewinnern und Verlierern. Was aber bedenklich stimmt, ist die Tatsache, dass Gewinner und Verlierer fast immer dieselben zu sein scheinen. Offensichtlich steht es ausgerechnet in diesem Bereich mit der Chancengleichheit eher schlecht.

Als Gewinner der Globalisierung begreifen sich oftmals die westlichen Demokratien, die sich als offene, liberale Gesellschaften verstehen. Bürgerrechte, Partizipation, Wissenschafts- und Pressefreiheit, ein Gefühl der Toleranz, die Trennung von Staat und Kirche wie auch ein hohes Maß an Freizügigkeit zeichnen sie aus. Offenheit basiert auf Konsens und auf einem gewissen Maß an Grundvertrauen in Institutionen und Individuen. Konsensdemokratie wird von vielen, die gerade in Deutschland und Europa über Reformstau klagen, fast als Schimpfwort verwendet und gleichgesetzt mit Schwerfälligkeit von Entscheidungsprozessen und Einigungen auf dem kleinsten gemeinsamen Vielfachen statt dem Mut zur klaren Entscheidung. Demgegenüber steht Wettbewerb für Innovation und Wettbewerbsgesellschaft für eine mobile, zukunftsoffene, im Aufbruch befindliche Gesellschaft. Also scheint die Schlussfolgerung nahe zu liegen: Weniger Konsens und mehr Wettbewerb. Umgekehrt warnen andere vor der Kälte einer nur auf Wettbewerb gegründeten gesellschaftlichen Verfasstheit. Im Russland des Umbruchs, wo sich schwerreiche Oligarchen in einem rechtlichen Vakuum und inmitten des Elends einer verarmenden Bevölkerungsmehrheit rücksichtslos bereicherten, könne man sehen, wohin Wettbewerb pur führe. Ich lasse dahingestellt, ob das Bild von Russland nicht zu oberflächlich ist und ob Russland nicht in Wahrheit eher an der zu langen Abwesenheit eines funktionierenden Wettbewerbs leidet. Einwände, wie sie Uwe Jean Heuser jüngst in seinem Buch »Das Unbehagen im Kapitalismus« formulierte, sind jedenfalls ernster zu nehmen: Wir Menschen seien im Alltag weder fähig noch willens, uns dauerhaft beständig zwischen einer unendlichen Vielzahl von Angeboten und Alternativen zu entscheiden, könnten also die vor allem durch die modernen Kommunikationstechnologien sich erschließenden Möglichkeiten grenzenlosen Wettbewerbs allenfalls im Einzelfall nutzen, und zwar nicht nur aus Zeitgründen, sondern mehr noch, weil der Mensch überfordert sei, wenn er sich andauernd zwischen einer unendlichen Zahl von Optionen entscheiden müsse – was ja letztlich die Begründung für jede Art von Sozialisation ist. Für Menschen, die den beschriebenen Herausforderungen der Globalisierung ausgesetzt sind, gilt nichts anderes.

Zur Veranschaulichung dieses Dilemmas des durch seine Wahlmöglichkeiten handlungsgehemmten Menschen sei an dieser Stelle exemplarisch auf einen Artikel in der *Financial Times* hingewiesen, der 1999 auf dem Höhepunkt des Internetbooms publiziert wurde, als sich gerade jungen, mobilen und gut ausgebildeten Menschen scheinbar unendliche Möglichkeiten zu eröffnen schienen. Gräbt man tiefer, findet man unter diesen scheinbaren Gewinnern der Globalisierung nicht unbedingt die glücklicheren Menschen. Unter dem bezeichnenden Titel *Closing down options* beschrieb die *Financial Times* Lebens- und Entscheidungslauf einer jungen Frau, die in den Vereinigten Staaten und an englischen Eliteuniversitäten mehrere Studienabschlüsse erreicht, den schwarzen Gürtel in einer asiatischen Kampfsportart und die Zulassung als Anwältin erhalten hatte. Das Problem, das diese Frau täglich zermürbte und das sie mit dem Journalisten eingehend diskutierte, bestand in der Frage ihrer endgültigen Berufswahl. Sollte sie ihre hoch bezahlte juristische Karriere in den Vereinigten Staaten fortsetzen, die Leitung eines sozialen Projektes in einer örtlichen Gemeinde übernehmen, eine Familie gründen oder gar die Rolle einer Stuntfrau in Hollywood annehmen? Wie waren all diese vielen Möglichkeiten am effektivsten zu kombinieren, ohne sich Optionen zu beschneiden? Was den Autor des Artikels bei der Beschreibung dieses Entscheidungsfindungsprozesses verwunderte, war nicht die Anzahl der attraktiven Möglichkeiten, die sich dieser jungen Frau durch ihre Ausbildung und in scharfem Gegensatz zu 99 Prozent der Weltbevölkerung eröffneten. Das Verwunderliche waren der Missmut und der unterschwellige Groll, mit dem sich die auf dem Papier »Glückliche« über die vielen Möglichkeiten beklagte, zwischen denen ihr die Entscheidung so schwer fiel. Die Betreffende war so beschäftigt, sich alle Möglichkeiten offen zu halten, ohne zu wissen, was sie mit denselben am Ende machen wollte. Die für das Zeitalter des Interregnums des Marktes bezeichnende Folgerung, die der Verfasser des Artikels zog, war, dass man auch und gerade in den offenen Informations- und Wissensgesellschaften des Westens im Leben nicht daran vorbeikommt, Entscheidungen zu treffen, statt sich stets nur Optionen offen zu halten. Wer nicht entscheidet, laviert, stagniert und macht sich so am Ende selbst lebensunfähig. Leben hat damit zu tun, durch Türen zu gehen, statt immer nur enorme Energien darauf zu verwenden, sich diese offen zu halten. Freiheit öffnet einem eine Vielzahl an Türen, aber am Ende ist Freiheit ohne Entscheidung leer – eine tönende Schelle und ein klingendes Erz, wie es der Apostel Paulus so treffend formuliert hat.

Diese Erkenntnis ist nicht neu und gilt nicht nur individuell, sondern auch in globalen Zusammenhängen: Schon Platon erkannte, dass die Maximierung von Glück und nicht etwa Profit oder der Erhalt einer möglichst großen Zahl von Optionen das höchste Ziel menschlichen Strebens sein sollte. Letztendlich »richtig« entscheiden und in der Globalisierung navigieren kann nur derjenige, der eine Werte- und Prioritätenbasis für sich selbst entwickelt hat, auf deren Grundlage er sich orientieren kann und die ihm ein Zusammenleben mit anderen ermöglicht. Gerade im Zeitalter der Globalisierung lebt kaum jemand allein auf einer Insel. Eine unendliche Zahl an Optionen ohne Entscheidungen und ohne Konsequenzen für andere gibt es für uns scheinbar aufgeklärte Menschen des 21. Jahrhunderts eben nicht. Daher sind wir gut beraten, Zeit, Energie und Bildung für die Entwicklung unseres inneren Kompasses zu verwenden, mit dessen Hilfe wir die Richtung unseres Lebens bestimmen können, statt missmutig auf hohem Niveau zu leiden und uns auf die Erfüllung materieller Bedürfnisse zu beschränken. Der pietistisch geprägte Erbauer eines Fachwerkhauses formulierte die Wichtigkeit dieser Prioritätensetzung auf dem Balken der Eingangstür wie folgt: »Wir bauen hier so feste und sind doch fremde Gäste. Und wo wir sollen ewig sein, da bauen wir so wenig ein.« Oder, wie Seneca das einmal ausdrückte: »Wer den Hafen nicht kennt, für den ist kein Wind günstig.«

In diesem Prozess individueller Entscheidungsfindung ist es nicht der Staat, dem die Aufgabe zukommt, seine Bürger glücklich zu machen. Fast jede Diktatur versucht das und scheitert am Ende genau daran. Ob ein Mensch sein Leben auf religiöser, humanistischer oder anderer ideologischer Basis ausrichtet, ist spätestens seit 1789 nicht mehr länger Sache des Staates, solange sich die Bürger an Gesetze halten. Dagegen hat der Staat sehr wohl die Verpflichtung, den Rahmen politisch zu gestalten, in dem die individuelle Suche nach Glück möglich ist. Gerade wir Deutsche sollten in der Lage sein, nach zwei totalitären Regimen in nur einem Jahrhundert der Welt eine wichtige Erfahrung weiterzugeben: Staatlich verordneter Konsens und staatlich geplante Möglichkeiten und Optionen sind für ein Gemeinwesen ebenso untragbar wie sehr schnelle, demokratisch nicht legitimierte Entscheidungen.

Vom Blick auf dieses Dilemma zwischen scheinbar unendlichen Optionen auf der einen und fehlender Orientierung auf der anderen Seite ist es nicht weit zu der Frage, ob und gegebenenfalls ab wann die Ausrichtung gesellschaftlicher Strukturen ausschließlich auf Wettbewerb zu einer Hypertrophie von Egoismen führen muss, was wiederum Teilnahms- und Interesselosigkeit fördert gegenüber allem, was nicht im unmittelbar eigenen Nutzen zu liegen scheint. Mir scheint, dass Menschen der Gewohnheit – der Ritualisierung in ihren täglichen Lebensabläufen – bedürfen. Rituale und lieb gewonnene Gewohnheiten entlasten uns, da wir über diese nicht reflektieren müssen. Der Trend zur Ökonomisierung der Gesellschaft, der Gewohnheiten und lokale Traditionen als uneffektiv und die Trägheit fördernd brandmarkt, übersieht eine der Grundbedingungen menschlicher Existenz: den Drang nach Sicherheit, nach einem Zugehörigkeitsgefühl, nach Gemeinschaft. Erreichen Gewohnheiten ein Übermaß, kommt es zur Stagnation; dagegen überfordert ständiger Wandel die von ihm Betroffenen. Und wieder das *Meden agan* der Griechen: Nichts im Übermaß! Der Mittelweg wäre die Lösung, ist aber schwer zu finden. Dass dies gerade in der Moderne immer schwieriger zu sein scheint, bewog Eric Hobsbawm dazu, das 20. Jahrhundert als *age of extremes* zu charakterisieren, in dem man nie die rechte Mitte fand.

Global stellt sich ebenfalls genau dieses Dilemma: Unsere relative Apathie gegenüber den derzeitigen Tragödien, die sich durch HIV/Aids im südlichen Afrika oder auf ganz anderer Ebene in der Krise auf dem Arbeitsmarkt direkt bei uns abspielen, ist Ausdruck dieser aus Eigeninteresse hervorgehenden Teilnahmslosigkeit. Gemäß des Omnibusprinzips »Ich bin drin, jetzt ist voll!« interessiert den Einzelnen das Schicksal der Menschen um ihn herum zunehmend weniger, je gesicherter seine eigene Position ist und je mehr er sich aufgrund seiner Wohlstandsmehrung Ablenkung von den offensichtlichen Nöten anderer zu verschaffen vermag. Dies führt dann zu einer Neigung zur Verteidigung von Besitzständen und des einmal erreichten *Status quo*, sodass sich im Ergebnis die Verabsolutierung des Wettbewerbsprinzips geradezu als innovationsfeindlich herausstellen könnte und den Vorzug aufs Spiel setzt, der Europa zu dem gemacht hat, was es ist: ein Ort der Entfaltung von individueller Kreativität in einem gesellschaftlichen Rahmen im Dienste und zum Wohle aller Bürger.

Versteht sich Europa als offene Gesellschaft, in der jeder seine persönliche Freiheit verwirklichen kann, so setzt Offenheit aber auch stets ein gewisses Maß an Gemeinschaft und gemeinsamen Interessen voraus. Fehlt dieses, droht eine Gesellschaft in Egoismen zu zerfasern. Grundlage offener Gesellschaften ist ein gesundes Maß an Wettbewerb und Freiheit, die sich ohne Fundament und Rahmen weder schaffen noch bewahren lässt. Fairer Wettbewerb und die Ausübung von Freiheit innerhalb einer Gesellschaft haben Voraussetzungen, die da heißen: Gemeinsamkeit in Wertvorstellungen, also ein gemeinsames Verständnis vom Menschen und menschlichem Leben, welches das Angewiesensein auf Gemeinschaft einschließt. Ohne diese Voraussetzungen funktioniert Freiheit auf gesamtgesellschaftlicher wie auch globaler Ebene nicht. Ich habe den so oft zitierten und nicht ganz zu Unrecht Lenin zugeschriebenen Satz »Vertrauen ist gut, Kontrolle ist besser« immer als einen der verhängnisvollsten Sätze des vergangenen Jahrhunderts empfunden. Wenn Menschen sich nicht im Regelfall freiwillig, aufgrund eigener Überzeugung oder Sozialisation, in die Ordnung einer Gemeinschaft einfügen, ist eine Hypertrophie von Kontrolle und Zwang geradezu unvermeidlich, weshalb Lenins Satz eben nicht Freiheit, sondern die Perversion des Totalitarismus begründet hat.

Die gemeinsamen Vorstellungen vom Menschen und menschlicher Gemeinschaft hängen eng mit der Zugehörigkeit oder Identität zusammen, also dem Wissen und Wollen, einer Gemeinschaft anzugehören. Ohne eine gemeinsame ideelle Grundlage und akzeptierte Regeln verkommt jeder globale wie nationale Wettbewerb zum fatalen *bellum omnium contra omnes*, dem Krieg aller gegen alle, den zu vermeiden oder zu begrenzen immer Aufgabe von Politik ist. Kommt es zum *Kampf der Kulturen*, sind die Folgen nicht absehbar, und der Westen droht in der Tat zu zerbrechen. Daraus erschließt sich, wie viel Konsens und Solidarität gerade eine globalisierte Wettbewerbsgesellschaft braucht und im Besonderen dabei ihre Elite, die sich momentan in der Mehrheit in Europa und Nordamerika findet. Beide Kontinente brauchen das Wissen um die Zugehörigkeit zu einer Gemeinschaft.

Kein Mensch existiert für sich allein, das gilt auch für Nationalstaaten. Aus dem Angewiesensein auf andere wie auf eine Gemeinschaft folgt die Verantwortung dafür. Seit dem Westfälischen Frieden von 1648 beruht die internationale Ordnung jedenfalls in Europa auf dem Prinzip, dass jeder Staat für die Verhältnisse in seinem Inneren verantwortlich ist und sich in die inneren Angelegenheiten anderer Staaten nicht einzumischen hat. Souveränität und das Interventionsverbot sind die tragenden Säulen. Aber auch in den Jahrhunderten seit dem Westfälischen Frieden hat das nicht verhindert, dass Entwicklungen in einem Staat eben auch die anderen beeinflussen können. Im Zeitalter der Globalisierung ist diese Erfahrung vielfältig existenziell geworden.

Aus dieser Erfahrung wächst die Verantwortung für die Weltgemeinschaft. Die Zugehörigkeit entsteht aus gemeinsamer Erinnerung und Verantwortung, übrigens für die Vergangenheit wie für die Zukunft. In der nationalen und europäischen Debatte bezeichne ich diese Zugehörigkeit mit dem Begriff der Identität. Verantwortung für andere und für die Gemeinschaft ist, weil der Mensch existenziell darauf angewiesen bleibt, Voraussetzung für Freiheit. Und daraus ergeben sich die grundlegenden Rechte und Pflichten, aber auch die Institutionen und Verfahrensweisen, die in jeder freiheitlichen Verfassung zusammengefasst sind: Verfassung als das gemeinsame Verständnis von Werten und Grundlagen für Freiheit und Gerechtigkeit, gewissermaßen als das Konzentrat von Konsens. Verfassung hat zwar zumindest im Verständnis der Juristen immer auch mit Verrechtlichung von Beziehungen zu tun, aber die für eine stabile Freiheitsordnung notwendigen Grundlagen sind nicht in allen Bezügen justiziabel; das sollte mein Hinweis auf Lenins Satz genauso belegen wie der auf die Regeln von *Fairplay* oder das Konzept von *Justice as fairness* des Philosophen John Rawls. Konsens ist mehr als nur die Summe noch so gelungener rechtlicher Regelungen. Sonst könnte das Bürgerliche Gesetzbuch ja auch auf die klassische Generalklausel von Treu und Glauben in § 242 BGB verzichten. Die Diskussion um Regeln bringt uns so zu dem, was das Menschenbild des Westens definiert, untermauert und sichert: Werte.

Werte sind mehr und etwas grundsätzlich anderes als Gesetze. Worauf sie sich gründen, ist unter dem Stichwort »Konsens in einer pluralistischen Ordnung« nicht ganz einfach zu beantworten: gewiss auf Erfahrung, also Erinnerung, auf Lernen aus Gelingen wie aus Scheitern. Und damit haben Werte, bei aller weltanschaulichen Neutralität, eine religiöse oder weltanschauliche Grundlage. Entwicklungsgeschichtlich ist das kaum zu bestreiten. Ich glaube übrigens, nicht nur entwicklungsgeschichtlich. Werte brauchen, das steckt schon im Begriff, einen Bezugspunkt. Die Einsicht in die Endlichkeit irdischer Existenz und die Erfahrung, dass individuelles Leben immer ein Werden und Vergehen zwischen Anfang und Ende ist – dies ist der Ausgangspunkt so manchen philosophischen und theologischen Denkens. Keine Ethik kommt daran vorbei. Trotz Urknall und schwarzer Löcher stellt sich die Frage nach Anfang und Ende heute genauso dringlich wie in Jahrhunderten zuvor, und die Naturwissenschaft hat immer noch keine Antwort darauf. Deshalb liegt der Bezugspunkt verlässlicher Werte außerhalb menschlicher Verfügung: »Das 21. Jahrhundert wird religiös sein, oder es wird nicht sein«, hat André Malraux einst gesagt. Ich vermute, dass er Recht hat. Das muss nicht jeder so sehen, und deshalb will ich mich wieder in die pluralistische Unanfechtbarkeit zurückziehen. Werte sind jedenfalls unverzichtbar für die Begründung von Menschenwürde, und dazu gehört die grundsätzliche Unverfügbarkeit von Leben genauso wie die Achtung vor jedem einzelnen Menschen als Grundlage von Gleichheit. Zur Würde des Menschen gehören auch Verantwortlichkeit und Freiheit als Ausdruck der Autonomie des Menschen, Gerechtigkeit und Herrschaft des Rechts als Vorkehrung gegen jede Verabsolutierung von Ansprüchen einzelner, Solidarität, heute im Verhältnis der Generationen auch als Nachhaltigkeit zu übersetzen, Toleranz, Rücksichtnahme und Mäßigung. Die bereits in der Bergpredigt verwandte goldene Regel des »Was du nicht willst, das man dir tu...« entzieht sich der perfekten Verrechtlichung, weswegen man gerne auch von »ungeschriebenen Gesetzen« redet, die im Zweifel weniger Gesetze und viel mehr Wertvorstellungen sind. Die Beziehung zu den so genannten Sekundärtugenden scheint mir dabei viel enger zu sein, als Oscar Lafontaine dies einst bei seinem berüchtigten Streit mit Helmut Schmidt verstehen wollte. Das ist ein Thema, das leicht zur Denunziation missbraucht werden kann. Aber wer die goldene Regel in Rücksichtnahme übersetzt, der kann etwa Fleiß als Einsatzbereitschaft, Sauberkeit als das Gegenteil von Verwahrlosung, Pünktlichkeit als Verlässlichkeit erläutern.

Ein entscheidender Gedanke kommt bei der Frage, wie wir Menschen innerhalb unserer Gemeinschaften Wertvorstellungen entwickeln, hinzu: Werte bilden sich per Definition zunächst individuell. Bis zu Karl Marx und Herbert Spencer kommt die Philosophie sehr gut ohne den Wertbegriff aus und stellt stattdessen die Frage: Was ist das Gute? Bei Adam Smith stellt sich das ökonomisch denkende Individuum allerdings die Frage: Was ist mir eine Sache »wert«, was bin ich bereit für sie zu geben?

Viele Menschen haben in der Geschichte ihr Leben für die Freiheit gegeben. So schätzen die Vereinigten Staaten von Amerika aus der Sicht von Tocqueville das Streben nach Freiheit höher als die Europäer, während für Letztere die Sicherstellung der Gleichheit in ihren Gesellschaften ein zentraler »Wert« war und ist. Werte werden individuell gebildet, schlagen sich aber oftmals in Normen, Gesetzen und Verfassungen nieder. Wie werden nun aus individuellen Werten Normen für Gemeinschaften?

Dies geschieht quasi in einem »Wettbewerb der Werte«, der sich oftmals dann ergibt, wenn Menschen mit verschiedenen Wertvorstellungen versuchen, ihr Zusammenleben zu organisieren. Einigen sich mehrere Individuen in einer Gesellschaft auf die gesellschaftliche Umsetzung gewisser Werte und setzen sich diese durch, werden daraus Normen und Gesetze. Ob daraus ein Gottesstaat oder eine westliche Demokratie wird, hängt davon ab, welche gesellschaftlichen Gruppen sich im

Wettbewerb der Werte politisch durchsetzen. Werte eines Menschen sind also nicht an sich »Grundwerte« aller – Individuen wie Eltern, Lehrer, Freunde oder Gegner vermitteln uns Wertekonzepte zur Formung unseres Weltbildes und helfen uns dadurch, unsere eigenen Werte zu bilden. Der viel zitierte Pluralismus ist also keine wahllose Diskussion, in der jede Meinung irgendwie zählt, sondern im besten Fall ein Wettbewerb der Meinungen, von denen sich, wenn auch nicht immer, die besten, aber zumindest die stärksten und überzeugendsten durchsetzen. Dies gilt es festzuhalten, wenn man sich über »die« Werte der Europäer oder US-Amerikaner Gedanken macht und nichts anderes meint als die Wertvorstellungen und Weltanschauungen, die von der Bevölkerungsmehrheit der entsprechenden Gesellschaften geteilt werden. Wer Meinungen und Haltungen ändern und Werte vermitteln will, muss wissen, dass er Individuen von seinen eigenen Werten überzeugen muss. Voraussetzung dafür ist wiederum, dass sich der Meinungsmacher selbst im Klaren sein muss, was sein eigenes Wertefundament ist. Wie gesagt: Wer den Hafen nicht kennt, für den ist kein Wind günstig! Jeder Mensch hat individuelle Wertmaßstäbe und entscheidet nach diesen, aber nur wenige Menschen sind in der Lage, diese Wertmaßstäbe beschreiben, geschweige denn vermitteln zu können.

Weil Werte und Konsens sich der vollständigen Verrechtlichung entziehen, stellt sich die Frage der Vermittlung. Das ist der Bereich von Erziehung und Bildung, aber zuvor schon und allgemein das Feld von Sozialisation. Sie nährt sich aus der Zugehörigkeit und aus der gemeinsamen Erinnerung, und jeder Prozess von Sozialisation braucht die Funktion von Vorbildern. Hier liegt der Bezug zur Herausbildung gesellschaftlicher Eliten, die in der Lage sind, Weltanschauungen und Werte von vielen Menschen zu formen und diese zu inspirieren. Weil Vorbilder – ganz unpathetisch verstanden – für Lernen und Sozialisation unverzichtbar sind, braucht gerade auch die freiheitlich verfasste Gesellschaft Eliten. Zur Organisation unserer demokratischen Willensbildungs- und Entscheidungsprozesse brauchen wir das Prinzip der Repräsentation. Das hat nicht unmittelbar mit der Elitentheorie zu tun: Aber wer an die Funktion von Vorbildern denkt, wird eine gewisse Nähe nicht leugnen können. Elite hat gewiss mit Talent zu tun, also mit dem, was einem anvertraut ist – ganz in der Begrifflichkeit des Neuen Testaments. Adel, Vermögen, heute vor allem Wohlstand, Bildung, Chancen sind immer auch Auftrag.

Werten, teilen, mitteilen, bestimmen sind Grundvorgänge im menschlichen Zusammenleben. Der Mensch muss lernen, dafür Maßstäbe zu gewinnen. Vorbilder vermitteln den Inhalt des Konsenses, der Grundlage der Gesellschaft ist. Die ersten und vielleicht die prägendsten Vorbilder im Leben des Menschen sind normalerweise die Eltern. Danach nimmt die Konkurrenz möglicher Vorbilder zu. Im Fernsehzeitalter haben Schule und Elternhaus ihr früheres Monopol der Informationsvermittlung längst verloren, und in der Flut der Informationen in unserer modernen Welt der Kommunikation wird der Wettbewerb noch härter. Es scheint mir, dass die Fülle von Medien und Informationen zu jedem Zeitpunkt die Fokussierung auf immer weniger Themen fördert bei schnellerem Wechsel des jeweiligen Gegenstandes öffentlichen Interesses. Das führt nicht nur zu thematischer Sprunghaftigkeit in der Politik – übrigens auch mit der Folge, dass das öffentliche Gedächtnis kürzer zu werden scheint –, sondern das Gleiche ist beispielsweise auch im Sport zu beobachten, wo immer weniger Stars immer größere Aufmerksamkeit erfahren, für eine immer kürzere Zeit.

Weil Konsens einer freiheitlich verfassten Gesellschaft Stabilität verschaffen soll, wird es zunehmend die Aufgabe von Eliten sein, bei der Konsensvermittlung in der schnell wechselnden Themenflut Kontinuität zu bewahren. Kontinuität und Konsens, das darf nicht mit Erstarrung verwechselt werden.

Und damit bin ich wieder bei der Wettbewerbsgesellschaft auf nationaler wie auch auf globaler Ebene. Menschliches Leben ist auf Entwicklung und Dynamik angelegt. Wettbewerb entspricht dem freiheitlichen Grundverständnis des Menschen, aber die Trias von Freiheit, Solidarität und Gerechtigkeit erfordert Grundlage und Grenzen, also Ordnung und Regeln. Ausgleichssysteme für weniger leistungsfähige Menschen und Staaten gehören ganz zwingend dazu, weil nur sie sicherstellen, dass der Wettbewerb dauerhaft möglich bleibt und nicht der Erfolg heute die Chancengleichheit morgen als Voraussetzung für künftigen Wettbewerb zerstört. Konsens darf also niemals statisch werden, sondern muss immer dynamisch bleiben. Ohne Konsens kein Wettbewerb, wobei der Konsens die Bereitschaft zum Wettbewerb einschließen muss.

Warum tun wir uns dann so schwer mit gesellschaftlichem Konsens, wo dieser im Kant'schen Sinne oftmals vernünftig wäre? Die Antwort hat ihre Wurzeln im Menschenbild des Westens, wo der Mensch als vernunftbegabtes Wesen und als Krone aufklärerischen Denkens in demselben Maße gepriesen wird, wie er gleichzeitig als gefallener, sündiger Adam und als Mängelwesen in der christlich-abendländischen Tradition erscheint: zur Freiheit berufen und doch auch in Schuld verstrickt.

Der Mensch im 21. Jahrhundert kann sich nicht mehr auf seine Instinkte verlassen. Er hat, wie bereits festgestellt, zu viele Optionen. Er sucht nach Normen und Halt und wird während der Suche Opfer seiner scheinbar unbegrenzten Freiheit. Mit gesteigerten Möglichkeiten steigert er die Gravität möglicher Fehler, die er als Mängelwesen notwendigerweise immer begeht. Kultur und Zivilisation dienen ihm dabei als Kompass und Rettungsanker, um innerhalb des Abwägungsprozesses möglicher Optionen Halt zu finden.

Das hinter dieser Beschreibung stehende Menschenbild des Westens ist in seiner Wurzel das christlich-jüdische Bild des schwachen, fehlerhaften Menschen. Dieser hat zwar oftmals gute Absichten, scheitert jedoch auch ständig und zwar meistens proportional zum Maß seines Bemühens. Wer nicht handelt, begeht natürlich wenig Fehler bis auf den gegebenenfalls unverzeihlichen Fehler, nicht zu handeln. Oder, wie es ein englisches Sprichwort ausdrückt: *A ship is safe in the harbour, but that's not what ships are made for!*

Selbsterkenntnis und Kritikfähigkeit sind innerhalb jedes Entscheidungsprozesses die zentralen Wesensmerkmale. Sich selbst erkennen im sokratischen Sinne kann aber nur, wer zumindest ein ausreichendes Maß an Erkenntnis und Wissen erworben hat, um sein eigenes Nichtwissen als solches identifizieren zu können. »Ich weiß, dass ich nichts weiß« ist ein Wissen, das einen ganz erheblichen Erkenntnisprozess voraussetzt und nicht ohne eigene Anstrengungen und den Erwerb von Kompetenz gepaart mit Bescheidenheit auskommt. Ein Ignorant wird nie einsehen, dass er nichts weiß, und wird damit am Ende zum Idioten. Dabei bezeichnet das Wort *Idiot* im Griechischen nicht einfach einen Dummkopf, sondern denjenigen, der nur um sich selbst (*idios*) kreist, ohne dass ihn seine Umwelt interessiert. Ein Idiot ist unfähig, von den Erfahrungen anderer zu lernen, und nichts ist global gefährlicher als eine Welt, die in diesem wörtlichen Sinne von einer Vielzahl national begrenzter Idioten geführt wird.

Der Mensch, der sich selbst realistisch einschätzt, rechnet entsprechend mit dem Scheitern, verfällt aber trotzdem nicht in Mutlosigkeit oder Apathie, da er Fehlerhaftigkeit als Teil seines Wesens akzeptiert. Im Judentum und Christentum wird dieses Scheitern des Menschen auf sein erstes Fallen zurückgeführt. Zugleich beginnen dort mit dem Sündenfall die Notwendigkeit und die Chance, selbst für sein eigenes Schicksal Verantwortung zu übernehmen. Erbsünde führt zu Schuldgefühl, Schuldgefühl zu Selbstkritik, Selbstkritik zu Lernfähigkeit. Das heißt, der ständige Drang zur Verbesserung und Überwindung seiner

Fehlerhaftigkeit und Begrenztheit ist im Menschen angelegt. Dieser selbstbewusste Drang, durch die Reformation freigelegt, bahnt dem Bewohner des Abendlands den Weg in die Aufklärung, in der sich die ihm vorgezeichnete Freiheit verwirklicht. Vernunft wird dabei ein Vehikel für das Wagnis, den eigenen Verstand zu benutzen. Der »Ausgang aus der selbst verschuldeten Unmündigkeit« schließt in gewissem Sinne wieder den Kreis zum Sündenfall des Adam, offenbart aber in diesem Punkt ein Grunddilemma menschlicher Existenz, welches Politik so schwierig und notwendig zugleich macht: das Dilemma des aufgeklärten und gleichzeitig höchst fehlerhaften Menschen. Vor diesem Hintergrund ist menschliche Existenz nach westlicher Vorstellung keine feste, statische Größe, sondern ein permanentes Streben und gleichzeitiges Stolpern im Umgang mit Freiheit. Vielleicht erklärt sich hier auch, warum ein Lied wie »Mensch« von Herbert Grönemeyer solch immensen Erfolg hatte und hat. Wer erkennt sich nicht in Zeilen wieder wie: »Und der Mensch heißt Mensch, weil er irgendwann erkämpft, und weil er hofft und liebt, weil er mitfühlt und vergibt. Und der Mensch heißt Mensch, weil er vergisst, weil er verdrängt. Und weil er schwärmt und glaubt, sich anlehnt und vertraut.«

Auch unsere Wertmaßstäbe sind niemals statisch. In unserem aufgeklärten westlichen Menschenbild betrachten wir den Menschen als frei, aber eben auch als so frei, ganz gravierende Fehler zu machen oder stagnierend seine Freiheit gar nicht zu nutzen, sofern er überhaupt das Glück hat, in einer westlichen Demokratie zu leben, die ihm ein solches Maß an Freiheit garantiert. Überschätzt er sich selbst und seine Optionen, erfährt er die Dimension des zur Freiheit verdammten Menschen, der alle Folgen seines Handelns ertragen und verantworten muss. Der Mensch ist frei und vernunftbegabt, und zugleich macht er Fehler und ist unberechenbar. Will er nun seine Freiheit im Gleichgewicht zur Freiheit anderer ausleben, kann er dies nur in gewissen Regeln, Grenzen und in einem institutionellen Rahmen. Genau diesen Rahmen kann Politik vorgeben, nicht mehr und nicht weniger.

Die Hauptaufgabe des modernen Staates hat sich seit Hobbes und Locke nur wenig geändert: Der Staat soll seinen Bürgern zuallererst Sicherheit garantieren. Staatliches Handeln soll den Bürgern in erster Linie die Freiheit sichern, ihr Leben selbstbestimmt zu gestalten, um auf Basis dieser Selbstbestimmung glücklich zu werden. Der Staat kann und darf niemanden zu seinem Glück zwingen, aber er darf intervenieren, wenn Gruppen oder Individuen ihr Glück auf Kosten anderer ausleben. Toleranz kann man nur bedingt staatlich verordnen; ohne sie ist es Individuen in einer Gesellschaft jedoch nicht möglich, gemeinsam zu leben. Der Staat kann hier ebenso nur einen Rahmen vorgeben, der für das Entstehen von Toleranz förderlich ist.

Die deutsche Geschichte bietet einen reichen Fundus historischer Erfahrungen zur Beantwortung der Frage, was der Staat gegenüber seinen Bürgern leisten kann und was er nicht leisten darf. Der Weg in die Freiheit in Deutschland wie auch in Europa war letztendlich der Weg der Trennung von Religion und Staat, beginnend schon früh mit dem Investiturstreit. Institutionelle Fehlentwicklungen und eine daraus entstehende Notwendigkeit unterschiedlicher Wege führten in Deutschland zur Reformation. Auch Luther griff auf die bereits erwähnte Spannung freiheitlich geführten Lebens zurück. Zum einen ist das Individuum zur Freiheit des Christenmenschen berufen, zum anderen ist es aber eben diese Freiheit, die dem Menschen eine Entscheidung abverlangt, was er mit seiner Freiheit zu tun gedenkt. Nach protestantischem Verständnis schließt Freiheit stets eine Verpflichtung ein, etwa die Verpflichtung zu Schriftstudium und innerweltlicher Askese. Freiheit bedarf der Zielrichtung, und diese kann sich das Individuum frei wählen. Auch wenn die Reformatoren selbst sehr klare Vorstellungen über die richtige und die falsche Zielrichtung hatten, hat der Staat nichts mit dieser Entscheidung zu tun, außer dass er das dazu notwendige Maß an Freiheit garantiert. Luthers Konzept vom Priestertum aller Gläubigen bricht die Bahn für das zur Freiheit befreite Individuum. Der Mensch steht damit in singulärer, direkter Beziehung zu Gott, aber auch zu sich selbst. Mehr als 200 Jahre später versteht Kant *Autonomie* im Verhältnis zu Freiheit analog. Dieser Begriff wird heute ähnlich missverstanden wie der Begriff »Pluralismus« als Beschreibung einer allgegenwärtigen Beliebigkeit.

Für Kant heißt Autonomie nicht etwa, dass der aufgeklärte Mensch frei ist, das zu tun oder zu lassen, was er will, sondern der autonome Mensch unterwirft sich freiwillig Regeln und einem Gesetz, eben weil er vernunftbegabt genug ist, deren Notwendigkeit zu erkennen. Zentrale Elemente der westlichen Ethik entstehen vor diesem Hintergrund der Spannung von Freiheit und Verpflichtung: Kritikfähigkeit, Schuldanerkenntnis, Fähigkeit zur Vergebung, Anerkennung der Mächtigkeit des »Kleinen« in der Welt. Hier zeigen sich erneut die Wurzeln des Subsidiaritätsprinzips der katholischen Soziallehre. Josef Kardinal Ratzinger fasst diesen Zusammenhang analog zusammen mit dem einfachen, aber durchaus Sinn stiftenden Satz: »Gott zeigt sich dem Menschen im Kleinen, in der Bescheidenheit.« Daraus folgen Selbstbegrenzung, Machtkontrolle, kleine Gruppen, Subsidiarität. Das Prinzip Verantwortung verwirklicht sich in der Organisation der weltlichen Beziehungen.

Diese Erkenntnis von Subsidiarität als Umsetzung und effektive Nutzung von Freiheit hat zivilisatorisch höchsten Wert. Die Spannung von Freiheit und Verpflichtung verlangt dem einzelnen Menschen viel ab, traut ihm dabei aber auch viel zu. Freiheit will erkämpft sein, genau wie Entscheidungen verantwortet sein wollen. Die Vereinigten Staaten von Amerika haben diese Erkenntnis in ihre Unabhängigkeitserklärung aufgenommen und sich für die explizite Festschreibung des *pursuit of happiness* entschieden. Europa darf deshalb die Segnungen seiner blutig erkämpften Freiheit nicht aus den Augen verlieren und die Freiheit nicht von den damit verbundenen Verpflichtungen abkoppeln.

Der Weg in die Freiheit war und ist ein schmerzhafter Weg. Die gewonnene Freiheit ist für den westlichen Menschen aber immer auch Verpflichtung und Ansporn zu neuen Wegen. Solche Wege können nur beschritten werden, wenn sich die Menschen ein Wertefundament durch Erziehung angeeignet haben, auf dessen Basis sie ihre Freiheit gestalten können. Diesen Prozess der Aneignung muss der Staat dort durch Bildungs- und Familienpolitik fördern, wo solche Fundamente vermittelt werden. Freiheit ist die wichtigste Quelle der Zuversicht und des Mutes. Gerade wegen der geschichtlichen Erfahrungen auf diesem Weg der letzten 2000 Jahre ist sie eine Quelle der Toleranz und Wurzel unserer Leistungsfähigkeit. Wer sich einer Verpflichtung gegenüber sich selbst und seiner Umwelt bewusst ist, gestaltet seine Umwelt verantwortungsbewusster. Zwischen Optionen kann nur sinnvoll wählen, wer genau verstanden hat, welche Konsequenzen damit verbunden sind.

Wie also kann der zur Freiheit berufene Mensch seine Freiheit am schonendsten gestalten, ohne sich rücksichtslos auszuleben? Mir scheint, dass sich dies wohl am effektivsten im Kleinen, also subsidiär erreichen lässt, da im überschaubaren Rahmen diejenigen, deren Freiheit ich potenziell beschneide, nicht in einer großen Masse untergehen, sondern direkt mit den entsprechenden Entscheidungsträgern in Kontakt treten. Der Theologe Friedrich Wilhelm Graf kommt zu der Prognose: »Gemeinschaften, die die Autonomie und Eigenverantwortung der Individuen stärken, ein Ethos der aktiven, leistungsorientierten, kreativen Lebensführung vermitteln und zugleich Netzwerke wechselseitigen Vertrauens schaffen sowie kleine Inseln der Solidarität bauen helfen, dürften sich in einer Situation weiterer Pluralisierung besser behaupten können als Gruppen oder Kirchen, die sich auf eine bloße Abwehrhaltung zum globalen Kapitalismus versteifen.«

Der moderne Sozialstaat ist eine enorme Errungenschaft, sowohl auf kultureller, sozialer wie auch auf ordnungspolitischer Ebene. Der Sozialen Marktwirtschaft liegt ein ganz bestimmtes Verständnis zugrunde, das Eigennutz und Eigenverantwortung mit dem Konzept von Gemeinwohl und sozialer Bindung des erwirtschafteten Kapitals verbindet. Marktwirtschaft und sozialer Fortschritt gehen Hand in Hand und bilden keine Widersprüche mehr. Das ist kein christliches Ordnungsmodell, aber es wurde von den Vorstellungen christlicher Sozialethik durch dessen Väter wie Müller-Armack und andere beeinflusst. Eigeninteresse und Nächstenliebe, Wettbewerb und Solidarität, Personalität und Subsidiarität bilden seine Säulen.

Die Anfänge des Prinzips der Dezentralisierung gehen ebenfalls bis auf die Reformation und Luther zurück, der die regionalen Wirtschaftsmonopole in seiner Zeit scharf kritisierte. Hintergrund dieser Kritik war die Angst vor den politischen Wirkungen konzentrierter Wirtschaftsmacht. Forderungen nach der Mitbestimmung im 19. Jahrhundert haben ihre Wurzeln in der Einforderung der Anwendung des Demokratieprinzips auch auf wirtschaftliche Unternehmungen. Das, was zuvor zu den Werten des Westens und den daraus folgenden Ansprüchen an das Individuum festgestellt wurde, gilt in ähnlicher Weise ebenso für wirtschaftliches Handeln. Auch in Betrieben agieren Arbeitnehmer und Arbeitgeber am Ende als Menschen, die Freiheiten gestalten, sich aber gleichzeitig entsprechenden Verpflichtungen gegenübersehen.

Das Sozialstaatsprinzip als Grundlage Sozialer Marktwirtschaft gehört zu den Errungenschaften, die Deutschland in seiner wirtschaftlichen und politischen Entwicklung nach dem Zweiten Weltkrieg besonders ausgezeichnet haben. Das Wirtschaftswunder war gerade auch eine Erfolgsgeschichte mit Blick auf die Verteilung von Wohlstand, und ich bin mir sicher, dass diese Erfolgsgeschichte national wie global wiederholt werden kann. Ironischerweise strauchelt aber ausgerechnet Deutschland momentan in den Bereichen, in denen es noch vor wenigen Jahrzehnten globale Standards in Sachen humaner Kapitalismus *»Made in Germany«* setzen konnte.

Die Soziale Marktwirtschaft war unter anderem deshalb so erfolgreich, weil sie auf dem realistischen und gleichzeitig humaneren Menschenbild fußte, welches ich zuvor in der Spannung von Freiheit und Verpflichtung dargestellt habe. Unternehmen, Arbeitgeber und Arbeitnehmer waren frei, Gewinne zu erwirtschaften, wurden aber in ein System eingebunden, in dem das Eigentum zu höherer sozialer Verantwortung führte. Dadurch wurde zum einen die kommunistische Planwirtschaft vermieden, weil dem Individuum Entscheidungen überlassen wurden. Gleichzeitig wurde in der frühen Bundesrepublik von Ludwig Erhard und anderen ganz bewusst ein System des Manchesterkapitalismus vermieden, indem Eigentum gesellschaftlich gebunden wurde. Heute besteht dieses System institutionell in alter Form weiter, die Gewinne bleiben aber aufgrund einer veränderten weltweiten Marktsituation aus. Dennoch ist die Soziale Marktwirtschaft ein System, das aus meiner Sicht auch weiterhin Antworten auf die Herausforderungen der Globalisierung bieten kann, wenn es sich nur bis in die kleinsten regionalen Einheiten hinein den lokalen Bedingungen zuwendet: Wenn mit Steinkohle kein Geld mehr zu verdienen ist, darf der Staat entsprechende Arbeitsplätze in diesem Bereich nicht teuer subventionieren. Wenn durch Arbeitslosenhilfe Erwerbsarbeit unattraktiv gemacht wird, muss der Staat reagieren. Wer arbeitet, muss stets mehr in der Geldbörse haben, als wenn er nicht arbeitet.

Mit dem Wohlfahrtsstaat verhält es sich wie mit vielen Arzneimitteln, die im Übermaß genossen erhebliche Nebeneffekte haben können: *Meden agan* – nichts im Übermaß. Die Griechen hatten mit *pharmakon* für Heilmittel und Gift bezeichnenderweise dasselbe Wort. Während die richtige Dosis zur richtigen Zeit dem Patienten hilft, schadet sie ihm unter veränderten Vorzeichen und zu hoher Dosierung und vergiftet ihn am Ende. Auch im Sozialstaat ist der Mensch ein zur Freiheit berufenes Wesen, dessen Leistungen vom Staat gefördert, aber nicht in ein administratives Korsett gezwängt werden dürfen. Der Mensch findet Orientierung am ehesten in überschaubaren Zusammenhängen. Diese überschaubaren Zusammenhänge, die kleinen Handlungs- und Aktionsräume sind es auch, die zu effektiver sozialer Kontrolle im Sinne einer wohltuenden Mäßigung führen. Der in solchen Gruppen immer schneller und einhelliger gefundene Konsens bewirkt Kontinuität im Handeln, indem Gewohnheiten entstehen und gepflegt werden. Diese Gewohnheiten ermöglichen es dem Menschen, das darüber hinaus stets präsente Ausmaß an Veränderungen ertragen zu können.

Ein subsidiär orientiertes, effektiveres System sozialer Marktwirtschaft in einer aus demografischer und ökonomischer Notwendigkeit heraus angepassten Form ist das deutsche Erfolgsmodell auch für die Zukunft. Auch hier zeigt sich, dass Mäßigung und Zurückhaltung seitens des Staates bei gleichzeitiger Stärkung des Einzelnen vielleicht effektiver sind als das Unterhalten einer alles und jeden »fürsorglich« regulierenden Sozialstaatsmaschinerie. Die Entfaltungsmöglichkeiten des Einzelnen werden von einer ausufernden Bürokratie erstickt, sie entspricht nicht dem Menschenbild des Westens. In ihrer mäßigenden Grundkonzeption ist die Soziale Marktwirtschaft immer noch die beste aller Ordnungen, denn sie vereint freiheitlichen Wettbewerb und gesellschaftlichen Konsens auf eine Art und Weise, die sicherstellt, dass niemand durch übertriebene Marktdynamik überfordert oder durch grenzenlose staatliche Fürsorge unterfordert wird. Sie steht durch ihr Beharren auf fairem Wettbewerb auch dafür, dass die Verschiedenartigkeit der Menschen sich entfalten und bewahren kann, und sie stützt und fördert die Entscheidungsfindung in möglichst kleinen Gruppen. Sie entspricht damit am ehesten den zu Beginn des Buches postulierten Sichtweisen.

Die Anerkennung der Würde des Anderen aus historischer Erfahrung und die wertorientierte Wissensgesellschaft bilden das Erfolgsmodell Europas, das sich immer wieder mit den Idealen und dem Grundoptimismus der Amerikaner austauscht. Das auf verantwortlicher Freiheit beruhende Menschenbild des Westens ist ohne aktiven Wertediskurs und ohne die Besinnung auf die Stärken und historischen Erfahrungen der offenen Gesellschaften des Westens undenkbar. Gerade in einer Zeit immer schnelleren Wandels werden Identität und ein eigenes Wertefundament zum unverzichtbaren Anker.

4. Geduld und Dynamik – Die Lehren des alten Europa

Über den Jahreswechsel 1973/74 war ich mit einer Delegation der CDU/CSU-Bundestagsfraktion in Syrien und im Irak. Mit letzterem hatte die Bundesrepublik vor kurzem erst wieder diplomatische Beziehungen aufgenommen. Wir verbrachten mit Gesprächen und Besichtigungen angefüllte Tage und landeten einigermaßen abgespannt zur letzten Etappe unserer Reise in Athen. Nach der trockenen Wüstenlandschaft hatten wir alle Sehnsucht nach Frische. Am Flughafen holte uns eine Mitarbeiterin der deutschen Botschaft ab und schlug vor, angesichts des schönen Spätnachmittags nicht direkt ins Hotel, sondern zuerst zur nahe gelegenen Halbinsel Sunion zu fahren. Über dem südöstlichen Kap Attikas erhebt sich in 60 Metern Höhe ein Poseidon-Tempel. Die weißen Marmorsäulen glänzten im hellen Licht der ägäischen Wintersonne, und das Meer leuchtete für unsere vom Wüstensand eher ermatteten Augen strahlend blau. Dieses Bild hat sich tief in mein Gedächtnis eingegraben, als großartiges antikes Erbe und traumhaft schöne Gegenwart zugleich. Altes Europa, immer noch jung.

Im antiken Griechenland nahm die europäische Zivilisation ihren Ausgang. Wer im Sommer vor hundert Jahren durch Europa reiste, der durfte immer noch mit Fug und Recht behaupten, den Mittelpunkt der Welt zu bereisen. Politisch, wirtschaftlich und kulturell bildete Europa das Zentrum der Weltpolitik. London, Paris, Wien und Berlin waren die führenden Metropolen, die Staatsmänner dieser Nationen bestimmten die Geschicke der Welt. Der Goldstandard sicherte eine globale Freihandelswirtschaft mit beachtlichen weltweiten Wohlstandsgewinnen. Afrika, Asien und Ozeanien waren in wichtigen Teilen unter kolonialer Herrschaft, die europäischen Gepflogenheiten des Lebens beherrschten das Straßenbild von Kalkutta ebenso wie das von Harare oder Kairo. Selbst das Chinesische Reich musste Interventionen aus dem fernen Europa erdulden. Das zaristische Russland verstand sich nicht zuletzt auch wegen seiner verwandtschaftlichen Bande zu den Herrscherhäusern in London und Berlin selbst in seiner asiatischen Ausdehnung als europäische Macht. Amerika hatte sich wohl von der europäischen Herrschaft emanzipiert und wies entsprechende Ansprüche seit der Monroe-Doktrin für den amerikanischen Kontinent insgesamt zurück. Aber noch waren die Vereinigten Staaten weltpolitisch eher selbstgenügsam oder, wie man neudeutsch zu sagen pflegt: isolationistisch. Um die Jahrhundertwende hatte Europa den Höhepunkt seiner langen und ereignisreichen Geschichte erreicht. Weltausstellungen und wissenschaftliche Erfolge auf allen Gebieten rundeten das Bild ab.

Niemand konnte vor hundert Jahren vermuten, dass es nur die Ruhe vor dem Sturm war. In den Schützengräben des Ersten Weltkrieges starb nicht nur eine ganze Generation junger Europäer, sondern auch das europäische Selbstwertgefühl der Jahrhundertwende. Es starb der Stolz auf eine ganz und gar einzigartige Geschichte, die in der Antike ihren Lauf begonnen hatte. Wer die Stahlgewitter des Ersten Weltkrieges überleben durfte, kehrte in eine demoralisierte Heimat zurück. Oktoberrevolution und Kommunismus in Russland, Weltwirtschaftskrise und der Aufstieg des Totalitarismus beerdigten vollends die Hoffnung auf eine Wende. Alles zusammen mündete in die Katastrophe des Zweiten Weltkrieges, der nochmals Millionen von Europäern das Leben kostete und ein Inferno über die Welt brachte.

Als im Mai 1945 in Europa die Waffen verstummten, lag der Kontinent Europa menschlich, moralisch, wirtschaftlich und politisch am Boden. Ganz Deutschland war in der Stunde null ein einziger riesiger *Ground Zero.* Im Herzen Europas, mitten durch Deutschland, verlief die Demarkationslinie des Kalten Krieges, in dessen Verlauf die Europäer eher Glacis als entscheidende weltpolitische Akteure waren.

Aber auch nach dem Ende der deutschen und europäischen Teilung hat sich die Marginalisierung des europäischen Einflusses in der Weltpolitik scheinbar fortgesetzt. Seit dem Zerfall der Sowjetunion gibt es die monopolare Ordnung der *Pax Americana*, und selbst wenn sie durch die Herausforderungen einer multipolaren Welt im 21. Jahrhundert abgelöst wird, führt das nicht notwendig zu einer nachhaltigen Stärkung europäischen Einflusses. Hat also Bismarck doch Recht, der sagte: »*Qui parle de l'Europe a tort.*«?

Bismarcks Frage zu bejahen wäre gleichbedeutend mit einer politischen Kapitulation vor Euroskeptizismus, Europaverdrossenheit und Europessimismus. Und das wäre ein großer Fehler. Denn gerade die Entwicklung Europas im 20. Jahrhundert verdeutlicht doch, welche epochale Leistung der Prozess der europäischen Vereinigung und Integration war und weiterhin ist. Gleichsam auferstanden aus Ruinen, hat sich ein Kontinent gegen viele Widerstände und Selbstzweifel zu einem Staaten-, Wirtschafts- und Wertebund entwickelt, der in Ansätzen erkennen lässt, dass Europa vielleicht in den kommenden Jahrzehnten wieder einem neuen Höhepunkt in seiner Entwicklung entgegenschreitet. Ich widerspreche daher der Insinuation in Bismarcks historischer Frage, weil ich guter Dinge bin, wenn ich an Europa denke, und dies, obwohl die jüngsten Entwicklungen während der Irakkrise kein besonders ermutigendes Bild gezeigt haben.

Die aktuellen Ereignisse auf der politischen Bühne Europas – oder sollte ich besser sagen auf den einzelnen nationalen Bühnen der europäischen Staaten? – haben leider schmerzhaft belegt, wie wenig es uns Europäern klar ist, vor welch einer herkuleischen Aufgabe wir alle zu Beginn des 21. Jahrhunderts stehen. Eingekeilt zwischen der einzig verbliebenen, freiheitlich-demokratisch verfassten und tatsächlich globalen Ordnungsmacht USA und den zumeist undemokratisch verfassten und demografisch massiv wachsenden Staaten Asiens, des Vorderen Orients und Nordafrikas muss Europa eine Binnenintegration neuer Mitglieder vollziehen. Dies geschieht ausgerechnet in einer Zeit, in der äußere Bedrohungen die Fragilität der Außen- und Sicherheitspolitik Europas aufdecken und eine tiefe Krise der Weltwirtschaft strukturelle Verkrustungen in den Gesellschaften Europas schmerzhaft unter Beweis stellen. Das alte Europa und seine Erfahrungen werden immer stärker gebraucht, und gerade jetzt scheint es immer weniger zu leisten imstande zu sein. Im Jahr 2003 wirkt Europa so uneinig, orientierungslos und müde wie lange nicht mehr, und von der Mitte Europas, von Deutschland gehen keine wirklichen Impulse aus. Die großen Projekte und Visionen der deutschen »Europäer« seit Konrad Adenauer sind nicht mehr *en vogue*. Allenthalben fehlt eine politische Vision, welche die Bürger Europas begeistern könnte.

Diese Analyse sollte aber dennoch nicht deprimieren, denn sie ist, wenn man so will, auch ein Stück europäischer Identität. Wenn es so etwas wie eine Quintessenz aus der europäischen Geschichte gibt, dann die Beobachtung, dass der Kontinent sich immer streitend und argumentierend entwickelt hat. Zu viele Völker und Nationen leben in zu vielen Regionen nebeneinander, als dass eine schnelle und immer von Eintracht getragene Lösung aller Probleme möglich gewesen wäre. Oftmals hat Europa und in ihm gerade Deutschland als Land mit neun europäischen Grenzen schwerste Krisen gebraucht, um seinen Weg zu finden: ohne Zerstörung kein Wirtschaftswunder, ohne Teilung keine Wiedervereinigung. Auch das ist ein bitterer Teil unserer Geschichte.

Der entscheidende Neuansatz nach dem Ende des verheerenden Zweiten Weltkrieges war aber, dass Europa sich Institutionen und Verhaltensmaßregeln gegeben hat, welche die typisch europäischen Streitigkeiten auf friedfertige Art und Weise zu lösen vermögen. Die Schützengräben des nationalen Denkens seit 1648 wurden verlassen, weil sie nicht mehr genügend Schutz bieten konnten. Der Streit um Ideen und Meinungen, um Kenntnisse und Fertigkeiten hat Europa seit dem Beginn der Aufklärung erst zu dem Motor der Neuzeit werden lassen. Dieses Phänomen ist leider den meisten Europäern auf den ersten Blick gar nicht bewusst. Fast schämen sie sich zuweilen, wenn sie bei ihrer Streitlust beobachtet werden. Lange vor der Einführung der Wettbewerbswirtschaft in einem marktwirtschaftlichen Rahmen herrschte in Europa ein fruchtbarer politischer Gestaltungswettbewerb, der zur Ausformung und Bildung stolzer und leistungsfähiger Staaten und Nationen geführt hat, die sich über die Zeit hinweg allesamt zu freien und demokratischen Verfassungen mit einem Maximum an individueller Freiheit auf den Gebieten Wirtschaft, Religion und Gesellschaft und der Gewährung beachtlicher Rechte für ethische und nationale Minderheiten entwickelt haben. Diese Kulturleistung ist einzigartig auf der Welt und sollte die Europäer mit Stolz erfüllen.

Warum aber kommt das historische Bewusstsein Europas gerade jetzt scheinbar in einen toten Winkel? Die Antwort liegt wohl darin, dass der Weg ein langer und oft auch sehr blutiger war, der mit Bürgerkriegen, gewalttätigen Auseinandersetzungen, Seuchen und sozialen Verwerfungen gepflastert ist. Die Werke des englischen Philosophen Thomas Hobbes geben davon ebenso ein Zeugnis ab wie etwa die Bilder von Otto Dix.

Die Evolution Europas prägte daher zwei Tugenden, die für seine Geschichte und seine Zukunft – oft beherzigt, aber auch noch viel zu oft missachtet – die entscheidende, ja charakterbildende Rolle spielen: Toleranz und Geduld. Toleranz für die Unterschiedlichkeit der Nachbarn ebenso wie Geduld gegenüber der Geschwindigkeit politischer Veränderungsprozesse.

Aus diesen Wesensmerkmalen Europas lässt sich eine politische Gestaltungsidee der Welt im Zeitalter der Globalisierung formen. Die Globalisierung zwingt uns zum Finden und Verteidigen unserer eigenen, längst verschütteten Identitäten. Sie zwingt uns zum Akzeptieren und zum respektvollen Umgang mit anderen Identitäten. Weil dafür der Bau eines allgemeinen Rahmens für den Austausch zwischen den unterschiedlichen Völkern notwendig ist, kann das Modell Europa so überaus lehrreich sein. Ein Blick auf die Entwicklungsgeschichte Europas verdeutlicht auch, weshalb die Ideologie eines ökonomischen, vorgeblich wertfreien Globalismus ein Irrweg und am Ende eine Sackgasse sein muss. Eine Analyse des europäischen Entwicklungspfades beweist, dass der Marktmechanismus allein kein Erfolgsrezept für Frieden, Freiheit und Demokratie ist, sondern dass es politische und gesellschaftliche Vorbedingungen im außerökonomischen Bereich waren und sind, welche die Völker Europas sich erkämpft haben und welche wirtschaftlichen Erfolg erst ermöglichten: rechtliche Freiheit und Unantastbarkeit des Einzelnen und seiner Habe, Anerkennung der Grundrechte des Menschen, Tolerierung religiöser und gesellschaftlicher Verschiedenheit. Toleranz gegenüber anderen kann aber nur haben, wer eigene Standpunkte bildet. Rechte kann nur schützen, wer die Notwendigkeit eines Rechtsstaates akzeptiert. Werte von Recht, Freiheit und demokratischer Toleranz sind es gerade, die den Westen auszeichnen und im alten Europa ihren Ursprung haben.

Von Europa ging aber auch immer schon eine politische Dynamik aus. Diese Dynamik wurde und wird seit der griechischen Polis bis zum heutigen Tag hervorgerufen durch eine Vielzahl politischer Einheiten. Stets herrscht auf der politischen Bühne Europas ein Kommen und Gehen: immer wieder neue Akteure und Spieler, Rivalitäten und Gleichgewichte, Machtbegrenzungen und Auseinandersetzungen ohne Ende. Und diesem Druck folgend ergibt sich immer wieder eine ungeheure Dynamik, ergeben sich immer neue Kräfte und Alternativen, die die alten Ordnungen durchbrochen und zur Disposition gestellt haben. Christian Meier zeigte sehr eindrucksvoll, wie all dies und vieles andere Europa früh auf einen welthistorischen Sonderweg gebracht und dazu geführt hat, dass es schließlich die ganze Welt in seinen Bann ziehen, allen zumindest viele seiner Gesetze geben, auch aufzwingen und unendlich viel zerstören konnte. Die Eigenart dieses Wegs von der Ermöglichung eines Gemeinschaftshandelns, von Rechtsstaat, Demokratie, Wissenschaft bis zu den dynamischen Geschichten seiner Kunst und Philosophie sowie breiter allgemeiner Bildung hat sich gegen die anderen, ihrerseits bedeutenden, fruchtbaren, aber eben in Krieg und Wettbewerb unterliegenden Hochkulturen durchzusetzen vermocht und dadurch Europa zu einem historisch einmaligen Prozess werden lassen.

Europa war und ist einer der Motoren der Globalisierung schon allein durch seine ökonomische Stärke. Es hat aber zusätzlich aus seiner Geschichte heraus Verantwortung für und Einfluss auf das weitere Zusammenwachsen der Welt. Europa hat eine Brückenfunktion zwischen Asien, Afrika und Amerika und kann durch seine heutige und zukünftige institutionelle und politische Ausgestaltung *das* Modell für das Zusammenleben der Menschheit bieten: Es ist vielsprachig, multinational, wirtschaftlich effizient und bietet Raum für verschiedenste Ethnien und Religionen bei minimalem Konfliktpotenzial. Dazu benötigt Europa aber Mut zur positiven Sicht seiner Geschichte und muss Selbstvertrauen entwickeln, um die Verhältnisse außerhalb seiner eigenen Grenzen aktiver gestalten zu können, ohne erneut zum imperialen Kolonisator zu werden. Und dazu werden eine gehörige geistige und materielle Kraftanstrengung und eine vorbildliche Führungskonzeption nötig sein.

In dieser Beziehung war und ist die Außen- und Sicherheitspolitik der europäischen Nationen während der vergangenen Jahre und Monate leider wenig vorbildhaft. Nationale und persönliche Egoismen sowie Partikularinteressen bestimmten die Diskussion und vermittelten einen eher kleingeistigen Eindruck. Europa braucht aber dringend eine Antwort auf die demografischen, wirtschaftlichen und militärischen Bedrohungen, die sich am südlichen und östlichen Mittelmeerrand sowie in Zentralasien auftun. Dieses beklagenswerte Defizit ist auch darauf zurückzuführen, dass entscheidende Weichenstellungen zur Architektur des neuen Europa in der Zeitspanne des zuvor beschriebenen Interregnums des Marktes getätigt wurden und stark von ausschließlich wirtschaftlichen Erwägungen wie der Schaffung des Binnenmarktes und der Währungsunion geprägt waren und sind.

Auf die direkte Bedrohung durch den fundamentalistischen Terrorismus und die Verbreitung von Massenvernichtungswaffen ist Europa erschreckend unvorbereitet. Die europäische Rolle in der NATO ebenso wie die Ansätze zu einer gemeinsamen europäischen Außen- und Sicherheitspolitik sind nach den Erfahrungen der Irakkrise dringend zu überarbeiten. Dies wird aber nur gelingen, wenn die Arbeiten daran neben der weiteren Befassung mit einer europäischen Verfassung eine zentrale Rolle spielen und auf der Basis eines gemeinsamen Werte- und Zielkatalogs sowie eines europäischen Masterplans für eine neue Weltordnung aufbauen. Dies alles mag vermessen erscheinen; aber das unterschiedliche Verhalten und Auftreten der Europäer während der Irakkrise hat neben Irritationen im westlichen Bündnis eben auch weit über Europa hinausgehende Erwartungen geweckt, die Europa nun erfüllen muss, will es nicht als Maulheld der Globalisierung erscheinen. Und weil die Einsicht, dass in der Irakkrise vieles falsch gelaufen ist, auf allen Seiten weit verbreitet ist, bestätigt sich wieder einmal die Erfahrung, dass in jeder Krise eben auch eine Chance steckt.

Jürgen Habermas hat kürzlich dazu aufgerufen, für europäische Bürger aus historischen Erfahrungen, Traditionen und Errungenschaften das Bewusstsein eines gemeinsam erlittenen und gemeinsam zu gestaltenden Schicksals zu stiften. Er hat meines Erachtens damit *en passant* seine Maxime des Verfassungspatriotismus aufgegeben. Diese Dimension einer Schicksalsgemeinschaft verpflichtet uns, unsere Marginalisierung in der Weltpolitik und in der sich entwickelnden Welt des 21. Jahrhunderts zu überwinden und unsere geschichtliche Verantwortung zu übernehmen. Europa muss auch weiterhin Einfluss nehmen, seine Interessen wahren und seine eigenen Vorstellungen verwirklichen. Denn Europa und seine Bürger leisten wirtschaftlich, wissenschaftlich, kulturell und zivilisatorisch noch immer einen bedeutenden Beitrag, auch für das Wohl vieler Menschen außerhalb Europas. Und es ist der Blick in die Welt außerhalb Europas, der uns vor Augen hält, dass uns aus unserer langen europäischen Geschichte eine besondere Verantwortung für den Zustand und die Entwicklung unserer einen Welt am Beginn des 21. Jahrhunderts erwächst.

Beginnen wir mit der Verantwortung aus der Geschichte, denn sie führt uns zum europäischen Erbe. Im Jahr 1825, als Malthus seinen *Essay on Population* vollendete, lebten etwa eine Milliarde Menschen auf unserem Planeten. Es hatte Tausende von Jahren gebraucht, diese Zahl zu erreichen. In den folgenden 100 Jahren verdoppelte sich die Weltbevölkerung auf zwei Milliarden, und in den nächsten 50 Jahren bis 1975 wiederum auf vier Milliarden. Heute liegen wir bei über sechs Milliarden, und selbst wenn sich die Hoffnungen auf eine Verlangsamung des Bevölkerungsanstiegs erfüllen, werden wir nach vorsichtigen, also optimistischen Prognosen im Jahr 2025 rund 8,5 Milliarden und in der zweiten Hälfte des Jahrhunderts zwischen zehn und 14 Milliarden Menschen haben.

Die Folgen für Umwelt, Ernährung, soziale Verteilung und damit Stabilität sind nahezu unabsehbar. Aber die Ursachen liegen ganz wesentlich in den von Europäern und in Europa getätigten Fortschritten bei der Industrialisierung und auf dem Gebiet der Medizin – Pasteur, Virchow und Koch mögen hier als Beispiele genügen. Dieses europäische Erbe bedingt noch heute fundamentale Entwicklungsprozesse.

Die Gleichzeitigkeit völlig unterschiedlicher Entwicklungsstände in der Welt schafft ein Spannungspotenzial ungeheuren Ausmaßes: In großen Teilen Asiens, Lateinamerikas und in Afrika wird die in Europa Jahrhunderte währende Entwicklung praktisch in einer Generation nachvollzogen oder übersprungen, jedenfalls in Teilen dieser Gesellschaften, was das Spannungspotenzial noch vermehrt. Die Bevölkerungszahl explodiert, und zusätzlich bedroht die Abhängigkeit von den anderen Teilen der Erde im Zeitalter der Globalisierung die ohnedies nicht ausreichenden wirtschaftlichen Grundlagen und Arbeitsplätze. Rohstoffe und Umwelt werden ausgebeutet, und die Ungleichzeitigkeit verhindert schon im Ansatz eine dem Bevölkerungswachstum angepasste Steigerung der landwirtschaftlichen Produktion wie der Beschäftigungsmöglichkeiten.

Stammesfehden, verschärft via Drogen-, Waffen- und Rohstoffschmuggel, bekommen völlig neue Dimensionen und werden zur sicherheitspolitischen Bedrohung durch sich ausbreitende regionale Konflikte. Die erdumspannende Verfügbarkeit von Information im Kommunikationszeitalter tut ein Übriges, das Spannungspotenzial innerhalb der Gesellschaften in der Dritten Welt sowie zwischen diesen und dem Rest der Welt noch zu steigern.

Überwiegend folgt das alles aus Kolonialisierung und Industrialisierung, aus den Fortschritten in Wissenschaft, Technik und Kommunikation und aus dem Wohlstandsniveau der westlichen Welt, dessen ökologische Kosten jedenfalls derzeit seine Übertragbarkeit auf eine rasch wachsende Zahl von Milliarden Menschen in Asien, Afrika und Lateinamerika ausschließt und das doch ein Maßstab und eine Grundlage von Ansprüchen und Erwartungen für alle ist. Keiner hat eine Antwort, wie die Probleme von Umwelt und Entwicklung in Stabilität gelöst werden können. Die Gleichzeitigkeit des Ungleichzeitigen als Kern der dramatischen Probleme unserer einen Welt: europäisches Erbe und europäische Verantwortung.

Gewiss werden wir Europäer auch in Zukunft auf unsere materiellen Bedürfnisse und auf die Erwartungen, die wir uns angewöhnt haben, nicht verzichten wollen. Freiwillig hat das erkennbar keine Gesellschaft jemals in der Geschichte getan; also müssten solche Prozesse gegebenenfalls durch katastrophale Entwicklungen ausgelöst werden, die mit dem Untergang unserer Kultur und Zivilisation gleichzusetzen wohl keine allzu große Übertreibung darstellt.

Deshalb müssen wir uns für unsere Interessen, Werte und Vorstellungen auch weiterhin einsetzen. Vor allem werden europäische Erfahrungen und Fähigkeiten benötigt, die erkennen lassen, welch ungenutztes Potenzial an *soft power* wir Europäer neben einer zweifelsohne noch deutlich zu stärkenden *hard power* in die Waagschale werfen könnten. Und benötigt wird diese europäische Trumpfkarte wahrscheinlich am meisten von den USA. Die Vereinigten Staaten sind in vielem Träger europäischen Erbes, und ohne ihre europäischen Wurzeln werden sie in den grundstürzenden Veränderungen des 21. Jahrhunderts gewiss weniger dauerhaften Halt finden. Sie brauchen einen starken Partner, weil auf Dauer die Aufgabe, alleinige Führungsmacht in der Welt zu sein, die US-Amerikaner vor die Versuchungen sowohl von Übermut als auch von Überdruss stellen wird. Die bestehenden Gemeinsamkeiten an Werten, Erfahrungen und Interessen zu erkennen, zu bewahren und zu fördern sollte eine vorrangige Aufgabe Europas sein.

Wir Europäer haben in den zurückliegenden Jahrhunderten aber nicht nur entscheidende Ursachen für den Zustand der Welt von heute gesetzt, sondern wir haben zugleich auch Erfahrungen gesammelt, die der Welt von heute und morgen helfen können und die wir in den bevorstehenden Dialog der Kulturen einbringen sollten: Europäer wissen aus leidvoller Erfahrung, dass durch Gewalt erzwungene Lösungen letztlich den Spannungsausgleich zwischen widerstreitenden Interessen, auch Ethnien, nicht leisten können. Wir wissen um Gleichgewicht und Machtbegrenzung; wir wissen, dass Toleranz und Geduld, dass Zeit und Verständnis für den Anderen oft tragfähigere Lösungen bieten als nackte Gewalt. Und wir haben in zwei Weltkriegen blutig erfahren, dass Kriege sich letztlich mit den Vorstellungen moderner Zivilisation nicht vereinbaren lassen.

Die Geschichte Europas seit Athen liefert Erfahrungen für die immer währende Aufgabe, friedliches Zusammenleben – zumal unter den Bedingungen von Freiheit – im Ausgleich zwischen Individuen und Gemeinschaft, zwischen Staat und Religion und zwischen unterschiedlichen Ethnien durch Wertbildung, Identitätsstiftung, Mehrheitsentscheidung, Herrschaft des Rechts zu fördern. Dieser Prozess im Ringen von weltlicher und geistlicher Macht im Mittelalter, dann in der konfessionellen Spaltung und in der Aufklärung, in der Spannung zwischen naturwissenschaftlicher Erkenntnis und glaubensmäßiger Heilserwartung, dazu die Kleinräumigkeit, auch geografisch bedingt, und die Vielzahl der politischen Einheiten seit der griechischen Polis verlief keineswegs immer friedlich. Immer neue Akteure und Einheiten, Rivalitäten und Gleichgewichte, Machtbegrenzungen und Kriege ohne Ende erzeugten Druck und Dynamik, immer neue Kräfte und Alternativen, die die alten Ordnungen durchbrachen und zur Disposition stellten. So gesehen ist dieses alte Europa eben doch auch ein einmaliger historischer Prozess.

Europa war im Guten wie im Bösen immer auch die dynamische Erfahrung von Vielfalt und Einheit zugleich. Das Wissen, dass Verschiedenheit die Quelle menschlichen Reichtums ist – »*The Dignity of Difference*«, wie der Oberrabbiner der jüdischen Gemeinde Englands formuliert hat –, ist eine zutiefst europäische Erfahrung. Dynamik entsteht in kleinen Einheiten, und von denen ist die europäische Geschichte voll. Staaten, Regionen, Kommunen haben über Jahrhunderte ihre kulturelle und zu großen Teilen politische Identität gewahrt. Wir Europäer wissen viel über die Probleme von Offenheit und Integration, weil Austausch und Wanderungsbewegungen die europäische Geschichte nach innen und außen geprägt haben. Die jüngst in Aachen zu bestaunende Ausstellung »*Ex oriente*« hat am Beispiel Karls des Großen eindrucksvoll gezeigt, dass europäische und deutsche Geschichte immer auch vom Austausch zwischen dem freiheitlichen Europa und dem weniger freien, despotischen Orient lebte.

Wanderung und Austausch haben stets mit Dynamik zu tun. Wir kennen auch die Stabilitätsprobleme zwischen ländlichem Raum und städtischen Ballungsgebieten – angesichts des Trends zu immer größeren und immer weniger erträglichen Agglomerationen in der Dritten Welt ist das eine zu teilende Erfahrung. Und weil unser Kontinent extrem dicht besiedelt ist, haben wir auch die Notwendigkeit und Dringlichkeit ökologischer Nachhaltigkeit zu begreifen begonnen. Kurzum, europäische Erfahrungen und Wertvorstellungen werden gebraucht, wenn unsere Erde nicht als Folge von Entwicklungen, die maßgeblich in Europa ihren Ausgangspunkt haben, aus den Fugen geraten soll.

Vor diesem Hintergrund müssen wir die europäische Debatte sehen und gestalten. Vielfalt und Einheit, Nation und Europa richtig miteinander zu verbinden, das war die Aufgabe des Konvents bei der Erarbeitung einer europäischen Verfassung. Eine Aufgabe politischer Ordnung ist es, in die Unübersichtlichkeit menschlicher Vielfalt und Interessen Transparenz zu bringen als Voraussetzung für die demokratische Legitimation politischer Entscheidungen.

Machtausübung ermöglichen, aber eben auch begrenzen und kontrollieren – dieses Ziel leitet über zu den Stichworten der europäischen Verfassungsdebatte: Effizienz, Transparenz, Legitimation. Daran mangelt es in der Alltagserfahrung der Europäer mit europäischen Räten, Kommissionen und Parlament. Um das zu ändern, braucht es eine bessere Ordnung. Man kann das einen Verfassungsvertrag nennen. Aber ob Charta oder Verfassung – die Terminologie ist weniger wichtig als die Sache. Und die Sache ist, dass geregelt werden muss, wer was entscheidet, und die Regelung muss die genannten Forderungen nach Effizienz, Transparenz und Legitimation erfüllen. Anderenfalls wird die Politik der europäischen Einigung auf Dauer keine Unterstützung bei den Menschen und Völkern Europas finden.

Der von Giscard d'Estaing geleitete Konvent hat den Entwurf einer europäischen Verfassung als Vertrag zwischen den Mitgliedsstaaten vorgelegt. Das entspricht dem Gedanken, dass die Menschen in Europa ihre politische Zugehörigkeit noch immer am stärksten zu ihren national verfassten Staaten empfinden. Aber weil die Nationalstaaten allein nicht alle Aufgaben erfüllen können, bedarf es eines starken Europas. Deshalb müssen die europäischen Institutionen in ihrer Wirkungsweise und Entscheidungsfindung gestärkt werden. Schon mit 15 Mitgliedsstaaten hat das bisher nicht zureichend funktioniert. Mit demnächst 25 Mitgliedern – und künftig noch mehr – werden institutionelle Vorkehrungen noch wichtiger, die sicherstellen, dass die Europäische Union dort, wo gemeinsames Handeln notwendig ist, auch zu Entscheidungen kommt und dass diese europäischen Entscheidungen so zustande kommen, dass die Menschen in Europa sie als demokratisch legitimiert ansehen und so als verbindlich akzeptieren können.

Das aber wird nur in dem Maße möglich sein, in dem die Menschen auch bereit sind, ihr Schicksal europäischen Entscheidungen anzuvertrauen. Mehrheitsentscheidungen setzen die Bereitschaft der Minderheit voraus, solche Entscheidungen auch für sich als verbindlich anzunehmen. Und das wiederum erfordert Zugehörigkeit, Identität. Dieses Bewusstsein, einer europäischen Schicksalsgemeinschaft anzugehören, ist in dem halben Jahrhundert seit dem Zweiten Weltkrieg gewachsen; aber man darf es gleichwohl weder überschätzen noch überfordern. Immer noch ist für die meisten Menschen die wichtigste politische Organisationsebene, auf der Gewaltmonopol und Mehrheitsentscheidungen ganz selbstverständlich akzeptiert werden können, der Nationalstaat. Man kann das bedauern, aber man kann es als tatsächlichen Befund nicht bestreiten. Und eine europäische Ordnung, die Legitimität im Sinne von Zustimmung der ihr unterworfenen Menschen finden will, muss auf diesen Befund Rücksicht nehmen.

Die richtige Balance zwischen einer notwendigen Stärkung europäischer Institutionen und der Berücksichtigung der Bindung der Menschen an die Mitgliedsstaaten erfordert eine Kompetenzabgrenzung, in der Europa zuständig ist für das, was nur europäisch entschieden werden kann; in der aber auf der anderen Seite all das, was nicht notwendig europäischer Regelung bedarf, in der Zuständigkeit der Mitgliedsstaaten verbleibt. Nur so kann der in Jahrhunderten gewachsenen ganz unterschiedlichen Kultur und Zivilisation in den einzelnen europäischen Ländern Rechnung getragen werden.

Die meisten in Europa haben die zuerst von der Union erhobene Forderung nach einer klaren Kompetenzabgrenzung lange nicht verstehen wollen und eher als Relikt einer kleinkarierten, partikularen Denkweise deutscher Länder abgetan. Das ist besser geworden, und das ist nicht das geringste Ergebnis der bisherigen Verfassungsdebatte in Europa. Heute wird zunehmend verstanden, dass eine klare Kompetenzabgrenzung der beste Weg ist, um in einer föderalen Ordnung Einheit und Vielfalt zu verbinden. Zwar ist der vom Konvent vorgelegte Entwurf einer europäischen Verfassung wohl noch nicht der große Wurf und verglichen mit klassischen Verfassungstexten noch immer sehr lang, komplex und auch verwirrend, aber er bildet doch einen beachtlichen Fortschritt gegenüber dem bisherigen Stand europäischen Vertragsrechts. Und mehr war derzeit realistischerweise auch nicht zu erwarten, schon weil der Auftrag des Europäischen Rats von Laeken an den Verfassungskonvent auf die klarere Ordnung des erreichten Stands europäischen Gemeinschaftsrechts, den so genannten *Acquis Communitaire*, beschränkt war und nicht die Schaffung einer völlig neuen Verfassungsordnung vorsah. Deshalb zögere ich auch, über diesen Entwurf eine Volksabstimmung für notwendig zu halten. Darüber kann man geteilter Meinung sein; mir will es besser scheinen, sich den Rückgriff auf den *pouvoir constituant* für eine europäische Verfassung vorzubehalten, die in einer hoffentlich nicht zu fernen Zukunft zu klareren Entscheidungen über die Europäische Union und ihr Verhältnis zu den Mitgliedsstaaten kommen kann.

Heute baut sich die Europäische Union noch immer vor allem auf den Nationalstaaten auf, und dennoch ist sie längst auch viel mehr als ein Staatenbund im klassischen Sinn. Mehr und mehr Teile der staatlichen Souveränität wurden und werden an die europäische Ebene abgetreten. Das entspricht der tatsächlichen Lage und den richtig verstandenen Interessen der Europäer in der Welt der Globalisierung; aber noch steht dieses Modell einer zwischen EU und Mitgliedsstaaten geteilten Staatlichkeit einer einfachen Verfassungsordnung entgegen. Doch dieser Prozess ist noch nicht an seinem Ende angelangt.

Indem das europäische Bewusstsein einer Schicksalsgemeinschaft zunimmt, werden die Voraussetzungen für stärkere europäische Institutionen einschließlich Mehrheitsentscheidungen zunehmen. Und umgekehrt werden stärkere europäische Institutionen auch ein größeres Selbstbewusstsein fördern, das eine Rückverlagerung von Kompetenzen auf die nationalstaatliche Ebene dort, wo europäische Regelungen nicht wirklich nötig sind, nicht mehr als Absage an das Ziel eines starken Europa missverstehen.

Heute gilt bei den engagierten Europäern im Zweifel immer noch das Prinzip, dass immer mehr europäische Regelungen anzustreben sind, weil nur so das Ziel eines einigen Europa näher rücke, und dass deshalb niemals etwas, was schon europäisch reguliert wird, wieder in die Kompetenz der Mitgliedsstaaten zurückgegeben werden dürfe. Aus dieser Art des Verständnisses des *Acquis Communitaire* ist in der Wirklichkeit des Brüsseler Alltags die Überregulierung, fehlende Transparenz und Ineffizienz geworden, die es gerade zu verbessern gilt.

In diesem Zusammenhang muss auch die Frage vertieft geprüft werden, wie viel Harmonisierung aller möglichen Lebensbereiche für einen gemeinsamen europäischen Markt mit funktionierendem Wettbewerb tatsächlich notwendig ist. Dabei stellt sich nicht nur das Problem, wie viel Zuständigkeit zur eigenen Regelung den Nationalstaaten oder auch Regionen und Kommunen noch verbleibt – ein Problem, das wir auch in der deutschen Debatte um die Reform unseres föderalen Systems zunehmend erkennen. Zusätzlich tritt noch das andere Problem auf, dass gemeinsame Regeln bei ganz unterschiedlichen Erfahrungen mit Rechtssetzung und Rechtsanwendung im Zweifel sehr viel detaillierter ausfallen müssen als auf der Grundlage einer gewachsenen gemeinsamen Rechtstradition und -kultur. Das erklärt zu einem erheblichen Teil, warum europäische Regelungen noch mehr Perfektionismus ausstrahlen als nationale, obwohl wir uns schon in Deutschland gewiss nicht über einen Mangel an Detailverliebtheit bei staatlicher Normierung zu beklagen haben.

Über diese Frage, wie viel Harmonisierung für eine funktionierende Wettbewerbsordnung wirklich notwendig ist, habe ich schon vor Jahren mit dem damaligen Wettbewerbskommissar Karel van Miert anhand des Themas der Regionalförderung diskutiert. Grundsätzlich stellt sich die europäische Wettbewerbspolitik auf den Standpunkt, jede staatliche, regionale oder kommunale Wirtschaftsförderung sei im Zweifel ein Verstoß gegen das Wettbewerbsprinzip. Ich habe van Miert entgegengehalten, dass im Grundgesetz der Bundesrepublik Deutschland Länder und Kommunen für die regionale Entwicklung einschließlich Wirtschaftsförderung zuständig seien und dass im Lande von Ludwig Erhards sozialer Marktwirtschaft darin bisher niemand jemals ein Problem für einen funktionierenden Binnenmarkt entdeckt habe.

Nach dem Prinzip, dass jedes Übermaß sich in sein Gegenteil verkehrt, bleibe ich davon überzeugt, dass ein Übermaß an detaillierter Harmonisierung einer Wettbewerbsordnung letztlich nicht förderlich ist, weil ein Zuviel an Regulierung Dynamik eher hemmt. Und Wettbewerb ist im Übrigen auch auf regionaler Ebene notwendig, um Erfolg und Misserfolg zu identifizieren und damit Innovation zu fördern. Gewiss empfinden manche auch in Deutschland das Wort »Wettbewerbsföderalismus« eher als Bedrohung, aber wenn ein hinreichendes Maß an Chancengleichheit und solidarischem Ausgleich gewährleistet ist, entspricht Wettbewerb dem Prinzip von Eigenverantwortung – letztlich weil Freiheit und Verantwortung notwendig zusammenhängen. Und deshalb darf nicht alles etwa an Umwelt- und Sozialstandards in Europa einheitlich geregelt werden, sondern nur so viel, wie zur Abwehr unzumutbarer Auswirkungen auf andere europäische Regelungen wirklich notwendig ist.

Hingegen braucht Europa gewiss eine gemeinsame Außen- und Sicherheitspolitik. Auch sie muss europäische Handlungsfähigkeit mit verbleibender nationalstaatlicher Souveränität richtig verbinden, und das ist nicht nur ein Gebot einer realistischen Analyse der tatsächlichen Macht- und Legitimitätsverteilung zwischen europäischen Institutionen und nationalstaatlichen Regierungen, sondern es entspricht auch dem Gebot, Einheit und Vielfalt richtig zu kombinieren. Der erstere Gesichtspunkt spricht dafür, die Mechanismen der so genannten »Intergouvernementalen Zusammenarbeit« in der Außen- und Sicherheitspolitik nicht einfach zu verdammen, sondern zu verbessern, solange europäische Handlungsfähigkeit tatsächlich darauf angewiesen bleibt. Auch da können die Erfahrungen der Irakkrise helfen. Unstreitig ist, dass eine gemeinsame Position aller Europäer mehr Wirkung gehabt hätte sowohl gegenüber dem Diktator in Bagdad als auch gegenüber dem amerikanischen Partner. Auch wenn die Vorstellung noch illusorisch erscheinen mag, dass sich die europäischen Staaten entweder durch eine Entscheidung europäischer Institutionen – Kommission, Parlament oder auch künftiger EU-Außenminister – oder durch eine Mehrheitsentscheidung im Europäischen Rat auf eine gemeinsame Position hätten festlegen lassen, so hätte doch auch schon eine vorherige Konsultation der europäischen Regierungen vor einseitigen Festlegungen, sowohl durch den britischen Premier Blair wie durch den deutschen Bundeskanzler, eine größere Chance für eine gemeinsame Position aller europäischen Regierungen geschaffen.

Der Gesichtspunkt der Vielfalt hebt darauf ab, dass einzelne europäische Nationen und Völker aus ihrer unterschiedlichen Geschichte vielfältig unschätzbare Kenntnisse und wertvolles Verständnis für die verschiedenen Teile der Welt außerhalb Europas haben. Nehmen wir etwa Spanien, Frankreich und Großbritannien als Beispiele, dann lässt sich schnell erkennen, was ich meine. Bis zum heutigen Tage sind die Institutionen des privaten und öffentlichen Lebens dieser drei europäischen Nationen eng mit vielen Ländern und Regionen Lateinamerikas, Afrikas und Asiens verflochten. Sprachlich und kulturell, wirtschaftlich und politisch sind Spanien und Argentinien, sind Frankreich und Algerien, sind Großbritannien und Indien eng miteinander verbunden, kraft ihrer kolonialen Vergangenheit, aber auch kraft ihrer zumindest in Schlüsselbereichen vermischten Bevölkerungen. Für aufstrebende Menschen in Peru, Chile, Kolumbien, Guinea, Senegal, Kenia, Nigeria, Pakistan, Sri Lanka oder Malaysia ist der Besuch einer spanischen, französischen oder britischen Schule, ist das Studium an den Universitäten von Salamanca, Paris oder Cambridge ein erstrebenswertes Ziel; auch die Annahme von Teilen des Lebensstils der europäischen »Vorbildländer«. Das Beherrschen der jeweiligen europäischen Muttersprache ist Bestandteil der eigenen Identität. Europa scheint gar nicht zu merken, welch ungeheures Potenzial an *soft power* hier verborgen liegt.

Dieses Potenzial kann besser genutzt werden, wenn es in seiner Vielfältigkeit erhalten bleibt. Warum also denken wir nicht darüber nach, den unterschiedlichen europäischen Nationen in der Außen- und Sicherheitspolitik, in der Entwicklungspolitik, in der Kulturpolitik spezifische, ihren Geschichten und Traditionen entsprechende gesamteuropäische Aufgaben quasi in »Geschäftsbesorgung« zu übertragen? Ist es wirklich unvorstellbar, dass britische Diplomaten an einer zukünftig britischen Europabotschaft in Colombo auf Sri Lanka die Vertretung aller europäischen Interessen wahrnehmen, somit auch die Belange deutscher Unternehmen und Staatsbürger? Gleichzeitig tut dies eine französische Europabotschaft in Algerien oder eine spanische in Mexiko-City. Die jeweiligen anderen europäischen Landesvertretungen werden geschlossen, das Personal wird in die größeren Europabotschaften des Heimatlandes integriert, die nun spezifische Europavertretungsaufgaben in anderen Teilen der Welt übernehmen. Hieraus entwickelt sich über die Zeit hinweg sowohl eine europäische Identität und Zugehörigkeit als auch ein Gefühl der stärkeren Berücksichtigung nationaler Identitäten und Traditionen innerhalb Europas. Mir scheint es ein Irrsinn zu sein, dass es womöglich bald 25 diplomatische Vertretungen der einzelnen EU-Mitgliedsländer etwa in Nigeria gibt, wenn beispielsweise eine britische Europabotschaft mit überwiegend britischem Sachverstand dort viel effizienter arbeiten könnte. Wenn wir nun zu unserem Beispiel zurückkehren, dann wird auch besser deutlich, dass Spanien, Frankreich und Großbritannien eine ungleich höhere Anzahl an Bürgern aufweisen können, die kraft ihrer familiären und kulturellen Herkunft mit Sprachen, Traditionen und Gepflogenheiten der jeweiligen außereuropäischen Länder vertraut sind und sich besser in diese Länder »hineindenken« können. Nichts anderes gilt für die Verbindungen der jeweiligen Länder untereinander, die eine zuweilen schmerzvolle, aber doch stets gemeinsame Geschichte auszeichnet.

In diesem Zusammenhang sollten wir auch Überlegungen anstellen, ob wir nicht innerhalb der EU den Versuch unternehmen sollten, eine *de facto* bereits bestehende Binnensouveränität und Binnenstaatsbürgerschaft administrativ zu flankieren. Ich meine, wir sollten uns ernsthaft überlegen, weite Teile des konsularischen Dienstes zwischen den EU-Mitgliedsstaaten abzubauen und in den Dienst der EU-Interessenvertretung gegenüber dem Rest der Welt zu überführen. Müssen denn wirklich bestens ausgebildete deutsche Konsularbeamte auf Mallorca betrunkene deutsche Touristen aus dem Gewahrsam der spanischen Polizei auslösen? Wer als Schwabe in trunkenem Zustand in Hamburg festgenommen wird, kann ja auch kein schwäbisches Konsultat um Hilfe bitten. Ich bin der Meinung, dass es innerhalb der EU jedem Bürger zugemutet werden kann, sich den Folgen seines eigenen Handelns im Rahmen der jeweiligen Rechts- und Verwaltungsordnung zu stellen. Das

Netz an privatwirtschaftlichen Versicherungen gegenüber solchen privaten »Lebensrisiken« ist dicht genug. Wir binden und frustrieren hier europaweit Tausende von fähigen Diplomaten, die wir als EU in der Welt bräuchten.

Voraussetzung für eine europäische Außen- und Sicherheitspolitik bleibt eine gemeinsame Wahrnehmung von Interessen für alle Europäer in der globalen Welt. Dies entspricht der Schicksalsgemeinschaft, und dies müssen wir alle uns stärker bewusst machen. Das gilt im Besonderen für die Sicherheitspolitik. Dass Europa zu seiner Sicherheit auch in Zukunft auf die atlantische Allianz mit den Vereinigten Staaten von Amerika angewiesen bleibt, sollte unstreitig sein. Auch die jüngsten Erfahrungen haben wieder bestätigt, dass derjenige, der Europa gegen die USA einen wollte, am Ende nur Europa spalten wird. Das war der Fehler, der im Januar 2003 in den deutsch-französischen Beziehungen passiert ist. Gewiss hat Frankreich seit den Zeiten von General de Gaulle immer eine stärkere Distanz zur Nato und zu den USA gepflegt. Deutsche Politik war es dabei stets, enge, auch privilegierte deutsch-französische Beziehungen so zu gestalten, dass sie nicht zur Alternative zur atlantischen Bindung wurden, auch nicht zu einer Vernachlässigung anderer Partner in Europa. Diese Balance ist um den 40. Jahrestag des Élyséevertrags verloren gegangen, und das ist weder der deutschen noch der französischen Politik gut bekommen.

Ein einiges, handlungsfähiges Europa ist eben nicht eine Alternative zur atlantischen Allianz, sondern ein Beitrag zu ihrer Stärkung. Über Jahrzehnte haben die USA einen stärkeren europäischen Beitrag zur gemeinsamen Sicherheit gefordert, einen stabilen europäischen Pfeiler für die NATO. Wenn die Europäer ihn nun endlich zu bauen versuchen mit der seit dem Gipfel von Helsinki verfolgten Politik der ESVP, dann sollten dies unsere amerikanischen Freunde auch nicht fürchten. Voraussetzung ist, dass es nicht zu einer Schwächung der

NATO führt. Deshalb ist der Ansatz richtig, für jede stärkere europäische Integration von Streitkräften die vorhandenen Strukturen der NATO für Kommunikation und Führung zu nutzen. Dagegen ist bei der im Sommer 2003 beschlossenen Übergangsmission der Europäer im Nordosten des Kongo verstoßen worden, und das sollte sich möglichst nicht wiederholen, aber unter der Voraussetzung einer Nutzung von vorhandenen NATO-Strukturen ist eine stärkere europäische Komponente in der atlantischen Allianz richtig. Europa muss grundsätzlich auch in der Lage sein, einmal selbstständig zu handeln, wenn im Einzelfall der amerikanische Partner – beispielsweise auf dem Balkan – zu einem eigenen Engagement nicht bereit sein sollte.

Und so wird auch der Gedanke einer europäischen Armee weniger illusionär, der sich im Übrigen in Meinungsumfragen hoher Zustimmung erfreut. Ansätze dazu sind schon gemacht, von der deutsch-französischen Brigade über das Eurocorps bis zu den in Helsinki vereinbarten 60 000 Mann starken europäischen Kriseneinsatzverbänden.

Daran muss weiter gearbeitet werden. Kein europäischer Staat wird für sich allein die Modernisierung seiner Streitkräfte angesichts der rasanten Entwicklung in der Militärtechnologie ausreichend leisten können, aber gemeinsam können wir sehr viel mehr zustande bringen. Also eine europäische Rüstungsagentur und gemeinsame Forschung und Technologie. Auch dabei kann das Prinzip der Arbeitsteilung helfen. Nicht jeder europäische Staat wird Land-, Luft- und Seestreitkräfte gleichzeitig auf modernem Stand unterhalten können. Aber mit Spezialisierung und Arbeitsteilung kann jeder seinen Beitrag leisten.

Man kann in den verschiedenen Teilstreitkräften einzelner Staaten auch Soldaten anderer europäischer Staaten aufnehmen. Wenn also beispielsweise Deutschland keine Seestreitkräfte mehr unterhalten sollte, dann könnte ein deutscher Soldat, der zur See fahren möchte, ja etwa in einem britischen Verband seinen Dienst leisten. Die bereits gut funktionierenden gemeinsamen Brigaden einiger europäischer Staaten sollten hier Vorbild sein und weiterentwickelt werden.

Bei dem feierlichen Appell zur Beförderung von Offiziersanwärtern zu Leutnants der 10. Heeresdivision habe ich im Juli 2003 in Rastatt erlebt, dass auch ein Ehrenzug der deutsch-französischen Brigade angetreten war, und das hatte zur Folge, dass am Schluss dieser Zeremonie neben der deutschen Nationalhymne auch die französische gespielt wurde. Die Marseillaise anlässlich der Beförderung deutscher Offiziersanwärter, das hat mehr als nur symbolische Bedeutung für den erreichten Stand europäischer Integration.

In diesem Zusammenhang kann auch die notwendige Strukturreform der Bundeswehr gesehen werden. Unstreitig ist, dass die Bundeswehr in Ausstattung und Ausrichtung nicht den aktuellen Herausforderungen entspricht und noch zu sehr auf überholte Vorstellungen von Landes- und Bündnisverteidigung zu Zeiten des Ost-West-Konfliktes ausgerichtet ist. Deshalb besteht grundsätzlich Konsens, dass eine stärkere Konzentration einerseits auf Krisenreaktions- und Präventionskräfte und andererseits auf ein neues Verständnis von Landesverteidigung in der Form von Heimat- oder Territorialschutz notwendig ist. Dieses Verständnis von Landesverteidigung wird meines Erachtens auch in Zukunft in Deutschland die Wehrpflicht begründen können, während sich Krisenreaktion und Prävention vor allem für eine stärkere Europäisierung eignen.

Auch für die Entwicklungszusammenarbeit lässt sich das Prinzip von Einheit und Vielfalt für stärkere Europäisierung nutzen. Die unterschiedlichen europäischen Erfahrungen und Kenntnisse habe ich schon erwähnt. Wenn wir unserer Verantwortung in der Welt der Globalisierung gerecht werden wollen, werden wir gewiss um stärkeren personalen Einsatz in anderen Teilen der Welt nicht herumkommen. Wenn man sich nun manchen Schwerpunkt aktueller Krisen genauer ansieht, hat man gelegentlich fast den Eindruck, dass sich die Hilfsorganisationen buchstäblich gegenseitig auf den Füßen herumstehen. Mehr Zusammenarbeit zwischen den vielen staatlichen und nichtstaatlichen Organisationen der verschiedenen europäischen Länder und mehr Arbeitsteilung könnte dem entgegenwirken und die Effizienz verbessern. Warum nicht ein europäisches Friedenscorps als Dachorganisation, um das Engagement der vielen zu bündeln und zu verstärken und zugleich den Austausch zwischen den Angehörigen der einzelnen europäischen Staaten zu fördern?

Darin liegt eine Chance für uns Europäer selbst. Gerade junge Menschen stecken noch immer überall in Europa voller Ideale. Wir sollten sie nicht zu sehr mit den ermüdenden und frustrierenden Debatten über Jugendarbeitslosigkeit und fehlende Perspektiven erschöpfen, sondern die unendlich vielen Aufgaben überall in der Welt besser für sie erschließen, damit sie den Reichtum an Aufgaben, Chancen und Gestaltungsmöglichkeiten erfahren. Die Ergebnisse der Shell-Studie 2000 zur Haltung von Jugendlichen haben doch erfreulicherweise bewiesen, dass die Jugend eine optimistische Grundhaltung mit gestiegenem Selbstbewusstsein und einer verantwortungsvollen Lebensplanung vereint. Laut den Ergebnissen der Bielefelder Forschungsgruppe sind sich die Jugendlichen auch der Herausforderungen der Globalisierung bewusst, das Leben ist in den Augen der Befragten durch die Globalisierung interessanter und vielfältiger geworden. Ich meine, auf diesen Haltungen lässt sich einiges aufbauen. Europa sollte sich dazu entschließen, eine Art *Peace Corps* zu bilden, ähnlich wie Präsident John F. Kennedy es tat. Seit Kennedy im Oktober 1960 an der Universität von Michigan junge US-Amerikaner dazu aufrief, einige Jahre ihres Lebens in den Aufbau der Entwicklungsländer zu investieren, haben 140 000 junge Menschen aus den Vereinigten Staaten von Amerika dies getan. Es wäre schön, wenn wir Europäer hierauf aufbauend eine eigene Initiative starteten und den jungen Menschen in Europa eine sinnvolle Betätigung anbieten würden.

Europäisches Bewusstsein wird schrittweise wachsen. Und es wird immer auf nationale und regionale Bindungen Rücksicht nehmen müssen. Auch insoweit braucht Zukunft Herkunft.

Wichtig wird mehr Kommunikation werden, also Verständigung und gemeinsame öffentliche Debatten. Dabei stellt sich das Problem der unterschiedlichen Sprachen. Die Art, wie heute in den europäischen Institutionen zwischen den verschiedenen Sprachen von demnächst 25 Mitgliedsstaaten gedolmetscht wird, grenzt längst ans Absurde. Wir sollten aus der globalisierten Welt von Wirtschaft und Internet lernen und akzeptieren, dass sich Englisch in dieser Welt zur *lingua franca* entwickelt hat. Es ist kein Gegensatz dazu, dass wir andere europäische Sprachen lernen, zumal dieses globale Englisch ja auch dem Niveau der englischen Kultursprache kaum gerecht wird. Also besteht zwischen dem Nutzen von Englisch als *lingua franca* und dem Erlernen von europäischen Fremdsprachen kein Gegensatz – es ist eine notwendige Ergänzung. Im Übrigen hatte Europa schon in früheren Jahrhunderten mit Latein eine *lingua franca*, die sogar noch bis Mitte des 19. Jahrhunderts Amtssprache in Ungarn war, wozu auch passt, dass es heute noch einen finnischen Rundfunksender gibt, der in lateinischer Sprache seine Sendungen ausstrahlt. Später war es für eine ganze Ära Französisch. Man muss also mit dem Verzicht auf Simultandolmetscher in europäischen Konferenzen nicht den Untergang der europäischen Hochsprachen und der Vielfalt der Kulturen befürchten.

Vielfalt und Einheit mit Dynamik und Geduld richtig auszutarieren, das ist die Chance, globale Prozesse friedlich und fruchtbar zu gestalten. Menschenwürde, die Einzigartigkeit und

Unverwechselbarkeit jedes Menschen, das sind die Grundlagen von Freiheit und Verschiedenheit. Freiheit und Toleranz bedingen sich gegenseitig. Wenn der Westen das in seiner weltpolitischen Verantwortung beherzigt, muss die Welt auch im 21. Jahrhundert nicht aus den Fugen geraten. Daran mitzuwirken und darauf hinzuwirken – nichts weniger sind der Auftrag, die Verantwortung und die enorme Chance Europas im 21. Jahrhundert. Doch wie verhält es sich mit dem Teil der Welt, der Europa am nächsten steht und der ein noch größeres Maß an globalem Einfluss ausübt, welche Rolle spielen die Vereinigten Staaten von Amerika?

5. Ideale und Zuversicht – Das Versprechen der Neuen Welt

In unseren Fernsehnachrichten sehen wir gelegentlich, wie vor der Ostküste der Vereinigten Staaten von Amerika verheerende Hurrikans heraufziehen und wie sich die Menschen in den bedrohten Gebieten darauf vorbereiten. Mich hat dabei immer wieder beeindruckt, wie die Amerikaner mit ruhiger Entschlossenheit ohne jede Panik sich angesichts solch einer drohenden Naturkatastrophe verhalten.

Eines meiner Kinder hat das bei seiner amerikanischen Gastfamilie erfahren. Mit Brettern wird das an der Küste gelegene Haus gesichert, und dann fährt man zu den 250 Meilen entfernt wohnenden Verwandten und wartet, bis der Sturm über die Küste gefegt ist. Keine Tragödie ist das und auch kein Weltuntergang, sondern eine zu bewältigende Herausforderung. Alle meine vier Kinder haben einen Teil ihrer Schulzeit bei US-amerikanischen Gastfamilien verbracht: in Texas, in Illinois, in Virginia und in South Carolina. Sie wurden alle in unterschiedlicher Weise durch die vielfältigen Erfahrungen nachhaltig beeinflusst. Nicht am geringsten hat sie beeindruckt, mit welcher Entschiedenheit und Tatkraft sich Amerikaner Problemen und Herausforderungen im praktischen Alltag stellen.

Der Deutsche Bundestag betreibt zusammen mit dem US-amerikanischen Kongress ein parlamentarisches Austauschprogramm. Ich habe so über Jahrzehnte jährlich einem Jugendlichen aus meinem Wahlkreis einen einjährigen Aufenthalt in einer amerikanischen Familie vermitteln können. Die Erfahrun-

gen waren ohne Ausnahme immer positiv – das einzige wirkliche Problem, das sich einmal stellte, war, dass eine der Schülerinnen gar nicht mehr aus Amerika zurückkehren wollte. Auch diese Erfahrungen von jungen Menschen belegen, dass der amerikanische Traum lebt: Die Faszination des großen Landes ist konkret.

An Amerika kann und darf man vieles kritisieren, aber eines hat diese Nation der Einwanderer uns Europäern sicherlich voraus: Amerika besitzt Ideale, verbunden mit einem Grundoptimismus, der weltweit seinesgleichen sucht. Die Kombination beider Haltungen führt zu einem *can-do-spirit*, dessen Vertreter nicht nur glaubt, Berge versetzen und die Welt befrieden zu können, sondern der dieses auch trotz aller Verfehlungen und Rückschläge aktiv versucht. Selbst auf der Erde machen das Streben und die zielgerichtete Verfolgung von Idealen nicht Halt: *Get a man to the moon in ten years* – wenige Politiker in der Welt sind willens und in der Lage, in ähnlichen Kategorien zu handeln wie ein John F. Kennedy zu jener Zeit, als sich sein Land durch die Sputnik-Missionen herausgefordert sah. Man ist nicht immer erfolgreich, aber wer probiert und etwas Neues versucht, stagniert zumindest nicht.

Den amerikanischen Traum mag man als Illusion abtun und mit einer gewissen Berechtigung die Gefahr einer Hybris und Ignoranz gegenüber anderen Ländern sehen. Unbestritten ist jedoch, dass viele Amerikaner an die eigene Stärke als Grundlage des amerikanischen Traumes glauben und dadurch individuell und als Nation Beeindruckendes auf die Beine stellen: Wenn ich glaube, dass ich etwas schaffen kann, leiste ich mehr, als wenn ich von Anfang an überzeugt bin, dass ich keine Chance habe. Nicht zufällig sind die Vereinigten Staaten das Land der Unternehmer, die es riskieren, Geschäfte aufzubauen und Projekte umzusetzen, um den amerikanischen Traum zu verwirklichen – *navigare necesse est*. Dies beinhaltet die felsenfeste Überzeugung, dass es im Land der unbegrenzten Möglichkeiten jeder schaffen kann mit harter Arbeit und einem Quäntchen Glück. Dass dies in der Realität für viele Amerikaner gerade am unteren Ende der Gesellschaft oftmals anders aussieht und soziale Ungleichheit viel stärker ausgeprägt ist als in Europa, ist ein anderes Thema.

Festzuhalten bleibt, dass in den USA ein Grundoptimismus herrscht, der vom Staat und von der Gesellschaft gefördert und getragen wird und der sich aus persönlichen Idealen und Werten speist. Wenn wir Europäer uns abendfüllend darüber auslassen können, was bei uns alles nicht funktioniert, stehen wir uns damit am Ende selbst im Weg, weil wir so wenig Neues probieren und schaffen. Wer bei uns einmal gescheitert ist, bekommt nicht so leicht eine neue Chance. Wer sich selbstständig machen will, der muss wie Don Quichote gegen die Mühlen von Bürokratie und Steuerrecht ankämpfen, statt sich auf sein Kerngeschäft konzentrieren zu können.

Ich erinnere mich in diesem Zusammenhang an eine Anekdote eines weit gereisten Amerikaners, der gebeten wurde, doch einmal drei Begriffe zu benennen, die ihm bei seinen in Deutschland gemachten Erfahrungen in den Sinn kämen. Zum einen, so der Gefragte, sei dies das Wort »Dienstweg«, zum anderen erinnere er sich lebhaft an den recht knappen Ausdruck »Draußen nur im Kännchen« als Erläuterung eines deutschen Naturgesetzes bei der Bestellung von koffeinhaltigen Getränken im Freiluftbereich von Gaststätten. Drittens wurde ihm regelmäßig mit dem Satz »Sie sind nicht im Computer« an deutschen Flughäfen die Existenzberechtigung abgesprochen.

Bei aller Ironie sprechen die dahinter liegenden Befindlichkeiten doch Bände über das Selbstverständnis und die entsprechenden Mentalitäten unserer jeweiligen Gesellschaften, der deutschen wie auch der amerikanischen. Der aus einer der Individualität verpflichteten Gesellschaft kommende Amerikaner geriet immer dann in Schwierigkeiten, wenn sich Vertreter etablierter deutscher Institutionen, ob nun im Biergarten oder im Einwohnermeldeamt, dagegen sträubten, individuelle Bedürfnisse und Wünsche umzusetzen, die nicht in vorgegebene Schemata passten – Dienstweg eben. Zumindest in dieser Beziehung ist uns Amerika weit voraus, auch wenn wir der kompletten Individualisierung einer Gesellschaft, basierend auf persönlichen Wünschen, aus guten Gründen durchaus kritisch begegnen. Zwar sind die US-Bürger stärker auf sich allein gestellt, aber es werden ihnen bei der Gestaltung ihrer Existenz vom Staat weit weniger Steine in den Weg gelegt als bei uns in Deutschland. Jeder hat die Freiheit zu versagen, aber eben auch die Möglichkeit, individuell erfolgreich zu sein.

Wenn wir fragen, wie man Erfolg am sinnvollsten gerecht und sozialverträglich verteilt, vergessen wir dabei zunehmend den ersten Schritt, nämlich erst einmal Erfolg zu haben. Amerika funktioniert deshalb so gut, weil die Kombination von Optimismus, Idealen und Freiheit in Individuen Kräfte freisetzt, welche die USA zur größten Wirtschaftsmacht der Welt gemacht haben.

Was also ist das Geheimnis des Erfolgs dieser Nation, die sich selbst für *exceptional*, also nicht nur als etwas Besonderes, sondern als außergewöhnlich und ohne Parallele beschreibt? Wie ist dies möglich in einer Nation, die ihre Wurzeln in der alten Welt hat als eine Ansammlung von Immigranten, welche seit 1883 an der Freiheitsstatue – einem Geschenk Frankreichs – mit den folgenden Worten in der Neuen Welt begrüßt werden: »Gib mir deine müden, deine armen, deine niedergedrückten Massen, die sich danach sehnen, frei zu atmen, das armselige Strandgut deiner überfüllten Küsten. Sende sie, die Heimatlosen, die vom Sturm Gestoßenen, zu mir. Ich erhebe meine Fackel neben der goldenen Tür.«

Wenn Amerikaner ihre kulturellen Wurzeln suchen, finden sie diese häufig in Europa. Hierzu reicht schon ein Blick auf die

Nachnamen in Telefonbüchern von Montpellier/Vermont, Bismarck/North Dakota oder Neu-Amsterdam. Amerika ist ohne seine Immigranten und das, was sie aus der alten Heimat mitbringen, schlicht undenkbar. Auf der einen Seite sind es die puritanischen, religiösen Wurzeln eines Europas vor 1789, und auf der anderen Seite sind es die liberalen Wurzeln der Moderne, welche die Grundlage der Erfolgsgeschichte des Landes bilden. Die zitierte Inschrift von Emma Lazarus an der Freiheitsstatue war im Jahr 1883 wie heute keineswegs theatralisch gemeint: Armut und der Drang nach Freiheit, um sein Leben nach eigenen Vorstellungen zu gestalten, waren es, die Provinznester wie Chicago oder Miami durch Immigranten innerhalb von Jahrzehnten zu Weltstädten machten. *Go West* wurde nicht nur Handlungsanweisung, sondern eine Lebenseinstellung, die Großes schuf – allerdings auch lange die Würde der indianischen Urbevölkerung missachtete.

Dieser Nation der Einwanderer wohnte schon immer eine Dynamik inne, von der wir Europäer heute vieles lernen können. Die ständige Unruhe, die in der europäischen Geschichte die vorwärts treibende Kraft war, erschien kleinräumig, gewissermaßen nach innen gerichtet, innerhalb der eigenen Grenzen. Demgegenüber greift die amerikanische Dynamik über die eigenen Grenzen hinaus. Die Einwanderer waren ja gerade aus den für sie beengten Verhältnissen zu Hause ausgebrochen. Das setzt sich in immer neuen Wellen von Immigranten bis in die Gegenwart fort. Und nach der Unabhängigkeitserklärung ging es in Amerika neuen Grenzen entgegen, *new frontiers* – immer weiter, *go West* eben. Und dazu kam der Puritanismus, der im Schaffen besserer materieller Verhältnisse ein gottgefälliges Werk sieht. Eben diese Mischung aus frühem Puritanismus auf der einen und aufgeklärtem Liberalismus auf der anderen Seite ist es, die Amerika wiederum so deutlich von der Alten Welt abhebt. So ist eines der religiösesten Länder der Welt gleichzeitig eines der liberalsten. Wie passt das zusammen?

Samuel P. Huntington bezeichnet diese Spannung zwischen dem Puritanismus des 17. Jahrhunderts und dem Liberalismus des 18. und 19. Jahrhunderts als das zentrale Charakteristikum der amerikanischen Gesellschaft und ihrer Politik. *Promise of Disharmony* nennt er dieses Wesensmerkmal der amerikanischen Gesellschaft und erklärt damit amerikanische Geschichte und amerikanisches Staatswesen im Sinne eines ständigen Wettbewerbs konkurrierender Ideen. Amerika inkorporiert den missionarischen Geist eines Woodrow Wilson oder eines Jimmy Carter, wie es auch den realpolitischen pragmatischen Geist Heinz Alfred Kissingers oder eines Franklin D. Roosevelts beherbergt. Welche Strömung sich in welcher geschichtlichen Periode durchsetzt, entscheidet der politische Wettbewerb, der so unterschiedliche Präsidenten wie William Jefferson Clinton und George Walker Bush in direkter Abfolge hervorbringt.

Im Unterschied zu Europa ist man idealistischer, optimistischer, missionarischer als Teil eines neuen Jerusalem, als Stadt auf dem Berge in *God's own country*. Als Nation der Neuankömmlinge ist man risikofreudiger und erfolgshungriger. Spätestens seit Roosevelt macht man als Weltmacht mehr oder minder deutlich, dass man keinen geringeren Anspruch hat, als die Welt zu ordnen und zu befrieden. Dieser Anspruch birgt enorme Potenziale, aber auch Gefahren, wenn er sich unilateral verselbstständigt. Durch die gewaltige Wirtschaftsleistung der USA werden Chancen und Gefahren in ihrem Effekt stets potenziert. Das Element des Puritanismus wird in Spannung gesetzt und gleichzeitig ausgeglichen durch den Liberalismus einer Einwanderernation, die stets große Zahlen verschiedenster Immigranten zu integrieren hatte. Dieser Prozess ist bis heute ungebrochen. Amerika hat durch seine Attraktivität für Immigranten geringere demografische Probleme als Europa, das eine hohe Immigration räumlich schwerlich verkraften würde und daher seine demografischen Probleme anders wird lösen müssen. Auf der anderen Seite ist es aber auch und gerade dort das Thema Immigration, das Bundesstaaten wie Kalifornien, Texas oder Florida vor gewaltige soziale Probleme stellt. Im Unterschied zur Diskussion in Deutschland ist es in den USA jedoch die Mischung aus Liberalismus, grundsätzlicher Fairness und calvinistischem Arbeitsethos, die die Diskussion dominiert. Es ist weniger die Angst vor Überfremdung als die Sorge um die ökonomische Integration schlecht ausgebildeter Immigranten, die die öffentliche Kontroverse in den USA beherrscht. Dort ist jeder willkommen, solange er arbeitet und nicht über die Sozial- und Gesundheitssysteme anderen arbeitenden Individuen finanzielle Bürden auferlegt. So erklärt sich, dass Neuankömmlinge zu vergleichsweise geringen Löhnen arbeiten, aber am Ende Nettozahler in die gesellschaftlichen Kassen sind und das Bruttosozialprodukt erhöhen. Wer dagegen dem puritanischen Ruf zur Arbeit nicht Folge leisten kann oder will, findet sich schnell im Heer der 40 Millionen US-Amerikaner ohne Krankenversicherung wieder.

Beide Strömungen haben ein ausgeprägtes Wertefundament ideologischer und religiöser Elemente, die bis in die politischen Eliten hinein ihren Ausdruck gefunden haben: Vor diesem Hintergrund überrascht es nicht, dass viele Amerikaner Politik und gerade Außenpolitik in moralischen Kategorien von Gut und Böse bewerten, während Europäer in rechtlichen Kategorien von Legitimität denken. Das könnte mit dem Unterschied zwischen der mehr nach innen gerichteten europäischen Dynamik und der eher nach außen gerichteten amerikanischen zusammenhängen. Die Erstere sucht eine Ordnung, die von allen akzeptiert werden kann, während die Zweite sich dieser Ordnung bereits sicher ist und sie immer weiter auszudehnen sucht. Das könnte auch eine Erklärung liefern für den Widerspruch, dass Amerika mit seiner Offenheit und Integrationskraft auf der einen Seite das Land der Sehnsucht für so viele Menschen überall in der Welt ist, in dem sie ihre Träume zu verwirklichen suchen, und dass auf der anderen Seite dieses im inneren so tolerante Land von außen eher als arrogant und unsensibel gegenüber anderen Kulturen und Zivilisationen wahrgenommen wird. Weil die Amerikaner so sehr überzeugt sind, im eigenen Land Freiheit und Toleranz zu verwirklichen, können sie offenbar kaum verstehen, dass andere nicht genauso leben wollen wie sie.

Wenn Europäer und Amerikaner die Gemeinsamkeit ihres Erbes und die Unterschiede ihrer Entwicklung – vor allem auch ganz unterschiedliche geschichtliche Erfahrungen aus Kriegen und Bedrohungen – nicht realisieren, dann reden sie wie jüngst in der Irakdebatte zwangsläufig und nahezu verständnislos aneinander vorbei. Das gemeinsame Wertefundament von Amerika und Europa hat durch die Geschichte eine unterschiedliche Ausprägung erfahren. Nirgendwo wird das deutlicher als in Fragen der Religion. Amerika und Europa haben beide die Trennung von Kirche und Staat rechtlich verankert. Die Wurzeln dieses Prinzips gingen im puritanischen Neuengland aber darauf zurück, die Religionsgemeinschaften vor Eingriffen des Staates schützen zu wollen, während Europa nach 1648 und seit der Französischen Revolution nicht die Religionsgemeinschaften, sondern die Nationalstaaten vom Einfluss der Kirche schützen wollte.

Amerika ist bis heute ein zutiefst religiöses Land. Schaut man sich die Konfessionen der in den Senat und das Repräsentantenhaus gewählten Mitglieder an, so fällt auf, dass evangelikal geprägte, streng puritanische Gruppen auf der einen sowie religiöse Minderheiten auf der anderen Seite zugenommen haben, was dem Verhältnis innerhalb der Gesamtbevölkerung entspricht. Und darin drückt sich eine besondere Form gesellschaftlicher Toleranz aus. Weniger geworden sind Mitglieder der religiösen Mitte, von Anglikanern bis zu Lutheranern, die in Europa die – allerdings schwindende – Mehrheit bilden.

Europa zeichnet sich also eher durch die beständige Suche

nach Kompromiss und Herausbildung einer Mitte aus, während in Amerika die liberalen und puritanischen Strömungen ihre weltanschaulichen und ideologischen Konflikte bis in die hohe Politik dynamisch und konfliktträchtig austragen. Dabei spielen religiöse Überzeugungen, Werte und deren explizite Artikulation in den USA eine entscheidende Rolle. So stellte Präsident Dwight D. Eisenhower in diesem Zusammenhang einmal fest: *»America makes no sense without a deeply held faith – and I do not care what it is!«*

Einer jüngeren Umfrage zufolge würde eine überwältigende Mehrheit der US-Amerikaner einen erklärten Atheisten im Amt des Präsidenten ablehnen. Man verteidigt leidenschaftlich die Religionsfreiheit, begegnet aber jenen mit Skepsis, die keiner Religionsgemeinschaft angehören. Das hängt damit zusammen, dass Religion mit einem Wertefundament assoziiert wird, welches das Rückgrat von Individuen und einer Nation bildet, die sich *In God we trust* auf ihre Zahlungsmittel schreibt. Die Anhäufung derselben ist damit wie schon bei Johannes Calvin für viele Amerikaner oftmals eine gottgewollte Tugend, während übermäßiger Reichtum in Europa Anlass zu Kritik und Neid bietet. Wenn die 400 reichsten Amerikaner laut *Wall Street Journal* mehr als ein Prozent des Bruttosozialproduktes ihres Landes kontrollieren oder amerikanische Vorstandsvorsitzende im Jahr 2000 im Durchschnitt über 400-mal mehr verdienten als ihre Angestellten, so führt das in Europa zu verstärktem Stirnrunzeln, während viele Amerikaner dies als Verwirklichung individueller und/oder gottgegebener Möglichkeiten sehen.

Gesellschaftliche, politische und auch wirtschaftliche Entwicklungen werden auf der anderen Seite des Atlantiks also durchaus mit einem grundlegend anderen Werteverständnis beurteilt, und dieses gilt es zunächst zu erkennen, bevor man ignorant vorverurteilt. Aber auch in Amerika wachsen inzwischen die Selbstzweifel. Dabei geht es vor allem um Fragen wie die, ob die zunehmende soziale Spaltung wirklich noch dem amerikanischen Traum gerecht wird, ob die große Kluft im Bildungssystem zwischen Elite-Universitäten auf der einen und einem geringen Bildungsniveau sozial schwächerer Schichten auf der anderen Seite noch akzeptabel ist und ob überhaupt der amerikanische Traum, dass jeder grundsätzlich Erfolg haben kann, tatsächlich noch stimmt. Das zeigt, dass auch in den USA die Mahnung gilt: *Meden agan* – nichts im Übermaß!

Die Vereinigten Staaten tragen ihre Wertedebatten leidenschaftlich aus. Dies geschieht anders als in einem europäischen Kontext, wo Werte und Religion in der Gesamtgesellschaft eine zunehmend geringere Rolle spielen. Oftmals einigt man sich in Europa auf eine Mitte ohne Konflikte, wobei im Prozess der Kompromissfindung viel Dynamik und der Drang nach Veränderung verloren gehen. Das zunehmende außenpolitische Problem dieses Mentalitätsunterschiedes ist, dass die Vereinigten Staaten als Hegemonialmacht im Gegensatz zu Europa immer ungeduldiger und gegenüber Konkurrenten im wirtschaftlichen und politischen Feld weniger tolerant reagieren. Dadurch droht aus dem Herkules ungezügelt ein Goliath zu werden, der seine Ansichten mit immer weniger Rücksicht auf die anderen vertritt.

Was Europa auszeichnet – Geduld, die Dynamik kleiner Einheiten und rund 3000 Jahre Geschichtslehrstunden am eigenen Leib –, fehlt den USA. Was die USA auszeichnet – Ideale, Grundoptimismus und ein Axiom der Machbarkeit – fehlt den Europäern. Und gerade deshalb bedingen und bedürfen sie einander. Was beiden Partnern momentan fehlt, sind gegenseitiges Verständnis und ein für jede Zusammenarbeit nötiges Maß an Grundvertrauen. Hier haben die politischen Eliten auf beiden Seiten versagt und sind nun gefragt, die Fehler im Interesse der Welt möglichst schnell abzustellen, um größere Kollateralschäden zu verhindern. Als deutscher Politiker sollte man sich dabei stets bewusst sein, dass es nicht zuerst deutsche Aufgabe ist, George W. Bush Ratschläge zur Gestaltung seiner Politik zu geben, sondern dass man zunächst vor der eigenen Tür kehren sollte, wo sich mittlerweile ein Scherbenhaufen türmt. Bei der Entwicklung von Strategien zur Beseitigung desselben sollte man ein paar Schritte zurücktreten, um zu erkennen, was man strukturell und inhaltlich auf der jeweils anderen Seite des Atlantiks lernen kann, um sich so innerhalb des Westens in globalem Interesse verständigen und mit einer Stimme sprechen zu können. Kritik wird immer dann arrogant, wenn es ihr an Verständnis der anderen Seite und an sachlicher Substanz fehlt.

Amerika beweist Europa einen größeren Sinn für Machbarkeit und Optimismus für zu bewältigende Aufgaben. Auf der anderen Seite scheinen mir die USA mehr Verständnis dafür zu benötigen, dass es eben auch große Teile der Welt gibt, die amerikanische Vorstellungen nicht einfach übernehmen wollen und die dem amerikanischen Wertehorizont für sich selbst kritisch begegnen, ohne damit ein Werturteil über die USA fällen zu wollen.

Die Bilanz dessen, wie sich seit dem 11.9.2001 die transatlantischen Beziehungen im Allgemeinen und die deutsch-amerikanischen im Besonderen entwickelt haben, erscheint auf den ersten Blick verheerend zu sein. Alte Verbündete und NATO-Partner fanden sich nur ein Jahrzehnt nach dem Ende des Kalten Krieges auf verschiedenen Seiten wieder, und die Seitenwahl war kein Naturereignis, sondern eine bewusste Entscheidung. Einstige transatlantische Verlässlichkeit degenerierte in Teilen Europas zu einer Politik, die sich durch Dissonanzen, alarmierende Substanzlosigkeit und unterschwelligen, zuweilen auch bewusst zur Schau getragenen Antiamerikanismus kennzeichnete. Und Amerika reagierte darauf mit der Ankündigung, in Zukunft unilateral ohne Zustimmung der Staatengemeinschaft handeln zu wollen.

Nach meiner Erfahrung verstellt eine lediglich an punktuellen Ereignissen orientierte Sichtweise von Außen- und Sicherheitspolitik den Blick für die wesentlichen Herausforderungen und Kausalitäten. Das gilt auch und gerade dann, wenn aktuelle Ereignisse derart gravierend erscheinen, wie dies momentan der Fall ist. Transatlantische Beziehungen sind nicht erst seit dem 11.9.2001 ein aus deutscher und amerikanischer Sicht zentrales Thema unserer jeweiligen Sicherheitspolitik: Die erfolgreiche Entwicklung der Bundesrepublik Deutschland nach 1945 wie auch die Wiedervereinigung im Jahr 1990 wären ohne die enge Kooperation mit den Vereinigten Staaten genauso undenkbar gewesen wie der friedliche Erfolg des Westens im Kalten Krieg ohne die europäisch-amerikanische Zusammenarbeit. Gerade vor dem Hintergrund der aktuellen Spannungen ist daher ein zentraler Punkt vorab festzuhalten: Die transatlantischen Beziehungen der letzten 50 Jahre waren aus deutscher und europäischer wie auch aus amerikanischer Sicht eine beispiellose Erfolgsgeschichte: Deutsche und Europäer können auch mit Stolz auf ihre Leistungen in der zweiten Hälfte des 20. Jahrhunderts zurückblicken. Und umgekehrt waren die Amerikaner mit ihrer Politik selten dauerhaft so erfolgreich wie bei der Förderung einer Entwicklung in Deutschland, die nach dem Grauen von Krieg und Nazi-Diktatur eine politisch stabile, wirtschaftlich und sozial prosperierende Freiheitsordnung schuf. Dies gilt auch für die Sicherung Europas gegenüber dem imperialen Anspruch kommunistischer Weltherrschaft. Europäische Einigung und atlantisches Bündnis sind die Grundlagen dieser Erfolgsgeschichte. Beide Prozesse gemeinsam haben nach zwei Weltkriegen stabilen Frieden geschaffen und den wirtschaftlichen und sozialen Wohlstand unseres Landes gemehrt. Voraussetzung für diesen Erfolg war und ist das fruchtbare, vertrauensvolle Zusammenwirken von verlässlichen Partnern auf beiden Seiten des Atlantiks. Und dieser Erfolg darf auch in der Zukunft nicht aufs Spiel gesetzt werden, weil nicht nur die sicherheitspolitischen Konsequenzen höchst gravierend sein könnten. Deshalb sollten gerade die Deutschen nicht vergessen, wie sehr wir mit den USA verbunden sind: Vom Marshall-Plan zur Luftbrücke, vom Kennedy-Besuch bis zur Wiedervereinigung war das Verhältnis beider Länder stets von Sympathie, Loyalität und dem Willen zur Unterstützung getragen. Die USA wurden in den Jahrzehnten seit dem Zweiten Weltkrieg zu unserem wichtigsten und verlässlichsten Partner. Die Bundesrepublik Deutschland konnte über ein halbes Jahrhundert unter dem Verteidigungsschirm der NATO ein vom Krieg zerstörtes Land zur größten Volkswirtschaft Europas wieder aufbauen.

Aber Loyalität zeichnet sich dadurch aus, dass man sie immer wieder aufs Neue unter Beweis stellt, und der Wille zu Unterstützung darf eben nicht nur bloßer Wille bleiben, sondern muss sich auch tatsächlich manifestieren. Deshalb sollte man die geschichtlichen Erfahrungen nicht einfach verdrängen, und man darf auf gar keinen Fall Deutschland etwa mit organisiertem Anti-Amerikanismus von seinem wichtigsten Partner isolieren. Das kann umgekehrt natürlich nicht bedeuten, die Politik der anderen Seite gewissermaßen *ex cathedra* hinzunehmen oder dem Partner nach dem Mund zu reden. Aber das Vertreten eigener Standpunkte und Interessen muss sich mit dem Wissen um die Bedeutung gegenseitiger Verlässlichkeit verbinden.

Deutsche und Europäer teilen mit den Amerikanern neben der gemeinsamen Erfolgsgeschichte auch ein gemeinsames kulturelles Erbe sowie die Wertvorstellungen in Bezug auf Freiheit und Demokratie, und wir bilden zusammen die westliche Zivilisation, die ihre Wurzeln in einem humanistischen Menschenbild hat – im besten Sinne des Wortes *humanus*: menschlich gesittet, gebildet. So versteht der Westen den Menschen als ein zur Freiheit berufenes, mit Würde ausgestattetes Individuum, das sich in einem demokratisch organisierten Gemeinwesen entfaltet. Auch deshalb verbindet uns auf beiden Seiten des Atlantiks weit mehr als uns trennt.

»Wir sind alle Amerikaner«, lautete die Überschrift eines Leitartikels in *Le Monde* zwei Tage nach den Anschlägen vom 11.9. Darin wurden die gemeinsamen Wurzeln unserer Kulturen betont, an die mit den Anschlägen auf das World Trade Center von politisch-weltanschaulich motivierten Attentätern die Axt gelegt wurde. Diese waren nicht nur im Blick auf das Ineinanderstürzen des World Trade Center folgenreicher, als sie es sich wahrscheinlich selbst erhofften. Der Graben zwischen Europa und den USA wurde durch die Irakkrise ernsthaft vertieft, erst in diesem Zeitraum sprach man in den USA vom alten und vom neuen Europa. Und erst in der Irakkrise spaltete sich die EU in zwei Lager und bot ein wenig attraktives außenpolitisches Profil. Auf den beiden Seiten des Atlantiks und innerhalb Europas war man sich nicht einig, ob der Irakkrieg noch zu den Folgen des Terroranschlags vom September 2001 im kausalen Sinn gezählt werden konnte oder nicht.

Manchmal treibt die Geschichte schon eigenartige Blüten: Es war jener bereits erwähnte Amtsvorgänger Dominique de Villepins, der das Verhältnis der Alten zur Neuen Welt und der Amerika mit seinen europäischen Wurzeln wie in seiner Eigenart besser verstanden hat als die meisten nach ihm: Alexis de Tocqueville, der späterere Außenminister der Zweiten Republik. Mit einer Engländerin verheiratet, war dieser französische Adelige für seine Zeit ein wahrer Kosmopolit. Im Jahr 1835 gelang ihm nach nur neunmonatiger, durch die politischen Verhältnisse in Frankreich erzwungener Bildungsreise in den Vereinigten Staaten mit seinem Buch »*De la démocratie en Amérique*« eine der immer noch besten Beschreibungen und Erklärungen dieses Landes. Tocqueville kam darin schnell und zielsicher zu der Ansicht, dass Amerika die europäischen Grundsätze von Freiheit und Gleichheit wie selbstverständlich mit einem gerüttelt Maß an dezentralisierter Pragmatik und Locke'schem Eigeninteresse verband, weil man nie eine Monarchie abzuschütteln hatte. Der französische Besucher beobachtete, dass Amerika die alten Ideale der europäischen Aufklärung mit der Eigeninitiative und Innovationsfähigkeit der Pioniere ergänzte: Die Werte des alten Europa wurden mit neuen Werten verbunden. Amerika entwickelte sich in manchen Bereichen ganz anders als Europa, in anderen jedoch blieb man fest in Europa verwurzelt. Gerade solche Gemeinsamkeiten haben einen politischen Wert, der auch 150 Jahre später kaum zu unterschätzen ist.

Jetzt musste man aus den USA hören, das alte Europa sei für die zukünftige amerikanische Außenpolitik unbedeutend. Dabei war schon unzutreffend, dass die Unterscheidung zwischen altem und neuem Europa gleichgesetzt wurde mit Westen und Osten, also mit bisherigen und künftigen Mitgliedern der Europäischen Union. Tatsächlich lief die Trennlinie aber nicht zwischen den 15 bisherigen und den zehn künftigen Mitgliedern der Europäischen Union, sondern ausschließlich innerhalb der bisherigen 15 Mitglieder, von denen vier – Deutschland, Frankreich, Belgien und Luxemburg – eine andere Position einnahmen als die Mehrheit der übrigen 15 Mitgliedsstaaten. Dem wurde zwar mit dem Hinweis auf eine gemeinsame europäische Öffentlichkeit im Gegensatz zur Haltung ihrer Regierungen begegnet; aber dieser versuchte Ersatz von verfassungsmäßigen Exekutivinstitutionen durch Meinungsumfragen und Teilnehmerzahlen von Demonstrationen war letztlich wohl kein besonderer Höhepunkt europäischen Verfassungsdenkens.

Diese Debatte mag angesichts der inzwischen eingetretenen Versachlichung auf allen Seiten ihr Bewenden haben; insbesondere weil klargestellt ist, dass das gemeinsame Interesse aller Europäer gegen eine europäische Spaltung gerichtet ist und dass auch die künftigen Mitglieder der Europäischen Union im Osten nicht deshalb schlechtere Europäer sind, weil sie den amerikanischen Schutz heute noch so wichtig empfinden, wie das die Europäer im Westen jedenfalls in der Zeit des Kalten Krieges auch getan haben. Die Sorgen und Missverständnisse etwa in Polen wegen einer befürchteten Achse Paris–Berlin–Moskau sind glücklicherweise ausgeräumt. Dabei muss es auch bleiben, genauso wie bei der Absage an deutsche Sonderwege.

Wichtiger scheint mir zu sein, dass wir auf das Wort vom »alten« Europa mit einer Mischung aus Nachdenklichkeit und Stolz reagieren. Stolz, weil in dem Begriff europäisches Erbe und europäische Erfahrung anklingen, und Nachdenklichkeit, weil Europa in der Tat Gefahr läuft, politisch, ökonomisch und militärisch zurückzufallen. Amerikaner beklagen nicht ohne Grund, dass ein nicht ausreichend handlungsfähiges Europa immer stärker hinterherhinkt. Der Ausdruck der *Eurosklerosis* hat den Artensprung von der Wirtschaft zur Politik bereits hinter sich. Eine Gemeinschaft vormals starker europäischer Volkswirtschaften stagniert zunehmend, was auch mit enormen außen- und sicherheitspolitischen Konsequenzen verbunden ist. Deutschland selbst bildet dabei in immer mehr Bereichen das Schlusslicht, von der Bildungspolitik bis zu den aktuellen Wirtschaftsdaten für den europäischen Raum.

Drei charakteristische Adjektive wählte die *Financial Times* für das »alte« Europa am Anfang des 21. Jahrhunderts: *ageing, rich, and risk-averse*. Zu dieser Risikoaversion trägt bei uns Europäern im Vergleich zu den Amerikanern unsere geschichtliche Erfahrung bei. Von den derzeitigen Mitgliedern der Europäischen Gemeinschaft waren im 20. Jahrhundert lediglich Schweden und das Vereinigte Königreich weder besetzt noch von Bürgerkriegen betroffen, wogegen die US-Amerikaner in ihrem Selbstverständnis mit Ausnahme von Vietnam Kriege erfolgreich, gerecht und vor allem außerhalb der eigenen Grenzen geführt haben. Dies erklärt ein wesentlich höheres Maß an Optimismus und Selbstbewusstsein auf der amerikanischen Seite. Statt in politische Depression oder moralische Hybris zu verfallen, sollten Europäer und Amerikaner ihre eigenen Möglichkeiten weder über- noch unterschätzen.

Deutschlands ökonomische Bindungen an die Vereinigten Staaten sind eng: Im Jahr 2001 waren die USA mit 67,8 Milliarden Euro nach Frankreich mit 72,7 Milliarden Euro Deutschlands größter Exportpartner. Die wirtschaftlichen Verbindungen funktionieren auf Gegenseitigkeit: Mittlerweile gibt es mehr deutsch-amerikanische als deutsch-englische/französische/niederländische Firmen zusammengenommen. Siemens beschäftigt in den USA mehr Menschen als AOL/Time-Warner. Solche Verbindungen reichen zunächst tiefer als jede politische Krise. Die historischen und wirtschaftlichen Verbindungen unserer Länder sind enger, als dies momentan auf politischer Ebene der Fall zu sein scheint.

Insgesamt hat Europa gegenüber den USA jedoch gerade in den letzten zwei Jahrzehnten erheblich an Boden verloren, und das nicht nur mit Blick auf die jeweiligen Wirtschaftswachstumsraten. Zu denken gibt mir die Tatsache, wie stark und zunehmend die Investitionen in Sicherheit und Verteidigung zwischen Europa und den USA auseinander fallen. Dazu nur eine Zahl: Die Militärausgaben der USA belaufen sich derzeit auf 379 Milliarden US-Dollar, während die NATO-Staaten, Südkorea, Australien und Japan gemeinsam nur auf 198 Milliarden US-Dollar kommen. Die Vereinigten Staaten mit dreimal so viel Einwohnern wie Deutschland investieren zwölfmal mehr in ihr Militär. Amerikas schiere Größe ist ein Faktor, an dem kein Außenpolitiker vorbeikommt. Wie es Stuart Eizenstat in einem Bild kürzlich ausdrückte: »Du kannst einen 800-Pfund-Gorilla in deinem Wohnzimmer nur schwer ignorieren.« Manche in Europa vermuten zunehmend, dass die Amerikaner an einem einigen und starken Europa gar nicht interessiert seien, dass ihnen mehr an einer dauerhaften Absicherung ihrer hegemonialen Stellung gelegen sei und dass sie deshalb eher auf europäische Spaltung als auf europäische Einigung setzen. Unilateralismus statt Partnerschaft – tatsächlich geben auch manche Stimmen in den USA solchen Vermutungen Nahrung.

Mir scheint darin eine Fehlinterpretation amerikanischer Interessen genauso zu liegen wie eine unzutreffende Analyse des Bedrohungspotenzials und der Stabilisierungsmöglichkeiten für die Welt im 21. Jahrhundert. Schon geschichtliche Erfahrungen sprechen dagegen, dass eine einzige Macht dauerhaft die Welt beherrschen kann. Zwar erklärt die amerikanische Sicherheitsstrategie zum Ziel, dass die Vereinigten Staaten die Entstehung eines gleichwertigen militärischen Potenzials dauerhaft verhindern wollen. Aber auch damit werden die USA allein keine Sicherheit gewinnen.

Die Möglichkeiten einer offenen Gesellschaft und freiheitlichen Demokratie, Herrschaft mit militärischen Mitteln auszuüben, sind glücklicherweise begrenzt. Die innenpolitischen Debatten in den USA – wie übrigens auch in Großbritannien – schon wenige Wochen nach dem Irakkrieg bestätigen die traumatischen Erfahrungen der Amerikaner im Vietnamkrieg. Also wird mit *hard power* allein weder Sicherheit geschaffen, noch wird sich so die Welt beherrschen lassen. Darüber hinaus sind auch die Fähigkeiten der USA begrenzt. Schon der Irakkrieg hat dazu geführt, dass das Engagement in Afghanistan eher zurückgeführt werden musste, von einer etwaigen gleichzeitigen Eskalation in Nordkorea oder gar darüber hinaus im ostasiatischen Raum gar nicht zu reden.

Wie gesagt: Die USA können zwar allein einen Krieg gewinnen, kaum aber dauerhaften Frieden sichern. Diese Erfahrung bestätigt sich in Afghanistan wie auch im Irak. Für die Schaffung einer dauerhaft stabilen Friedensordnung ist einseitige militärische Überlegenheit eben nicht ausreichend. Und dann werden doch auch europäische Erfahrungen und Fähigkeiten, wird europäische Partnerschaft gebraucht.

Ein multilateraler, partnerschaftlicher Ansatz bietet auch bessere Chancen, andere Staaten und Kulturen in Stabilitätsbemühungen einzubeziehen. Was den Amerikanern nach dem 11. 9. mit der weltweiten Koalition gegen den internationalen Terrorismus im Ansatz gelungen ist, sollte nicht gering geschätzt werden. Meines Erachtens haben in der Irakkrise nicht nur die europäischen Regierungen, sondern auch die Amerikaner Fehler gemacht. Mit der politischen Maxime »Wer nicht für uns ist, ist gegen uns« stärkt man Allianzen auf Dauer nicht. Vor allem nicht, nachdem der US-Außenminister mit der Koalition gegen den Terror nach dem 11. 9. und der Einbeziehung schwieriger Partner – zumal im arabisch-islamischen Raum – eine der hervorragendsten diplomatischen Leistungen der letzten Jahre vollbracht hat.

Mit unilateralen Entscheidungen schwächt man Bündnisse genauso wie das Netzwerk internationaler Beziehungen, das gerade in der Welt der Globalisierung und des Informationszeitalters so wichtig geworden ist. Multilaterale Partner dürfen nicht das Gefühl bekommen, zu Steigbügelhaltern hegemonialer Machtausbreitung degradiert zu werden.

Dabei fand ich besonders tragisch, dass die Entscheidungsunfähigkeit des Weltsicherheitsrates durch die mangelnde Einigkeit innerhalb der atlantischen Partner herbeigeführt wurde. Wären sich diese einig gewesen, hätte sich im Weltsicherheitsrat eine gemeinsame Position ergeben können, und das hätte vielleicht sogar auf Saddam Hussein so viel zusätzlichen Druck ausgeübt, dass er am Ende doch ohne Krieg nachgegeben hätte. In jedem Fall aber wäre die Chance für eine friedliche Ordnung nach dem Krieg im Irak und in der ganzen Region wesentlich größer.

Die Lehre, die wir daraus ziehen, kann nur sein, dass sich die westliche Allianz um eine gemeinsame Position bemühen muss, wenn sie den Bedrohungen durch Terrorismus und Massenvernichtungswaffen effektiv begegnen will.

Noch ist es dafür nicht in allem zu spät. Wenn beispielsweise die europäisch-amerikanische Partnerschaft wieder funktioniert, dann könnte das dazu führen, dass den Vereinten Nationen eine führende und legitimierende Rolle im Irak eingeräumt wird, und dann ist die Chance gewiss größer, dass sich auch die islamische Welt konstruktiv in die Bemühungen um eine dauerhafte Ordnung im Irak einbinden lässt. Und dieser Gesichtspunkt wird so ähnlich gewiss auch gegenüber anderen Mächten wie Russland, China oder auch Indien gelten.

In jedem Fall brauchen auch die Vereinigten Staaten von Amerika Partner. Allein werden sie ihre Möglichkeiten überfordern und außerdem immer mehr Widerstand, Rivalitäten, teilweise auch Hass gegen sich fördern, gerade im Zeitalter von asymmetrischer Kriegsführung und internationalem Terrorismus wahrlich keine angenehme Perspektive. Im Übrigen: Schon das Gefühl, letztlich allein entscheiden zu können und notfalls handeln zu müssen, wird Amerika in doppelte Versuchung zwischen Übermut und Überdruss führen, was weder im amerikanischen Interesse noch im richtig verstandenen Interesse der Europäer und des Restes der Welt sein kann.

Wie auch immer sich die Welt im Einzelnen entwickeln mag: Amerika wird nicht die einzige große Macht bleiben. China und Indien werden schon wegen ihrer Bevölkerungszahl eine weltpolitische Rolle spielen, Russland wegen der Größe des Landes und dem Reichtum seiner Bodenschätze auch. Bei einem jährlichen Wirtschaftswachstum von über fünf Prozent wird China in absoluten Zahlen das Bruttosozialprodukt der Vereinigten Staaten von Amerika in absehbarer Zeit überholen.

Also werden die USA auf partnerschaftliche Beziehungen zu anderen Teilen der Welt angewiesen bleiben. Einen besseren Partner als Europa werden sie dabei nicht finden können, weil wir das gleiche Erbe und die gleichen Überzeugungen teilen, weil wir gemeinsam freie und rechtsstaatliche Demokratien sind, weil wir auch die Interessen wirtschaftlich prosperierender Industrieländer angesichts globaler Spaltungen teilen – übrigens ebenso die Verantwortung als die größten Verbraucher von Umwelt und Ressourcen.

Aber das fordert auch von Europa größere Beiträge zu gemeinsamer Partnerschaft. Wir Europäer müssen bedenken, dass die gegenwärtige Lastenverteilung an Beiträgen zu gemeinsamer militärischer Sicherheit von den Amerikanern nicht als Ausdruck gleichgewichtiger Partnerschaft verstanden werden kann. Während die Europäer nach dem Ende des Kalten Krieges die Friedensdividende abschöpften, kamen sie nicht einmal im europäischen Haus auf dem Balkan ohne die Hilfe der Amerikaner aus. Neben gleichgewichtigeren Beiträgen ist die Voraussetzung für eine funktionierende Partnerschaft eine gemeinsame Analyse der Sicherheitslage und eine Verständigung über die gegebenenfalls auch arbeitsteilig wahrzunehmende globale Verantwortung.

In den letzten Jahren ist viel darüber geschrieben worden, dass die NATO ihre Bedeutung verloren habe. Tatsache ist, dass das atlantische Bündnis mit Blick auf ein Bedrohungsszenario gegründet wurde, das sich mittlerweile grundlegend verändert hat. Nach dem Ende des Kalten Krieges gibt es ein in Blöcken geordnetes starres Gefüge der Weltpolitik so nicht mehr. Dagegen sieht man sich nun ganz anderen Bedrohungen gegenüber, mit denen man gleichzeitig umgehen können muss. Dies trifft für Amerikaner wie Europäer zu. Die alten Strukturen der NATO sind darauf nicht ausgerichtet und bedürfen deshalb entsprechender Reformen. Das heißt nicht, dass die NATO als Kernstück der Sicherheit des transatlantischen Raums ihre Bedeutung verloren hätte oder dass etwa eine EU-Streitmacht zu einer Konkurrenzveranstaltung werden sollte. Ganz im

Gegenteil, die Reform muss ausgerichtet sein auf ein gemeinsames schlagkräftiges Bündnis mit stärkerer europäischer Beteiligung, welches gleichzeitig auf Konflikte verschiedener Art – von Terrorismus bis hin zu regionalen Auseinandersetzungen – schnell reagieren kann. Und weil Sicherheit heute unteilbar geworden ist und sich weder an Landes- noch an Bündnisgrenzen wirksam verteidigen lässt, muss der Auftrag der NATO auf globale Sicherheit und Stabilität ausgerichtet werden.

Die auf dem NATO-Gipfel in Prag vereinbarten neuen Reaktionskräfte, die der Allianz ein wirkungsvolles Instrument geben sollen, um schnell und flexibel auf Krisen reagieren zu können, sind ein richtiger Ansatz, der jetzt zügig umgesetzt werden muss. Dazu muss vor allen Dingen auch Deutschland seinen Beitrag leisten, und das muss mit den Bemühungen um eine stärkere europäische Sicherheitskomponente genauso verbunden werden wie mit der notwendigen Strukturreform der Bundeswehr. Die *Rapid Response Force* der NATO bietet auch einen geeigneten Ansatz, um der immer größer werdenden technologischen Lücke zwischen den Streitkräften der NATO-Partner diesseits und jenseits des Atlantiks entgegenzuwirken, von der Experten zunehmend beklagen, dass die Interoperabilität der Bündnisstreitkräfte nicht mehr gegeben sei. Europäische Sicherheitspolitik wird leider oftmals als Alternative zur NATO missverstanden, aber genau das ist sie nicht. Ohne die NATO wird Europa auch in Zukunft kaum auskommen, und deshalb muss europäische Sicherheitspolitik ein Beitrag zur Stärkung der atlantischen Allianz sein und nicht ein Element ihrer Abschaffung.

Gemeinsame Außen- und Sicherheitspolitik der Europäischen Union führt auch zu dem Gesichtspunkt, dass staatliche Souveränität nicht mehr die einzige Grundlage internationaler Politik ist. Die europäischen Staaten haben Teile ihrer Souveränität abgegeben, *de facto* schon lange und nun auch zunehmend *de jure*. Darin liegt ein Hinweis auch auf die zunehmende

Interdependenz der globalen Welt. Souveränität und Interventionsverbot als Grundlagen des Völkerrechts seit dem Westfälischen Frieden werden zunehmend als nicht mehr ausreichend angesehen. Aber das führt dann gerade dazu, dass multilaterale Entscheidungen noch wichtiger werden, weil eine stabile Ordnung sich niemals dauerhaft ausschließlich auf dem Recht des Stärkeren gründen kann.

Die Verrechtlichung internationaler Beziehungen ist deshalb auch im amerikanischen Interesse. Die demokratische Weltführungsmacht sollte sich im Selbstvertrauen auf die internationale Rechtsordnung bewähren. Das gilt für den Internationalen Strafgerichtshof genauso wie für die Kyoto-Vereinbarungen zum globalen Umweltschutz. Den USA sollte zu denken geben, wenn der südafrikanische Verfassungsrichter Richard Goldstone als unabhängiger Chefankläger bei den *International Criminal Tribunals* für Restjugoslawien und Ruanda sehr deutlich darauf hingewiesen hat, dass sich die USA oftmals dann auf internationales Recht berufen, wenn dies in ihrem nationalen Interesse sei, gleichzeitig aber internationales Recht ignorieren würden, wenn es amerikanischen Interessen zuwiderlaufe.

Aber auch hier gilt: Wollen die Europäer die Position der Amerikaner nachhaltig beeinflussen, so können sie dies nur, wenn sie als starke Partner auftreten und mit einer Stimme sprechen. Nationale Einzelstimmen tendieren dazu, in einem mehrstimmigen, dissonanten Konzert auf internationaler Bühne im allgemeinen Lärm unterzugehen. Und es ist nicht die Aufgabe der Amerikaner, sondern die der Europäer selbst, dieses Konzert harmonisch zu führen. Dass dies schon auf nationaler Ebene keine einfache Aufgabe ist, ist unbestritten. Die Stärkung der EU und die Stärkung Deutschlands innerhalb der EU muss die Grundlage stabiler transatlantischer Beziehungen festigen: Gemeinsames Handeln der Amerikaner und Europäer führt zu einer erhöhten Stabilität in der Welt, von der alle in ihr Lebenden am Ende nur profitieren können.

Wirkliche Partnerschaften zeichnen sich dadurch aus, dass Partner bereit sind, voneinander zu lernen. In einer unsicherer gewordenen Welt, der wir uns gegenübersehen, stellt sich am Ende die Frage: Was genau können und müssen Amerikaner und Europäer voneinander lernen, um eine Zukunft zu sichern, die nur durch Frieden und Freiheit möglich ist? Eine Antwort dazu gab uns der bereits mehrfach erwähnte Tocqueville schon vor fast 175 Jahren durch seine Charakterisierung amerikanischer Mentalität: »Der Bewohner der Vereinigten Staaten lernt von Geburt an, dass man sich im Kampf gegen die Übel und Hemmnisse des Lebens auf sich selbst verlassen muss; er schaut auf die Obrigkeit nur mit einem misstrauischen und unruhigen Blick, und er wendet sich an ihre Macht nur dann, wenn er ohne sie nicht auskommen kann. [...] Es gibt nichts, das der menschliche Wille nicht durch freies Handeln der vereinigten Macht Einzelner zu erreichen hoffte.«

Nehmen wir Tocqueville ernst, so müssen wir Europäer zunächst lernen, ein höheres Maß an Eigeninitiative zu entwickeln. Ein politisch und wirtschaftlich schwaches Europa ohne jede konstruktive Eigeninitiative hilft weder Deutschland noch den Amerikanern. Eigeninitiative zu ergreifen schließt unter anderem ein, sich selbst verteidigen zu können, und dies kann niemals in Abwesenheit von *hard power* und entsprechenden militärischen Möglichkeiten geschehen. Gleichzeitig werden die Amerikaner lernen müssen, dass Unilateralismus keine langfristige politische Perspektive ist. Wir Europäer hatten über 2000 Jahre Übung, mit all unseren Differenzen am Ende miteinander auszukommen und zu kooperieren. Max Webers Definition von Politik als das starke, langsame Bohren von harten Brettern mit Leidenschaft und Augenmaß ergänzt sich mit Joseph Nye's Konzept von *soft power*: In der Politik ist es oftmals sehr viel mühsamer, aber eben erheblich wirkungsvoller, Menschen zur Kooperation zu bewegen, statt sie dazu zu zwingen. Internationale Allianzen sind am Ende billiger als immer größer werdende nationale Ansammlungen von Waffen und Armeen. Im Umgang mit transnationalen Differenzen und Einigungsprozessen haben wir Europäer einschlägige Erfahrungen vorzuweisen. Ohne den Rückgriff auf diese Erfahrungen laufen die US-Amerikaner Gefahr, sich momentan zum unilateralen Handeln gedrängt zu fühlen und sich in dieser Wahrnehmung außenpolitisch zu verstricken. Wenn Amerika und Europa als Teile des Westens gemeinsame Sicherheitsinteressen haben, muss es eine gemeinsame Offenheit geben, diese auch gemeinsam zu verwirklichen. Hier müssen Amerikaner Europa in seiner Vielfalt und Komplexität akzeptieren und dabei die Verrechtlichung internationaler Beziehungen oder internationale Organisationen nicht als Last oder Bremse, sondern als Errungenschaft begreifen.

Information ist die Währung der Demokratie, Transparenz und Austausch bilden die Basis jeder Partnerschaft. Gerade im 21. Jahrhundert und bei allen erwähnten schwerwiegenden Problemen im Prozess der Globalisierung werden wir ohne diese gemeinsame Basis nicht nur nicht auskommen: Wir werden ohne sie nicht bestehen können in einer Welt, die von Terrorismus bedroht ist. Und hier schließt sich der Kreis in der Diskussion um die drohende Globalisierungsfalle: Gerade unter dem Eindruck gegenwärtiger Krisen sollte man sich fragen, wer die Entwicklung eines starken Europa als Grundlage transatlantischer Beziehungen anstoßen und langfristig vorantreiben soll.

Letzten Endes können das nur die Bürger Deutschlands, Europas und Amerikas auf der Grundlage der Einsicht in gegenseitige Abhängigkeit und des Wissens um die Chancen gemeinsamen Handelns. Dazu bedarf es aber einer Vision, einer Begeisterung, die Amerikanern näher liegt als den Europäern und die sich auf uns übertragen sollte. Als »altes« Europa sollten wir nicht durch bloße Appelle, sondern durch die uns eigene Zielstrebigkeit und Zähigkeit bei der Verfolgung einmal festgelegter Ziele auf der Basis der Werte und Erfahrungen aus knapp 3000 Jahren abendländischer Geschichte und Identität Leuchtfeuer setzen, an denen sich selbst ein transatlantischer Herkules orientieren kann. Nur eine feste transatlantische Partnerschaft kann globale Probleme wirklich angehen. Momentan leidet der Herkules daran, diese globalen Probleme zu ignorieren oder zu stark zu vereinfachen, wogegen Europa schlicht zu schwach ist, einmal erkannte Probleme selbst auf dem eigenen Kontinent zu lösen.

Am Ende muss uns als rationalen Akteuren auf beiden Seiten des Atlantiks klar sein, dass man miteinander zwar nicht immer übereinstimmen muss, dass man aber letztlich in einem Boot zusammensitzt und deshalb kooperieren muss, um globale Probleme wirklich zu lösen und die offenen Gesellschaften des Westens gemeinsam zu bewahren. Man braucht kaum Adam Smiths Konzept der Arbeitsteilung verstanden zu haben, um einzusehen, dass man gemeinsam einfach mehr erreicht: ob nun in Israel, im Irak, in Nordkorea, in Pakistan, im Kongo oder in Mitteleuropa. Die Probleme, mit denen wir heute auf der Welt konfrontiert sind, sind so verwoben und komplex, dass wir ihnen allein nicht mehr gerecht werden können. Amerikanische Ideale und europäische Erfahrung sind der beste uns zur Verfügung stehende Weg zu gemeinsamen Lösungen, um als starke Partner das Scheitern des Westens dadurch zu verhindern, dass man eine Renaissance des Westens zusammen gestaltet. Diese Renaissance darf keine Entwicklung gegen andere, sondern muss zum Wohle aller sein. Dafür bedarf es wiederum der Mäßigung: *Meden agan*!

6. Die Würde des Anderen – Die Welt wächst zusammen

Der gefeierte Auftritt des Dalai Lama auf dem ökumenischen Kirchentag in Berlin hat mich an seinen Besuch in der ersten Hälfte der 1990er-Jahre in Bonn erinnert. Wie üblich hatte die Volksrepublik China mehr oder minder diskret Einwendungen gegen offizielle Begegnungen mit Regierungsvertretern erhoben. Klaus Kinkel, der Außenminister, empfing den Dalai Lama gleichwohl. Weil er aber den Eindruck zu großer Vertraulichkeit meiden wollte, ließ er sich den weißen Schal, den ihm der Dalai Lama als traditionelles Gastgeschenk überreichte, nicht um die Schulter legen, sondern nahm ihn nur mit den Händen entgegen. Ich glaube nicht, dass Kinkel glücklich war, als er hinterher sah, wie merkwürdig unbeholfen die Szene im Fernsehen wirkte. Auch mich hatte der Dalai Lama in meinem Büro in Bonn besucht, und er hat mich tief beeindruckt. Große Würde, ganz in sich ruhend und zugleich eine durchdringende Freundlichkeit, nichts Aufgesetztes und ganz authentisch, eine andere Welt und zugleich doch so nah.

Ganz ähnlich ist es mir mit Nelson Mandela ergangen. Anlässlich einer Ehrung in Baden-Baden trat auch eine afrikanische Gesangsgruppe auf, und alsbald reihte sich Nelson Mandela ganz selbstverständlich und zwanglos in die singende und tanzende Gruppe ein. Aber daran war gar nichts Aufgesetztes, wie man das gelegentlich an um Volksnähe bemühten europäischen Prominenten bei vergleichbaren Anlässen zu verspüren meint. Kein Gran von der Würde des großen Weisen wurde auf-

gegeben. Er gehörte ganz natürlich dazu und blieb doch zugleich für alle ganz einzigartig. Würde und Nähe in einem.

Eine der herausragenden Eigenschaften westlicher Philosophie ist und bleibt die auf jüdisch-christlichem Denken beruhende Fähigkeit zur Selbstanalyse und Selbstkritik. Eine Analyse des Westens, definiert durch die beschriebenen tragenden Säulen Europa und Amerika, ergibt sehr schnell das Bild, dass unsere Erfolgsgeschichte der Verbindung von Individualismus und Pluralismus, von Freiheit und Rechtsstaatlichkeit, von Modernität und Verantwortung ganz allgemein einzigartig ist. Und dennoch wird diese Erfolgsgeschichte von vielen Menschen im Westen und außerhalb des Westens kritisch beurteilt, teilweise abgelehnt und teilweise bekämpft. Warum, muss man sich fragen, diese Ablehnung, ja zuweilen dieser Hass? Ich glaube, dass zur Beantwortung dieser bedeutenden Frage wiederum Selbstanalyse und Selbstkritik notwendig sein werden.

Zwischen dem 9. 11. und dem 11. 9. liegt eine Phase der Universalisierung des westlichen Gesellschaftsbildes, die im Nachhinein wohl zu ambitioniert und auch zu rücksichtslos erscheint. Zu rücksichtslos vor allem gegenüber der Tatsache, dass unser Modell des Westens zwar einzigartig ist, aber eben keinesfalls universal in dem Sinne, dass es für alle Menschen dieser Welt das allein selig machende Lebensmodell sein kann. Denn weder wollen alle anderen Menschen dieser Welt westliche Werte, Institutionen und Traditionen übernehmen, noch sollten wir im Westen unsere Lebensentwürfe einseitig »exportieren« wollen. Dennoch kommen wir nicht daran vorbei, in irgendeiner wie auch immer gearteten Form friedlich zusammenzuleben. Ich glaube, die zuweilen vorzufindende Ablehnung gegenüber unserem westlichen Lebensmodell rührt daher, dass wir nicht genügend die Existenzberechtigung alternativer Lebens- und Gesellschaftsmodelle wahrhaben wollen und daher uns einem wichtigen und sinnvollen Dialog mit anderen

Ländern, Kulturen und Menschen entziehen und uns in uns selbst zurückziehen. Zu einem Dialog gehört immer auch die Bereitschaft zum Zuhören, zum Erkunden und Verstehen anderer Positionen. Und genau hier war die Entwicklung nach dem Fall der Mauer nicht befriedigend. Wir haben vorschnell geglaubt, die Welt würde nur darauf gewartet haben, unser Gesellschaftsmodell übernehmen zu dürfen. Doch dem ist nicht so, und das ist auch nicht zu beklagen, denn die Vielfalt der Kulturen ist es, die die Welt des 21. Jahrhunderts bestimmen wird. Das friedliche Verstehen und identitätswahrende Verbinden dieser kulturellen Vielfalt wird wohl das prägende Paradigma in den internationalen Beziehungen werden, und darauf gilt es vorbereitet zu sein.

Mit einem Zelebrieren der eigenen Freiheit ist es also nicht getan, man muss auch die Freiheit der vielen und die Unberechenbarkeit, die sich daraus ergibt, ertragen können. Wer aber die eigene Freiheit zusammen mit der Freiheit der anderen will, wird die Differenzen hinnehmen und auf den gesellschaftlichen Einklang der Ideen verzichten müssen. In der technisch gestützten und global vernetzten Zivilisation hat es der Mensch scheinbar immer mehr und immer ausschließlicher mit sich selbst zu tun. Halt und Orientierung für sich selbst wird er im aktiven Dialog aller mit allen nur in sich selbst, in seiner Herkunft, in seiner aus Familie und Heimat erwachsenden Identität finden können. Das gilt für einzelne Menschen genauso wie für Staaten und Nationen.

Wem viel gegeben ist, von dem wird auch viel erwartet. Viel leisten kann nur der, der sich über sich selbst und seine Leistungsfähigkeit im Klaren ist. Zwar wird Samuel P. Huntington als Apostel des *Clash of Civilizations* zitiert, aber es scheint so, als ob viele seiner Leser nur den Buchtitel, nicht jedoch den Inhalt genau zur Kenntnis genommen hätten. Huntington vertritt sehr wohl die Auffassung, dass der *Clash of Civilizations* vermeidbar ist, aber eben nur, wenn der Westen sich dieser Gefahr bewusst ist, sich auf seine eigenen Werte besinnt und auf diesem festen Fundament global einheitlich auftritt. Für Huntington bedeutet die Bewahrung der USA und des Westens in ihrer historisch einzigartigen Leistungsfähigkeit die Erneuerung der westlichen Identität. Die Sicherheit der Welt erfordert das Akzeptieren der eigenen Identität, um auf deren Grundlage zur Ordnung der Welt beizutragen. Diese Ordnung der Welt wiederum hat dem Prinzip der Vielfalt, der kulturellen, politischen und wirtschaftlichen Multipolarität – oder, neutraler ausgedrückt, der Heterogenität – der Welt zu entsprechen.

Das »Prinzip der Gemeinsamkeiten« unter Anerkennung der Würde des Anderen muss zur Prämisse jeder Form von globaler Realpolitik werden. Wer den Partner zum Steigbügelhalter degradiert oder marginalisiert, steht im Zeitalter der Globalisierung schnell allein und isoliert da. Eine neue globale Realpolitik darf daher nicht nur auf die Durchsetzung politischen Einflusses und militärische Macht beschränkt sein, sondern sie muss das Schließen der ökonomischen Schere und die Entwicklung der ganzen Welt zum Inhalt haben. Nur eine solchermaßen an der Entwicklung der ganzen Menschheit orientierte Politik erhöht die weltweite Stabilität.

Die Umsetzung des Prinzips der Gemeinsamkeiten in der gleichwertigen Unterschiedlichkeit der Akteure setzt gerade bei den bis vor kurzem noch universalistisch denkenden, sich gemäß Fukuyama dem erfolgreichen Ende der Geschichte nahe wähnenden westlichen Gesellschaften eine enorme Lernfähigkeit und die Bereitschaft zum Umdenken voraus. Hier ist ganz zentral politische Führung gefordert und nötig. Sie muss die Welt erklären, muss die eigene Identität stärken, ohne überheblich zu wirken, und sie muss sich als fähiger, zuhörender Dialogpartner erweisen. Wie schwer dies sein wird, wie stark wir von eingefahrenen Denkmustern und Erklärungsschemata abweichen müssen, soll ein kurzes Beispiel verdeutlichen.

Für die heute lebenden Europäer und US-Amerikaner ist es mehr oder weniger selbstverständlich, dass westliche Länder entwickelt und beispielsweise islamische Länder des Nahen Ostens eher »unterentwickelt« sind. Wenige Menschen im Westen erinnern sich dagegen noch daran, dass das Verhältnis in einer früheren Periode genau umgekehrt war, dass damals Europa wirtschaftlich und kulturell rückständig und im geistigen und materiellen Austausch eher der empfangende als der gebende Teil war. In den islamischen Ländern ist dies vielfach anders, und diese Erinnerung ist keinesfalls eine Fantasie, sondern entspricht großenteils historischen Tatsachen. Allerdings liegen diese Tatsachen mehrere hundert Jahre zurück. Europäer – und Angehörige anderer westlicher Länder – gewinnen aber leichter Verständnis für die Ursachen aktueller politischer Konflikte, wenn sie das ungebrochene historische Denken und Empfinden vieler Menschen in der Dritten Welt in Rechnung stellen, insbesondere auch der islamischen Eliten.

Die islamischen Länder des Frühmittelalters waren nach Fläche, Bevölkerung, wirtschaftlichen und kulturellen Indikatoren der damaligen Christenheit, als Vorläuferin des Westens, weit überlegen. Städte wie Bagdad oder Córdoba mit mehreren hunderttausend Einwohnern, mit einer von der Straßenbeleuchtung bis zur Kanalisation vorbildlichen Infrastruktur und mit einer im christlichen Europa beispiellosen Wirtschaftskraft lassen in jener Zeit Paris oder London wie provinzielle Kleinstädte erscheinen. New York und Chicago existierten noch gar nicht, schließlich war Amerika noch nicht einmal »entdeckt«! Das Aufholen und schließlich Überholen Europas setzte nicht erst in der Neuzeit, sondern schon im Hochmittelalter ein. Militärisch überlegen waren die europäischen Staaten den damaligen islamischen Großmächten erst ab dem späten 17. Jahrhundert; aber schon im 13. und 14. Jahrhundert beschleunigten sich die technologische und wirtschaftliche Entwicklung Europas.

Von kritischer Bedeutung für die Produktivitätsentwicklung

sind drei Erfindungen: mechanische Uhren für eine rationelle Zeiteinteilung; Brillen, weil sie in vielen Tätigkeiten den produktiven Lebensabschnitt verlängern, und der Buchdruck für die schnelle Verbreitung von Kenntnissen und Fertigkeiten aller Art. Gerade die Technik des Buchdrucks wird in den islamischen Ländern nicht nur unzureichend genutzt, oft sogar ihre Nutzung aus politisch-weltanschaulichen Motiven bewusst unterbunden. Im Osmanischen Reich etwa war der Buchdruck nur in Hebräisch, Griechisch und westlichen Sprachen erlaubt, was die Masse der Untertanen von der sonst möglichen Hebung von Kenntnisstand, Arbeitsproduktivität und Lebensstandard ausschloss. Die Dinge haben sich seit dem Ende des Osmanischen Reiches kaum geändert. Etwa 330 Bücher werden jährlich ins Arabische übersetzt; ein Fünftel dessen, was allein in Griechenland jährlich übersetzt wird. Seit dem neunten Jahrhundert wurden überhaupt nur knapp 100 000 Bücher ins Arabische übersetzt, ungefähr so viele wie durchschnittlich pro Jahr ins Spanische.

Dieser kurze und skizzenhafte Abriss zeigt, dass die unbequeme Antwort auf die Frage nach der relativen Rückständigkeit vieler unfreier Staaten zu großen Teilen im Versagen der historischen wie auch der aktuellen politischen Führungen dieser Staaten liegt und somit endogene Entwicklungen viel bessere Antworten geben als die vielfältigen exogenen Sündenbocktheorien, die heute noch zum Standardrepertoire der Propagandaministerien so vieler unfreier Staaten zählen. Eine Anerkennung der zivilisatorischen Leistungen jener Länder durch den Westen ist das eine, die dauernde Erinnerung an eigene Versäumnisse und Schwächen in den Binnenstrukturen dieser Länder im vor uns stehenden Dialog das andere.

Und es ist sehr bedauerlich, dass sich an den Fakten wenig geändert hat, wie ein Blick in die Wirklichkeit der arabischen Welt beweist. Die vor kurzem erschienene Studie *Arab Human*

Development Review 2002 des UNDP, des Entwicklungsprogramms der Vereinten Nationen, zeichnet ein düsteres Bild bezüglich der Entwicklung der arabischen Staatengemeinschaft, die so weit entfernt von Europa ja nicht liegt. Die Bevölkerung aller Mitgliedstaaten der Arabischen Liga umfasst rund 280 Millionen Menschen, was ungefähr der Bevölkerung der USA entspricht. Die Bevölkerung der arabischen Welt ist die jüngste aller regionalen Populationen. Knapp 38 Prozent sind jünger als 14 Jahre, was dazu führen wird, dass in knapp 20 Jahren sehr wahrscheinlich um die 400 Millionen Menschen in dieser politisch instabilen Region leben werden. Das UNDP zählt eine ganze Reihe von Gründen für die anhaltende Rückständigkeit dieser Region auf, von denen besonders hervorzuheben sind die mangelnden demokratischen Zustände, die dramatische Rückständigkeit im Bildungswesen und in der Wirtschaft sowie die eklatante Benachteiligung der Frau. Obwohl die arabische Welt vom Nimbus des Reichtums zehrt, sieht die Realität weitaus bedrückender aus. Ein Fünftel der Bevölkerung von 280 Millionen muss mit weniger als zwei Dollar am Tag auskommen; das Bruttosozialprodukt aller arabischen Länder zusammen betrug 1999 gerade einmal 531 Milliarden Dollar – im Vergleich dazu betrug das Bruttosozialprodukt der ehemaligen arabischen »Kolonie« Spanien im selben Jahr 595 Milliarden Dollar. Wegen des starken Bevölkerungswachstums kommen jährlich etwa sechs Millionen Menschen auf den arabischen Arbeitsmarkt. Bis zum Jahr 2010 werden so allein 50 Millionen neue Arbeitsplätze benötigt. Falls die aktuelle Arbeitslosenquote von durchschnittlich 15 Prozent stabil bleibt, wird die arabische Welt im Jahr 2010 fast 25 Millionen Arbeitslose aufweisen, und dies mehr oder weniger direkt vor den Toren Europas. Innenpolitische Unzufriedenheit und Migration werden in dieser Region zunehmen; ein Nährboden für islamistischen Extremismus einerseits und für expansionistische Außenpolitik andererseits.

Ein Hauptproblem für fehlende Entwicklung sieht das UNDP vor allem im Bereich der Bildung. Den arabischen Regimen ist wissenschaftliche Forschung offensichtlich nicht viel wert: Gerade einmal ein Siebtel des Weltdurchschnitts geben die arabischen Staaten für Forschung und Entwicklung aus. Mit diesem Ausgabeverhalten wird diese Region technologisch weiter und weiter hinter die entwickelten Länder zurückfallen.

Man kann dieser entmutigenden Aufzählung eigentlich nur die Einschätzung des in Teheran – also außerhalb der arabischen Welt – lehrenden Theologen Mohammed Schabestari folgen lassen, der bezogen auf die Rückständigkeit der islamischen Welt sagt: »Die islamischen Gesellschaften verfügen über keine kulturellen, gesellschaftlichen oder politischen Institutionen, die sich mit den Belangen ihrer Bürger als Einzelne oder insgesamt ohne Ansehen ihrer Herkunft oder ihrer Meinung mit Sorgfalt, Respekt, Redlichkeit und nach Gesetz beschäftigen, wie es im Westen der Fall ist. Das Fehlen solcher Institutionen ist in menschlicher wie in zivilisatorischer Hinsicht tödlich. Um sie aufzubauen – was für gesellschaftlichen Fortschritt unerlässlich ist –, brauchen wir die westliche Kultur, besonders was Rechtsstaatlichkeit, Demokratie, Gerechtigkeit und Menschenrechte angeht. Das, was wir uns davon aneignen, müssen wir verdauen und es in unser Leben und unser Denken integrieren, sodass es ein Teil davon wird. Tun wir das nicht, werden wir vom Westen abhängig bleiben und wird unser Rückstand ihm gegenüber nur noch größer werden.«

Ist dies nun schon wieder kultureller und politischer Systemuniversalismus oder gar Werteimperialismus, ist dies nicht auch eine Einmischung in die inneren Angelegenheiten anderer Staaten? Die Forderungen islamischer Intellektueller finden ihr Echo ja nicht selten in den Forderungen der islamischen »Straße«. Die Antwort hierauf fällt schwer. Wir werden im Dialog der Kulturen zunächst einmal zuhören müssen, bevor wir vorschnell agieren. Geduld und Toleranz scheinen hier stark gefordert zu sein, ebenso Kreativität und Offenheit. In diesem Zusammenhang kommt auch auf unser Land eine wichtige und wegweisende Brückenfunktion zu. Michael Stürmer hat kürzlich völlig berechtigt darauf verwiesen, dass die türkische Bevölkerungsgruppe in Deutschland eine sehr bedeutende Mittlerrolle in Bezug auf die islamische Welt spielen sollte. Die Verbindung aus säkularer islamischer Tradition und den Erfahrungen mit der säkularen westlichen Gesellschaft der Bundesrepublik verschafft den deutschen Türken oder den türkischen Deutschen eine genauso wichtige Mittlerfunktion wie den Nordafrikanern in Frankreich in ihrer Verbindung zum Maghreb. Ich halte die Ausgestaltung dieser Beziehungen für wichtiger als die Frage eines EU-Beitritts der Türkei, und deshalb sollten wir stärker gemeinsam über eine Sonderolle der Türkei in Bezug zur EU sprechen, denn die Türkei ist seit fast dreitausend Jahren immer eine Brücke zwischen Asien und Europa gewesen und sollte diese Rolle auch wieder stärker spielen.

Verstärkt wird die vielfach anzutreffende ablehnende Haltung gegenüber den Werten des Westens und seiner Bewohner aber leider auch durch eigene Fehler der westlichen Regierungen und Staaten. Im Kern sind alle diese Fehler auf ein nach dem Ende des Zweiten Weltkrieges entstandenes geschichtsloses, ökonomistisches Weltbild der westlichen Staaten zurückzuführen. Sowohl die eigene westliche Entwicklungsgeschichte wie auch die oft sehr ereignisreiche Geschichte der anderen Kulturzentren werden weitgehend ignoriert, und die Entwicklung zu Frieden und Freiheit wird vornehmlich von der möglichst umfassenden Bereitstellung freier Märkte erwartet.

Bis vor kurzem war die Politik der EU und der USA vor allem dadurch bestimmt, einer möglichst schnellen Ausbreitung freier Märkte in allen Regionen der Welt den Weg zu bereiten, was allgemein etwas vorschnell mit dem Begriff der Globalisierung gleichgesetzt wurde. Das ist übrigens in der europäischen und amerikanischen Politik nicht neu. Schaut man sich beispielsweise die Geschichte Ostasiens seit Mitte des 19. Jahrhunderts an, findet man, dass die Auseinandersetzungen, die zum Ende des chinesischen Kaiserreiches geführt haben, letztlich immer mit der Forderung nach Öffnung des chinesischen Marktes für europäischen und amerikanischen Handel begründet wurden.

Die Ausbreitung freier Märkte hat sehr viele Veränderungen mit sich gebracht, was den Ökonomen nicht überrascht, gelten doch Märkte ihrem Wesen nach als ungeheuer dynamische Systeme, denen Stabilität nicht automatisch innewohnt. Doch die Veränderungen im alltäglichen Leben haben den meisten betroffenen Menschen weltweit vieles unvorbereitet abverlangt. Vertraute Lebensweisen und Traditionen, Arbeitsgewohnheiten und menschliche Beziehungsgeflechte erscheinen bedroht, und dies verunsichert viele Menschen – eben nicht nur in den Ländern des Westens. Um ein wie viel größeres Maß muss die durch die Globalisierung ausgelöste Unsicherheit in Entwicklungsländern und dabei besonders in den islamischen Ländern vorherrschen, die sich schon durch ihre Religion dem Westen gegenüber seit Jahrhunderten überlegen fühlten. Die daraus folgende Reaktion ist eine bisweilen militante Kulturverteidigungshaltung aus einer Opferrolle heraus, die am Ende die Selbstmordattentäter zunächst im Nahen Osten und schließlich im Zentrum der Globalisierung, in New York City, agieren ließ. Maßlose Märkte können genauso gnadenlos sein wie maßlose Freiheit.

Die Freiheit der Märkte, die erstmals grenzenlos wirken können, hat Folgen für Menschen im Westen und besonders auch im Rest der Welt, die ihnen so nicht bewusst waren, für die sie keine Wertvorstellungen und Maßstäbe hatten und haben. Wenn Menschen eine auf grenzenloser Freiheit beruhende Überfülle an Wahlchancen und Handlungsmöglichkeiten besitzen oder damit ungewollt konfrontiert werden beziehungsweise sich als Opfer des Globalisierungsprozesses und einer damit verbundenen Verwestlichung fühlen, dann werden sie nur dann eine für sie befriedigende Auswahl treffen können, wenn ihr Handeln in gewisse Wertvorstellungen und Maßstäbe eingebunden ist. Soll dies im Westen, aber gerade auch in den Entwicklungsländern, friedlich vonstatten gehen, dann werden wir uns stärker mit Lebensgewohnheiten und Gepflogenheiten anderer Kulturen und Völker, mit deren geografischen und wirtschaftlichen Rahmenbedingungen befassen müssen.

Als Westen müssen wir wieder zuhören lernen, müssen wir Empathie und Verständnis für die Unterschiedlichkeit der Lebensbedingungen auf unserem Planeten zeigen und vordringliche Probleme lösen, statt von einem Ende der Geschichte zu träumen und uns bequem im Sessel zurückzulehnen. Ein Gedanke von Karl Raimund Popper kann uns auch ermutigen, dies zu tun: »Statt als Propheten zu posieren, müssen wir zu den Schöpfern unseres Geschicks werden. Wir müssen lernen, unsere Aufgaben zu erfüllen, so gut wir nur können, und wir müssen auch lernen, unsere Fehler aufzuspüren und einzusehen. Und wenn wir einmal von der Idee abgekommen sind, dass die Geschichte der Macht unser Richter sein wird, wenn wir nicht mehr von der Frage besessen sind, ob uns die Geschichte wohl rechtfertigen wird, dann wird es uns vielleicht eines Tages gelingen, die Macht unter unsere Kontrolle zu bekommen. In solcher Weise könnten wir sogar die Geschichte rechtfertigen. Sie hat eine solche Rechtfertigung dringend nötig.«

Der Kernsatz Popper'schen Denkens ist der von der vorläufigen Richtigkeit aller Erkenntnis, ausgedrückt auch in dem bereits zitierten Bild Steiners, wonach wir nur Gast in der Wahrheit sind. Alles, was wir nicht zuletzt auch kraft empirischer Bestätigungen für wahr halten, ist immer nur vorläufig wahr – so lange nämlich, bis es durch neue Erfahrungen widerlegt wird und zu neuer Erkenntnis führt. Basierend auf dem christlichen Menschenbild von der Unvollkommenheit und Fehlbarkeit des

Individuums sollte der Mensch als Mängelwesen in den Mittelpunkt einer westlichen Strategie zur Überwindung der Feindseligkeit gerückt werden.

Wenn wir unsere eigene Geschichte und unsere daraus gewonnenen Erkenntnisse und Lehren als vorläufig wahr, als vorläufig richtig oder im politischen Sinne als vorläufig wegweisend und gestaltend definieren, dann wird es uns auch leichter fallen, diese Lehren und Erkenntnisse in den globalen politischen Wettbewerb von Ideen und Strukturen einzubringen. Vieles von unserem Handeln würde beratend statt belehrend, anbietend statt verordnend empfunden, und es würde uns in die Lage versetzen, diese Lehren und Erkenntnisse für neue Entwicklungen offen zu halten. Über diese äußeren Wirkungen hinaus würde diese Haltung uns aber in der Wirkung nach innen, in der Akzeptanz durch unsere eigenen Gesellschaften ebenfalls Entspannung verschaffen und die Debatte um die durch die Globalisierung hervorgerufenen Veränderungen auf ein breiteres Fundament stellen.

Wenn Popper von den »Schöpfern des eigenen Geschicks« spricht, dann kann wiederum unsere westliche Geschichte ein Wegweiser in die Gestaltung der Zukunft sein. Der Westen ist eben viel mehr als nur ein Sammelsurium freier Märkte. Er hat im fortwährenden Kampf um die Freiheit des Einzelnen über Jahrhunderte hinweg eigene Fehlentwicklungen wie kein anderes politisches System von innen heraus überwunden und somit eine beachtliche zivilisatorische Leistung erbracht. Sklaverei, Kinderarbeit, Rassenverfolgung, Totalitarismus – allein in den vergangenen zwei Jahrhunderten haben die westlichen Gesellschaften diese furchtbaren Auswüchse menschlichen Handelns von sich heraus überwunden. Diese Tradition muss daher ein Wegweiser auch für aktuelles und zukünftiges Handeln sein. Kinderprostitution, Sklaverei, Aids und Malaria, Terrorismus sind nur einige der aufgezählten Plagen, deren Abschaffung und

Bekämpfung der Westen aus schierer Humanität, aber auch anreizorientiert schon aus reinem Eigeninteresse nicht aus den Augen verlieren darf. Hier mangelt es uns zuweilen sowohl am Verständnis der eigenen Geschichte – deren wir uns eben nicht zu schämen brauchen, sondern deren positive Erfahrungen wir viel aktiver und selbstbewusster »verkaufen« müssen – als auch schlichtweg an einem Mindestmaß an Empathie für die unerträgliche Lebenssituation vieler Menschen. Wir verschaffen uns eben nicht unbedingt mehr Sympathien, wenn wir vornehmlich an der Erforschung von erektionsfördernden oder schlankmachenden Medikamenten interessiert sind und mangels ausreichender Gewinnaussichten kaum Forschungsaufwendungen zur Bekämpfung vom Aids oder Malaria aufbringen. Der Leitartikel in der *Stuttgarter Zeitung* vom 10. Juli 2002 zur Aids-Konferenz in Barcelona brachte es auf den Punkt: »Wir leben in einer globalisierten Welt. Und das gilt nicht nur für die Wirtschaft. Wer zuschaut, wie in Afrika die Menschen verrecken, und wer zu Hause zugleich die ›Spaßgesellschaft‹ hofiert, der muss vielleicht bald eine teure Rechnung begleichen.«

Wir müssen erkennen, dass die vor allem auf ökonomischen Gesetzmäßigkeiten beruhende und ökonomischen Zielsetzungen gehorchende Globalisierungswelle der letzten Dekade nach dem Ende des Kalten Krieges im Zusammenleben der Staaten und Völker etwas hat entstehen lassen, das ein insoweit unverdächtiger Beobachter wie Henry Kissinger das »emotionale Vakuum« nennt. Politiker und Wirtschaftsführer sind gleichermaßen blind und taub gegenüber den zuvor beschriebenen Ängsten und Unsicherheiten vieler Menschen.

Beide Gruppen von Entscheidungsträgern erscheinen mir oft viel zu ungeduldig und übersehen, dass die massiven Veränderungen in den Strukturen und Verfahrensweisen der meisten an der Globalisierung beteiligten Gesellschaften noch nachdrücklich gefördert und häufig auch zur Vorbedingung für die Gewährung von Hilfeleistungen gemacht werden. Dies geschieht aber ohne einen Blick in die eigene westliche Geschichte, die nämlich zeigt, dass der Entwicklungspfad und die Reformprogrammatik im eigenen Land selbst mehrere Jahrzehnte zu ihrer Entwicklung brauchten. Die Übernahme des westlichen Modells ist nicht in erster Linie ein technisches Problem; für die meisten Entwicklungsländer bedeutet sie nichts weniger als einen revolutionären Umsturz althergebrachter Gewohnheiten in allen Lebensbereichen. Nur sehr wenige Staaten haben es jemals fertig gebracht, simultan eine konservative Finanz- und Währungspolitik zu starten, staatliche Intervention durch Privatisierung zu ersetzen, Deregulierung des Kreditwesens und Förderung flexibler Arbeitsmärkte zu ermöglichen und nebenbei noch ein weithin akzeptiertes und transparentes Rechtssystem neu zu etablieren, und das alles noch gewissermaßen von einem Tag auf den anderen.

Wir müssen uns bewusst sein, wie viele Jahrzehnte es gedauert hat, bis sich unser Modell zu seiner heutigen Form entwickelt hat. Was in den Vereinigten Staaten und Europa funktioniert, lässt sich nicht überall in den aufstrebenden Ländern der Welt genau kopieren, und ganz gewiss nicht in noch schnellerem Tempo. Das Gesagte gilt auch für alle weiteren westlichen Wege der Gestaltung von Wirtschaft und Gesellschaft, falls man von der Existenz solch eigenständiger Entwürfe ausgehen will.

Das zu beklagende emotionale Vakuum zieht dubiose politische Spekulanten an. Im Innern unserer Gesellschaften sind es politische Extremisten im linken wie im rechten Spektrum; in der uns umgebenden Staatenwelt sind es so schillernde Gestalten wie bin Laden oder früher einmal Gadhaffi. Und weil dem so ist, muss ein Programm dialogischer Politik von echter Empathie und der Bereitschaft zum Zuhören geprägt sein. Auch hier gilt, dass Mäßigung und Zurückhaltung noch am ehesten zum Erfolg führen werden. Die zu gestaltende neue Weltordnung verlangt Konsens und Dialogbereitschaft, und sie verlangt von den Starken, dass sie sich der Schwachen bewusst sind, dass sie den Schwachen wenigstens bei der Bewältigung der schlimmsten Not behilflich sind.

Aus der Anerkennung des Gesagten erwächst zugleich ein politisches Programm für die westlichen Gesellschaften, dessen Lasten gerecht geteilt werden müssen. Dieses Programm bedarf eines gemeinsamen Verständnisses in Europa und Amerika bezüglich der Ziele und der Mittel, es muss von Politikern und anderen Führungspersönlichkeiten aus allen Lebensbereichen vorbildhaft vertreten und umgesetzt werden. Dieses Programm kann aber nicht nur »von oben« kommen. Ganz im Gegenteil, ohne ein Höchstmaß an privater Initiative, ohne das Engagement großer internationaler Unternehmen, ohne die Unterstützung durch Schulen und Universitäten wird es nicht gelingen. Anregungen wie die des ehemaligen Präsidenten Clinton oder des britischen Schatzkanzlers Brown zur Schaffung von Abschreibungsmöglichkeiten bei Forschungsaufwendungen für Medikamente zur Bekämpfung von Malaria oder Bilharziose sowie das Engagement internationaler Konzerne im Kampf gegen Aids sind Indizien für ein gesteigertes Problembewusstsein im Blick auf diese Zusammenhänge: Erkenne dich selbst!

Ein besonderes Problem westlicher Gesellschaften ist, dass sie sich selbst mit Reformen so schwer tun, weil sie aufgrund des einmal Erreichten immer introvertierter werden. Wer introvertiert denkt, hat an Außenpolitik und den großen globalen Problemen immer weniger Interesse, da ihn diese nicht akut, sondern höchstens mittelfristig zu betreffen scheinen. Der 11.9. war dabei ein Warnschuss, der aber deswegen in Deutschland so schnell verhallte, weil man sich nicht direkt bedroht fühlte. Es muss schließlich niemand nach Tunesien oder Algerien in Urlaub fahren, und die Sache mit dem Koffer auf dem Dresdner Hauptbahnhof ist ja letztendlich auch noch gut ausgegangen. Warum sollen wir uns also ändern?

Als Schüler und Touristen lernen wir zwar noch gern von der Andersartigkeit exotischer Kulturen. Ab einem gewissen Punkt aber tun wir uns mit persönlichen wie gesellschaftlichen Änderungen erfahrungsgemäß schwer und tendieren dazu, uns auf unseren einmal erreichten *Status quo* zurückziehen und uns auf unserem müde machenden Erfolg auszuruhen. Vor diesem Hintergrund stellt sich die Frage, wie wir als solche tendenziell trägen Mängelwesen all den Herausforderungen begegnen wollen?

Die Voraussetzung für das Übernehmen globaler Verantwortung ist, dass man diese auch tatsächlich übernehmen will und dazu einen inneren Antrieb, eine Motivation hat. Die momentane Konzeptlosigkeit europäischer Außenpolitik gerade in Afrika ist ein treffliches Beispiel dafür, wie man alle möglichen Absichtserklärungen abgeben, am Ende aber nichts umsetzen und erreichen kann. Man wartet, bis ein Land im Chaos versinkt, so wie das in Ruanda, Liberia und im Kongo der Fall war und ist, und muss dann viel zu spät militärisch reagieren mit allen humanitären und ökonomischen Folgekosten. Gleichzeitig betont man, wie sehr man sich der Entwicklungshilfe als Hilfe zur Selbsthilfe verpflichtet fühlt, und vergisst dabei, wie schnell die Probleme anderer Länder die eigenen werden können in der Welt des 21. Jahrhunderts. Zum Glück ertragen westliche Fernsehzuschauer Bilder von Genoziden nicht sehr lange, sodass die Politik in der Mediengesellschaft dann doch gezwungen wird zu reagieren. Hierbei gilt es aber auch zu bedenken, dass es in den Favelas in São Paulo ebenso Fernseher gibt wie in den Vorstädten von Paris und Berlin, sodass heute fast niemand mehr behaupten kann, er wisse vom immensen Elend oder Wohlstand der jeweils anderen Seite nichts.

Was für ein dezidiertes Handeln nötig ist, ist politische Führung und Inspiration auf der einen und ein ausgeklügeltes System von Handlungsanreizen auf der anderen Seite. Ethik ohne Anreize und Führung ohne Ethik enden jeweils in Sackgassen.

Wie kommt es nun, dass ethischen Sonntagsreden zum Thema Werte und Verantwortung gerade in der Konsensgesellschaft so selten Montagstaten folgen? Einer der Gründe liegt in den gegenwärtigen westlichen Konzepten der Ethik selbst. Nach der Analyse eines ethischen Problems funktioniert Ethik zunächst appellativ, das heißt, es wird mit Verweis auf Vernunft, Sachzwang, auf das Wohl der Arbeiterklasse oder in Bezugnahme auf ein höheres Wesen gefordert, gewisse Handlungen zu tun oder zu unterlassen. Wirtschafts- und Sozialethik ist ein Beispiel dafür, dass in erster Linie appelliert wird, was Karl Marx zu seiner elften Feuerbachthese inspirierte, die heute das Foyer der Humboldt-Universität zu Berlin schmückt: »Die Philosophen haben die Welt nur verschieden interpretiert, es kommt aber darauf an, sie zu verändern.«

Obwohl selbst Kants kategorischer Imperativ auf einem Appell – »Handle so ...« – basiert, scheint mir an dieser Stelle die Frage nicht *ob*, sondern *warum* ein Mensch am Ende moralisch handelt, von Bedeutung zu sein. Genau diese Frage beantwortet die Philosophie aber nicht, sondern gibt sie an die Psychologen und Theologen weiter. Menschen handeln in der Regel moralisch, wenn ihnen für ihr moralisches oder gegen amoralisches Handeln entsprechende Anreize im weitesten Sinne geboten werden, von Liebe, Glaube oder Geld bis hin zu dem einfachen Gefühl, sich gut zu fühlen, etwas Gutes getan zu haben. Ethik muss diese menschliche Disposition ernst nehmen und daher nicht nur appellieren, sondern inzentiv, anreizbezogen sein. Dies funktioniert in der Regel nicht ohne Rekurs auf andere Lebensbereiche und deren Anreizmodelle, mögen sie nun wirtschaftlicher, politischer oder kultureller Art sein. Das verfolgte ethische Konzept und sein entsprechender Werteunterbau müssen schon gleich Elemente enthalten, die dessen Befolgung für Individuen in einer Gesellschaft wie der unseren attraktiv machen. Und gerade die Bundesrepublik hat mit der Sozialen Marktwirtschaft ein anreizbezogenes Modell vorgelegt, das weltweit seinesgleichen sucht, auch wenn es, wie zuvor ausgeführt, momentan aus dem Ruder zu laufen droht. Oswald von Nell-Breuning hat das in dem bemerkenswerten Satz ausgedrückt, dass die Soziale Marktwirtschaft auch deshalb dem Menschen gemäß sei, weil sie ihn moralisch nicht überfordere – denn auch Moral sei schließlich ein knappes Gut.

Die Übertragung der Grundideen der sozialen Marktwirtschaft muss konsequent auf andere Länder und Regionen erfolgen, global wie national. Aber wie ist dieses hehre Ziel umzusetzen? Mir scheint dabei der Anreiz »Wohlstand für alle« gar kein schlechtes Konzept zu sein. Genau hier liegt die Stärke der katholischen Soziallehre als praktischer Philosophie, die zusammen mit der ökonomischen Ausgestaltung durch die Freiburger Schule und Ökonomen wie Müller-Armack und Erhard die Notwendigkeit der Sozialen Marktwirtschaft begründet und sie als menschengerecht qualifiziert und damit auch umsetzbar macht. »Wohlstand für alle« ist ein ebenso simpler wie höchst wirkungsvoller Anreizmechanismus, der sozialverträglicher scheint als das Brechtsche »Erst das Fressen, dann die Moral!«

Mit diesem Anreiz vor Augen und den historischen Erfolgsmodellen im Hinterkopf kann man auch andere Menschen davon überzeugen, entsprechenden Umverteilungen in der Gesellschaft zuzustimmen und sie am Ende auch zu vollziehen. Wie bereits ausgeführt, stehen wir heute vor dem Problem, relativen Wohlstand erreicht zu haben, ohne bereit zu sein, uns nun veränderten Marktbedingungen der Globalisierung anzupassen. Dieser Widerstand und die damit verbundene Stagnation gehen deshalb eine Weile gut, weil der Einzelne die schleichende Erosion der Gesellschaft und eine damit einher gehende Erosion der Werte kaum merkt, solange er nicht zu den knapp fünf Millionen Arbeitslosen gehört. Wer nicht arbeitslos ist, zieht sich in sich selbst zurück und wird als Teil einer stagnierenden Introvertiertheit Opfer seiner selbst.

Ich bin mir sicher, dass Menschen nur dann überzeugt werden können, gesellschaftliche Veränderungen hin- und globale Verantwortung zu übernehmen, wenn man ihnen klar Kosten und Nutzen ihres Verhaltens kommuniziert. Steuern zahlt lieber, wer genau weiß, wofür er diese zahlt und dass diese effektiv verwendet werden. Hier stoße ich wieder auf einen Kontext deutscher und europäischer Geschichte, und zwar bei der Aufgabe des Politikers, der diese Zusammenhänge erklären und die Menschen davon überzeugen, sie motivieren muss. Das nennt man *leadership*.

Die Tatsache, dass ich den englischen Begriff verwende, zeigt, wie schwer gerade uns Deutschen dieses Konzept der Übernahme von Führungsverantwortung fällt. Wäre es Churchill nicht gelungen, sein Volk zu inspirieren und die Folgen eines Scheiterns der britischen Kriegsanstrengungen zu vermitteln, so wäre das Ergebnis für Europa und die Welt kaum auszudenken. Dieses dialogische Handeln vorzuleben ist eine der Kernaufgaben jedes Politikers. Formelle Autorität verschafft mir bei meinem Gegenüber eine Aufmerksamkeitsspanne von zehn Minuten, informelle Autorität sichert mir seine Aufmerksamkeit dauerhaft; aber *leadership* bringt ihn dazu, sein eigenes Verhalten zu ändern. General Eisenhower hat gute Führung dahin gehend definiert, dass man andere dazu bringt, etwas zu erreichen unter Vermittlung des Bewusstseins, sie hätten es selbst erreicht. Dies geschieht nicht durch bloße Appelle, sondern durch Identitätsstiftung, Anreize, Vorbilder. Ethik und Politik basieren zwar auch auf überzeugenden Appellen, kommen aber ohne konkrete Anreize und Führung nicht aus.

Hinzu kommt ein Kernproblem der das westlich-aufgeklärte Denken prägenden platonischen Philosophie, alle Dinge von der kleinen auf die größere Ebene verlagern zu wollen und damit am Ende unübersichtlicher zu machen. Führung wird bei vielen kleinen Einheiten schwieriger, weil die Überzeugungsaufgabe vielfältiger ist. Platon hat in seinem ethischen Denken und als Staatsphilosoph in erster Linie die Frage zu beantworten versucht, wie der Mensch glücklich wird, mit dem Ergebnis, dass der Mensch nach Erkenntnis der Idee des Guten strebt. »Erkenne dich selbst« ist keine Anleitung zum Egoismus, sondern erst die Basis jedes menschlichen Zusammenlebens in Gemeinschaften. In der Neuzeit verstricken wir uns aber zunehmend in der Frage nach dem, was ein gutes Leben ausmacht, da wir es immer stärker als Menschen zu beantworten suchen, die sich als Individuen und nicht als Teil eines Ganzen verstehen und so dazu tendieren, Individualität mit Egoismus zu verwechseln. Die Waage zwischen Individual- und Sozialethik schlägt immer mehr zur Individualschale hin aus. Und hier begegnen wir wieder einem sehr westlichen Konzept der Neuzeit, das von vielen anderen Kulturen aus guten Gründen als opportunistisch und egoistisch abgelehnt wird.

Die Lösung kann aus Sicht eines modernen Staates nicht sein, Menschen in gesellschaftliche Bezüge einzubinden, die sie nicht wollen. Einen Menschen dazu zu bewegen, sich als Teil einer Solidargemeinschaft zu begreifen, erreicht man nicht durch Verwaltungsverordnungen oder gar Gesetze, auch wenn man bei der zunehmenden Verrechtlichung unserer Gesellschaft zuweilen den Eindruck hat, dass dieser Versuch bei uns täglich, allerdings wenig erfolgreich unternommen wird. Man erreicht gesellschaftliches Engagement über entsprechende Anreize und Inspiration durch Vorbilder. Jeder Sportverein oder jede Kirchengemeinde lebt davon. Und genau hier haben wir Deutschen doch ein enormes Maß an Identifikationspotenzial zu bieten, das aber oftmals aufgrund politischer Ignoranz brachliegt. Vergleicht man, wo Deutschland im Mai 1945 und im November 1989 stand, so wiederhole ich meinen Satz vom Anfang: Ich bin keinesfalls ein Schwarzseher. Durch fehlenden Druck und mangelnde Wahrnehmung der Bedrohungsszenarien von außen entstehen jedoch fast zwangsläufig jene Introvertiertheit und der Drang zum Erhalt des *Status quo*, welche die Axt an die Wurzel unseres Sozialstaates legen: nämlich an gesellschaftliche Solidarität, gepaart mit einem hohen Maß an Eigeninitiative.

Die nüchterne Betrachtung volkswirtschaftlicher Wachstumstheorien und ihrer gesellschaftlichen Praktikabilität lässt nur Raum für eine Einschätzung: dass der Volkswirtschaftslehre und der Wirtschaftspolitik zuweilen die Menschlichkeit fehlen; dass sie es versäumen, den Menschen in seiner Fehlbarkeit und mit all seinen Mängeln zu erkennen. Diese Defizite führen letztlich dazu, dass die Übertreibung immer nahe liegt, wogegen die Mahnung steht: Nichts zu viel!

Und deshalb erwächst aus der Anerkennung der Mangelhaftigkeit des Menschen für mich ein Bekenntnis zur Vielfalt in Freiheit als Motor des Fortschritts. Fortschritt entsteht immer dann, wenn Millionen von Menschen in einem dauernden Prozess des Meinungswettbewerbs, des Austauschens von Argumenten und Erkenntnissen und im positiven Bewusstsein über die immer präsente Möglichkeit des Irrtums ihren gemeinsamen Wissensschatz mehren. Insofern ist die unsichtbare Hand Adam Smith' nicht nur eine treffende Metapher für die Funktionsweise des Marktes, sondern noch viel mehr für die Funktionsweise freiheitlicher Gesellschaften insgesamt. Nicht der alles erklären wollende Weltgeist Hegels schafft den Fortschritt, sondern das freiheitliche Zusammentreffen von Erfahrungen, Erkenntnissen, Einstellungen und Ansichten aller Menschen.

Die Welt des 21. Jahrhunderts wird eher einem orientalischen Basar oder einem bunten Wochenmarkt gleichen als einer geordneten Professorenstube. In der Vielfalt des Wochenmarktes erkennt jeder, wie bescheiden und dennoch einzigartig der Beitrag eines jeden Marktstandes ist und wie zugleich das Zusammenspiel aller Marktstände erst das Faszinierende, das Anziehende ausmacht.

Ein funktionierender Wochenmarkt, ob vor dem Freiburger Münster oder dem Damaskustor in Jerusalem, stellt immer wieder unter Beweis, dass der Einzelne erst im Zusammentreffen mit anderen etwas schaffen kann, was ihm allein nicht möglich ist. Wenn wir mit dieser Grundeinstellung in den vor uns stehenden Dialog der Kulturen und Zivilisationen eintreten, werden wir in der faszinierenden Vielfältigkeit der Menschheit nicht nur die Würde des Anderen, sondern vielleicht ein, wenn nicht sogar das Grundprinzip der Schöpfung erkennen. Die Vielfalt fordert uns auf, uns zu bescheiden und unsere Grenzen immer wieder zu erkennen, um sie dann aber auch zu verschieben und zu überwinden, indem wir uns mit anderen zusammentun. Das ist Fortschritt, das ist Entwicklung. Dass wir dabei immer wieder auch einmal scheitern, dass wir irren, dass wir zurückgeworfen werden, muss einen nicht deprimieren, wenn man von vornherein mit der Erkenntnis um die eigene Fehlbarkeit und Begrenztheit in den Fortschrittsprozess eintritt.

Wo immer man sich in der Welt umschaut, man kann am Ende eine beruhigende Einsicht und Erfahrung bestätigt finden: Irgendwie scheinen alle Menschen mit ihren unterschiedlichsten Lebensweisen und Lebensumständen doch vieles gemeinsam zu haben. Die Suche nach Glück, das Bestreben, in einer Familie oder Lebensgemeinschaft in Freiheit friedlich zu leben und mit den Unwägbarkeiten des Lebens fertig zu werden, das eint Menschen in Tibet mit Menschen in der Toskana ebenso wie den Tuaregnomaden in der Sahara mit dem lappländischen Nomaden in Finnland.

Samuel P. Huntington, der uns bei der Diskussion um die Würde des Anderen an die Tatsache erinnert, dass wir uns den sich vor uns ausbreitenden Problemen, die durch unsere Individualität ausgelöst werden, am Ende nicht entziehen können, hat treffend bemerkt: »Die Zukunft des Friedens und der Zivilisation hängt davon ab, dass die führenden Politiker und Intellektuellen der großen Weltkulturen einander verstehen und miteinander kooperieren. Im Kampf der Kulturen werden Europa und Amerika vereint marschieren müssen, oder sie werden getrennt geschlagen werden. In dem größeren Kampf, dem globalen ›eigentlichen Kampf‹ zwischen Zivilisation und Barbarei, sind es die großen Weltkulturen mit ihren bedeutenden Leistungen auf dem Gebiet der Religion, Kunst und Literatur, der Philosophie, Wissenschaft und Technik, der Moral und des Mitgefühls, die ebenfalls vereint marschieren müssen, da auch sie sonst getrennt geschlagen werden.«

Dialogische Politik lebt gerade davon, dass die Angehörigen anderer Kulturen uns ihre Sicht unserer Lebensweise kritisch vermitteln. Wie sehen uns denn die anderen, was fällt ihnen an uns auf, was mögen sie, und was lehnen sie ab? Sich diesen Fragen zu stellen, bedeutet für den Westen nichts weniger, als sich selbst im Spiegel zu betrachten und Schwächen vorgehalten zu bekommen. Die übereinstimmende Kritik am Westen, an unserer Lebensweise und unserer Vorstellung von der Welt setzt an Stellen an, die wir selbst durchaus auch kritisch und mit unguten Gefühlen betrachten. Warum unterminieren wir die Familie, warum sind uns Kinder anscheinend eine Last? Warum lassen wir materielle Werte und Güter unser Leben dominieren? Warum steigt inmitten einer einzigartigen Güterfülle das Maß an individueller und gesellschaftlicher Unzufriedenheit und Lethargie? Warum können wir säkulares Leben nicht mit dem Bedürfnis nach Religiosität verbinden? Warum fühlen wir uns, in der Moderne angekommen, zuweilen so verloren? Dies sind die unbequemen Fragen, die uns die anderen Kulturen gern stellen und auf die wir ja oft selbst keine Antworten haben. Wahrscheinlich werden wir die Antworten nur finden, wenn wir uns wieder auf unsere Herkunft besinnen. Oder, um mit Winston Churchill zu sprechen: *»The farther you look back, the farther forward you are likely to see.«*

Wir werden die Moderne nur dadurch meistern können, dass wir uns auf unsere Traditionen besinnen, weil sie uns das Gefühl geben, etwas immer wieder richtig zu machen, etwas zu bewahren. In diesem Sinn ist es von zentraler Bedeutung, dass wir das Tempo der Entwicklung wieder unserer eigenen Veränderungsfähigkeit anpassen, dass wir uns und andere nicht permanent überfordern. Allein schon deshalb benötigen wir eine dialogische Politik, denn wer mit anderen sich in den Diskurs begibt, muss sich Zeit nehmen: Zeit zur Vorbereitung, zur Besinnung der Argumente, Zeit zum Erinnern und Aufbereiten von Erfahrungen und eben auch Zeit zum Zuhören. Der Westen hat sehr viel, an das er sich erinnern sollte, und wenn er dies ernsthaft genug vollzieht, wird er auch bemerken, dass die westlichen Staaten eine Schicksalsgemeinschaft waren und sind.

7. Der Westen als Schicksalsgemeinschaft

Am 24. Februar 2003 wurde in einer Feierstunde des hundertsten Geburtstages von Franz Burda gedacht. Zur musikalischen Umrahmung wurde seine Lieblingssinfonie gespielt, und das war für den ziemlich erd- und heimatverbundenen Offenburger Verleger, dessen Vorfahren aus Böhmen stammten und der nicht nur im deutschen Medien-, sondern besonders auch im amerikanischen Druckgeschäft erfolgreich war, Antonin Dvořáks 9. Sinfonie »Aus der neuen Welt«. Mir ist bei dieser wunderbaren Musik durch den Kopf gegangen, wie viel wir der Begegnung von alter und Neuer Welt verdanken und in welche vor kurzem noch kaum für möglich gehaltenen Turbulenzen die transatlantischen Beziehungen geraten waren. Aus der Aufbruchstimmung der Einwanderer aus Europa entstand der American Dream, *der seit der amerikanischen Unabhängigkeitserklärung auch wieder auf das alte Europa zurückstrahlt.*

So könnte, dachte ich, während das Ortenauer Jugend-Sinfonieorchester spielte, aus amerikanischem Selbstvertrauen und der Skepsis, die aus europäischen Erfahrungen gewachsen ist, zusammen sich die richtige Balance ergeben, um die Welt im 21. Jahrhundert vor Hybris und Resignation gleichermaßen zu bewahren. Altes Europa und Neue Welt – miteinander so großartig wie Dvořáks 9. Sinfonie.

Für den Begriff »Schicksalsgemeinschaft« bin ich in der Diskussion um die transatlantischen Beziehungen schon vielfach gescholten worden. Offensichtlich trifft er bei vielen Zeitgenossen also einen Nerv. Das Interessante am Begriff der Schicksalsgemeinschaft ist, dass dieser positiv wie negativ besetzt werden kann. Versteht man Schicksalsgemeinschaft als Seilschaft ermüdender Glieder, so muss man sich um die Zukunft einer solchen Gemeinschaft ernste Sorgen machen. Dies gilt besonders dann, wenn man selbst als Glied der Seilschaft seinen Teil der Mitverantwortung nicht mehr ausreichend zu tragen imstande ist. Das Bewusstsein, sich in einer Schicksalsgemeinschaft zu befinden, kann aber auch enorme Kräfte freisetzen und zu anhaltender Stabilität führen. Dies gilt nicht nur für die Europäer. Im Kalten Krieg war es die Bipolarität beider Blöcke, die zu Stabilität und besonders engen transatlantischen Beziehungen führte. In einem Europa ohne Berliner Mauer und Grenzzaun ist Stabilität nun nicht mehr teilbar. Dies sollten wir auf dem Balkan gelernt haben. Wie lange Kraft und Geduld im Osten Europas allerdings noch ausreichen, die Hinterlassenschaft von Teilung und Diktatur mit friedlichen und demokratischen Mitteln zu überwinden, ohne die Einbindung in europäische Solidarität und das transatlantische Bündnis – wir sollten angesichts der Versuchungen des in Jahrhunderten aufgestauten Konfliktpotenzials der Geschichte nicht nur auf dem Balkan von der Probe aufs Exempel Abstand nehmen, allein schon im eigenen Interesse. Die Chance, ganz Europa in ein gemeinsames Sicherheitssystem einzubinden, ist ein Fenster, was uns momentan noch offen steht und das wir weiter nach Osten hin öffnen sollten.

Friede, Freiheit, Wohlstand, soziale Gerechtigkeit und ökologische Nachhaltigkeit sind Kennzeichnen von Stabilität. Diese ist unteilbar und nur international zu garantieren, weswegen sowohl Europäer *untereinander* als auch Europäer und Amerikaner *aufeinander* angewiesen sind. Der Westen als Ganzes befindet sich in *einer* Schicksalsgemeinschaft, was nicht erst seit dem 11.9. dramatisch deutlich wurde. Weil die Weltgeschichte über Jahrhunderte von europäischer Geschichte bestimmt wurde und zunehmend amerikanische Geschichte wird, verbindet beide Kontinente ein besonderes Maß von Verantwortung für die eine Welt. Mit Schicksalsgemeinschaft meine ich das Aufeinander-angewiesen-sein und die Verpflichtung, Mitverantwortung zu tragen. Nur auf diesem Fundament garantieren europäische Einigung und stabile transatlantische Beziehungen weltweite Stabilität. Die in jüngster Zeit in Frankreich, etwa von Zaki Laidi, Professor am *Centre d'Études Politiques* in Paris, zu vernehmende Position, es gäbe überhaupt keinen Westen als solchen, sondern lediglich ein Europa und die Vereinigten Staaten von Amerika als eigenständig handelnde Akteure, sehe ich als nicht haltbar an. Die beiden Kultur- und Politikpole sind sich näher als jede andere Kombination von Kulturen weltweit, was gelegentlich sowohl in den Vereinigten Staaten als auch in Europa geflissentlich übersehen wird. Die Freiheit des Einzelnen wird nirgendwo sonst auf der Welt zu dem zentralen Bestandteil staatlicher *raison d'être* erhoben wie auf den beiden Seiten des nördlichen Atlantiks und bei deren Ablegern wie etwa Australien und Neuseeland. Dieses gemeinsame Gut verbindet die beiden Pole auch in der Zukunft, da Europa seine Freiheit schon seit dem Jahr 1945 nicht mehr allein verteidigen kann und in der Zukunft auch die Vereinigten Staaten zur Bewahrung ihrer Freiheit die kritische Partnerschaft Europas benötigen, um nicht Opfer von Selbstüberschätzung und Kritikunfähigkeit zu werden.

Langfristig ist deswegen auch für die Vereinigten Staaten von Amerika nur ein starkes Europa im eigenen Interesse, mit all seinen Verbindungen in Afrika und im Nahen Osten, mit politischen Repräsentanzen und wirtschaftlichen Interessen, die den Globus umspannen. Schon wegen seiner Vernetztheit ist der Westen eine Schicksalsgemeinschaft, weil er sich neben allem, was ihn ohnehin verbindet – von Werten über Rechtsverständnis bis hin zur Kultur – auf einer beschränkten Landmasse globalen Herausforderungen gegenübersieht, die einzelne Staaten allein gar nicht mehr bewältigen können. Terrorismus, Epidemien, Migration, Kriege und kollabierende Staatswesen sowie Regionen kennen keine Grenzen. Wie genau kann diese Schicksalsgemeinschaft nun diesen Herausforderungen begegnen? Ich will hier mit vier Problembereichen argumentieren: mit der terroristischen Bedrohung, mit der Seuchenbekämpfung und mit den Bereichen der Umweltzerstörung und der Demografie.

Die Ereignisse des 11.9. sowie die Konflikte in Afghanistan und im Irak haben den Amerikanern und uns Europäern schlagartig vor Augen geführt, welch zerbrechliches Gut internationale Sicherheit tatsächlich ist. Zum einen sehen wir uns mit dem konfrontiert, was der schon erwähnte Samuel P. Huntington als *Clash of Civilizations* beschreibt. Islam und Christentum, die arabische und die westliche Welt stehen sozusagen über Nacht und getrennt wie selten zuvor vor dem von Gotthold Ephraim Lessing beschriebenen »garstigen Graben« fehlender Verständigung. Im Westen wird der Islam als Gefahr wahrgenommen, während die arabische Welt sich von einem westlich-forcierten, globalen Expansionismus bedroht sieht. Auf außenpolitischer Ebene haben wir es heute mit einem Krisenbogen zu tun, der sich von Nordafrika über den Nahen und Mittleren Osten sowie über Zentralasien bis in den südostasiatischen Raum hineinstreckt. In diesem Krisenbogen fanden und finden sich Staaten, die den transnationalen Terrorismus aktiv unterstützen oder zumindest eine Ausgangsbasis und einen Rückzugsraum für terroristische Aktionen geboten haben.

Was hat diese Beobachtung mit dem Thema Nebenwirkung der Globalisierung zu tun? Um dies zu beantworten, muss man sich die Ursachen von Terrorismus genauer anschauen. Wenden wir uns Afghanistan als einem der Rückzugsgebiete der Al Kaida zu: Hätte man mich vor dem 11. 9. nach einem Land gefragt, von dem eine akute Gefahr für die globale Sicherheit ausgehen könnte, wäre Afghanistan nicht auf meiner Liste gewesen. Konnte sich die westliche Welt leisten zu ignorieren, dass dieses Land am Hindukusch seit Abzug der sowjetischen Truppen diktatorisch abglitt? Offensichtlich nicht! Afghanistan befindet sich mit zahlreichen anderen Ländern in der Gruppe der *failed states* – jenen Ländern, in denen der Staat nicht mehr das zur Verfügung stellen kann, was nach Thomas Hobbes seine vornehmste Aufgabe ist: Sicherheit für die in ihm lebenden Bürger. In Ländern, die vorm Kollaps stehen, erbringt der Staat keine öffentlichen Dienstleistungen mehr. Er kann keine Rechtssicherheit mehr garantieren und das Staatsgebiet kontrollieren, da er das Gewaltmonopol verloren hat. Oftmals übernehmen *warlords* in Klanstrukturen quasi-staatliche Funktionen. Es ist daher wenig überraschend, dass in solchen Ländern, die auseinander zu fallen drohen, schwerwiegende ökonomische Probleme, Korruption und bittere Armut herrschen. *Failed states* bilden einen idealen Nährboden für terroristische Organisationen, da die westliche Welt jedes Interesse und damit auch jede Einflussmöglichkeit in ganzen Regionen so groß wie das frühere Osmanische Reich verloren hat. Somalia ist ein tragisches Beispiel: Nach einer erfolglosen Intervention durch die Amerikaner zerfällt der Staat in mehrere Teile, die von verschiedenen *warlords* und autokratischen Klanführern als nichtstaatlichen Akteuren kontrolliert werden. In diesem sich selbst überlassenen Gebiet findet sich ähnlich wie in Afghanistan ein idealer Nährboden für jede Form von illegalen Aktivitäten. Ordnend würde hier nur die Anbindung an internationale Märkte und die internationale Staatengemeinschaft wirken, und hier schließt sich der Teufelskreis einer drohenden Globalisierungsfalle. Während die westliche Welt zusammenrückt und zollfrei handelt, werden Länder wie Somalia oder Sierra Leone, Kongo oder Afghanistan, Pakistan oder Sudan zunehmend marginalisiert; ob dies durch schuldhaftes Handeln von deren politischen Regimen oder aus anderen Gründen geschieht, spielt für diejenigen, die in diesem Prozess auf der Strecke bleiben, keine große Rolle. Ohne Anbindung an Märkte verschlechtert sich ihre Ausgangsposition in dem Maße, wie sich die Position der Länder verbessert, die in der Lage sind, globale Märkte zu bedienen. Geografisch liegen die *failed* und *failing states* oftmals an der Peripherie, weit ab von den Weltmärkten. Intern sind sie zerrissen, schwer kontrollierbar, ohne demokratische Kultur und politisch destabilisiert. In jedem Falle steht fest, dass die viel zitierte »unsichtbare Hand des Marktes« des Adam Smith als Regelungsinstrument globaler Märkte nicht mehr greift, da in diesen Ländern geregelte, von Angebot und Nachfrage bestimmte Märkte nicht mehr existieren. Vor dem Hintergrund westlicher Entwicklungshilfe der letzten 30 Jahre kann man Hilfe zur Selbsthilfe nur demjenigen gewähren, der sich noch selbst helfen kann. Bei einer immer größer werdenden Zahl von Ländern ist dies aber nicht mehr der Fall. Somalia wird selbst von den Helfern des Roten Kreuzes momentan als zu unsicheres Arbeitsfeld betrachtet. Es ist kein Zufall, dass keiner der *failed states* auf der Liste der 50 konkurrenzfähigsten Länder im *Global Competitiveness Report 2002* erscheint.

Es ist ebenfalls wenig überraschend, dass es *failed states* in Afrika noch nicht einmal in den *Africa Competitiveness Report 2000* geschafft haben. Die Verbindungen zwischen zunehmender Globalisierung der Weltmärkte auf der einen und dem dramatischen Scheitern von ganzen Ländern auf der anderen Seite sollten spätestens an dieser Stelle klar werden: Kapital fließt nicht in Länder, die politisch instabil sind, und Länder, in die kein Kapital fließt, werden mittelfristig instabil.

Dieser Teufelskreis kann nur unterbrochen werden, wenn die notwendige politische Stabilität und die Voraussetzungen für wirtschaftliche Entwicklung Hand in Hand miteinander geschaffen werden. Und das zu leisten, liegt im gemeinsamen Interesse des Westens, da die von politischer Unordnung wie von wirtschaftlichem Zusammenbruch ausgehenden Gefahren vor allem die entwickelte Welt und die westliche Zivilisation bedrohen. Deshalb muss neben der politischen Stabilisierung – nötigenfalls auch mithilfe zeitweiliger militärischer Präsenz – vor allem Investitionskapital in Entwicklungsländer geleitet werden; nicht nur als Entwicklungshilfe im Sinne des Handelns eines barmherzigen, postkolonialen Samariters der westlichen Welt, sondern als *Foreign Direct Investment (FDI)*. Nur solches Kapital kann langfristig weiteres Kapital anziehen und so zu nachhaltiger Entwicklung führen. Entwicklungshilfe kann und muss Wachstum stimulieren. Langfristiges Wachstum ist aber nur über dauerhafte Investitionen möglich. Keine bilaterale Entwicklungshilfe kann sich im Ergebnis mit funktionierenden Märkten in Ländern messen, in die von außen direkt investiert wird. Kommt es aufgrund fehlender Investoren nicht zu Wachstum der Wirtschaft, führt dies in vielen Entwicklungsländern zu Militarisierung von ganzen Staaten und Regionen. Dies als »Nebenwirkung der Globalisierung« zu bezeichnen, entbehrt nicht eines gerüttelten Maßes an Zynismus. Das Problem ist hier nicht die Globalisierung als solche, sondern die Tatsache, dass ihre Mechanismen der Marktauswahl gerade Entwicklungsländer benachteiligen und praktisch von jeder Handelsaktivität isolieren.

Und genau hier setzt die politische Verantwortung der industrialisierten Welt ein, also vor allem Europas und der USA. Investitionsanreize, Direktinvestitionen und Verhaltenskodizes wie im Fall von Sportschuhherstellern, die in Entwicklungsländern produzieren, müssen als aktive, nachhaltigere Form der Entwicklungshilfe gefördert werden. Über die Vereinten Nationen muss marginalisierten Staaten geholfen werden, ihre daniederliegenden Infrastrukturen und Ökonomien wieder aufzubauen. Neben der bloßen Armutsbekämpfung müssen sich gleichzeitig Verbrauchs-, Subventions- und Produktionsmuster weltweit ändern, und nachhaltiges Management von Naturgütern und Rohstoffen muss betrieben werden. Sich dieser Verantwortung zu entziehen, halte ich nicht nur für ethisch problematisch, sondern auch für politisch fatal. Der Zerfall von Staatlichkeit führt zu rechtsfreien Räumen. Innerhalb dieses Vakuums kommt es zu Zerstörung und Unmenschlichkeit, die uns periodisch in Fernsehbildern aus Ruanda oder dem Kosovo in die Wohnzimmer gebracht wurde. Andere Konflikte wie die im Sudan, in Nigeria, Kolumbien oder Sri Lanka schaffen es noch nicht einmal bis dahin. Dies ändert sich aber dann, wenn Folgen dieser Konflikte wie am 11.9. plötzlich auch die westliche Welt direkt treffen.

Daneben sind mit der Ignorierung dieser Krisen aber auch ganz erhebliche Kosten verbunden. Dazu nur als weiteres Fallbeispiel Sierra Leone: Dort führte die Passivität der internationalen Gemeinschaft in den 1990er-Jahren zu einem völligen Kollaps von staatlicher Ordnung, Gesundheitssystem und Infrastruktur. Dies geschah 1996 durch einen Bürgerkrieg in einem Land, das sich aufgrund seiner Bodenschätze durchaus selbst unterhalten könnte. Durch den Bürgerkrieg rutschte das Land, das nicht größer ist als der Staat Vermont, in die Anarchie ab, sodass mit 17 500 Blauhelmen eines der größten UN-Truppenkontingente nicht zur Krisenprävention, sondern zum Krisenmanagement eingesetzt werden musste. Das erste für Sierra Leone aufgesetzte Hilfsprogramm des Internationalen Währungsfonds, das im Jahr 1998 nur 16 Millionen US-Dollar umfasst hatte, musste mit Verschlimmerung der Lage im Jahr 2001 auf 169 Millionen US-Dollar erhöht und im April 2002 auf ein sage und schreibe 950 Millionen US-Dollar umfassendes Hilfspaket aufgestockt werden. Natürlich ist diese finanzielle Unterstützung notwendig. Sie hätte aber in ihrer jetzigen Form vermieden werden können, wenn man sich auf Seiten der internationalen Gemeinschaft rechtzeitig mit dem Problem auseinander gesetzt hätte, statt Sierra Leone nur an der Seitenauslinie der Globalisierung wahrzunehmen.

Tragischerweise vollzieht sich momentan in Liberia genau die gleiche Entwicklung, nur um sieben Jahre zeitversetzt; man reagiert einfach zu spät. Eine Erhöhung der ausländischen Direktinvestitionen und eine strikte Regulierung des Diamantenhandels bei Unterbindung der Waffeneinfuhr durch die UN vor Ausbruch des Bürgerkrieges wären die weit besseren Möglichkeiten in Westafrika gewesen, für die aber zur entsprechenden Zeit der politische Handlungswille fehlte.

Ähnliche Argumentationslinien ließen sich ebenfalls für Angola, Simbabwe und viele andere Krisenregionen der Welt entwerfen, die nach dem Ende des Machtkampfes zwischen den USA und der ehemaligen Sowjetunion in Bürgerkrieg und Chaos versanken, weil der Westen an ihnen das Interesse verloren hatte. Noch dramatischere Szenarien könnte man für Afghanistan oder Ruanda zeichnen, wobei aber bereits deutlich geworden sein dürfte, dass die Anwerbung von Investoren stets billiger ist als die Anwerbung von Söldnern. Eine globale Welt kann sich rechtsfreie Räume schlicht nicht mehr leisten, da diese zu Stützpunkten krimineller Elemente und zur Brutstätte des transnationalen Terrorismus werden.

Ich bin vor kurzem in den Feuilletons der Tageszeitungen, die in Deutschland fast schon an die Stelle sicherheitspolitischer Denkfabriken getreten zu sein scheinen, teilweise heftig für meinen Vorschlag kritisiert worden, das Völkerrecht behutsam weiterzuentwickeln. Mittlerweile haben uns wieder bedrückende Fernsehberichte aus West- und Zentralafrika erreicht, in denen wir drogensüchtige minderjährige Kindersoldaten gesehen haben, die, anstatt die Schulbank zu drücken, bestialische Massaker verübten. Dies alles wird von der Staatengemeinschaft nahezu schulterzuckend hingenommen, da es sich ja um Konflikte zwischen und innerhalb souveräner Staaten handelt. Ich kann dieses Argument aber nicht hinnehmen – nicht in einer Welt, in der es kein Nichtwissen, in der es keine politische Gutgläubigkeit mehr gibt. Ein Vorteil der weltweiten Vernetzung und der ungeheuren Flut an Bildern und Informationen ist doch, dass wir erkennen können, wenn irgendwo ein Unrecht geschieht, und dass wir dann handeln können. Und sowenig ich akzeptieren kann, dass in einer norddeutschen Stadt kürzlich eine junge Frau am helllichten Tag in einer Fußgängerzone vergewaltigt wurde, ohne dass vorbeieilende Passanten ihr zu Hilfe gekommen wären, so wenig kann ich ein Wegschauen an der Elfenbeinküste, in Tschetschenien oder Bosnien-Herzegowina gutheißen. Das Aufrechterhalten jeglicher öffentlicher Ordnung hängt auch damit zusammen, ob und wie Fehlverhalten und Rechtsverstöße geahndet werden, nicht zuletzt um Nachahmer abzuschrecken. Ein Völkerrecht, das in wesentlichen Konfliktfragen auf den Annahmen und Erfahrungen der Welt des 17. Jahrhunderts beruht und den souveränen Staat zum alleinigen Rechtssubjekt macht, muss nach 350 Jahren reformiert werden, wenn es weltweit jede Menge an Staatengebilden gibt, die sich hinter einer Scheinsouveränität verstecken und für schlimmste und verachtenswerteste Verbrechen gegen die Menschlichkeit verantwortlich sind. Ulrich Preuß ist ausdrücklich zuzustimmen, wenn er fordert, dass die Staaten der Welt das bestehende, überkommene und auf die souveränen Staaten zugeschnittene Völkerrecht zu einem Recht der Menschen und der Menschheit weiterentwickeln sollten.

Wenn man sich klar macht, dass nicht einmal die abscheulichen Verbrechen der Nazi-Barbarei im Holocaust völkerrechtlich zweifelsfrei eine Intervention gerechtfertigt hätten, wenn Hitler nicht auch einen Krieg geführt hätte, dann wird unmittelbar deutlich, dass Souveränität und Interventionsverbot jedenfalls um das Institut einer humanitären Intervention ergänzt werden müssen, wenn der Satz von der Unantastbarkeit der Menschenwürde nicht hohl werden soll. Darüber besteht, entgegen den ersten Aufregungen, inzwischen auch ziemlich viel Konsens, wie nicht zuletzt durch die Berliner Rede des

Bundespräsidenten belegt geworden ist. Im Übrigen war dieser Gesichtspunkt schon für den Einsatz im Kosovo ausschlaggebend, auch wenn man sich damals noch teilweise mit der Gefahr der Destabilisierung für andere Staaten, also dem Institut der Nothilfe, in der völkerrechtlichen Argumentation beholfen hat. Aber natürlich darf die Entscheidung über eine solche Intervention nicht beliebig von einzelnen Staaten getroffen werden – und seien sie noch so mächtig –, sondern sie bedarf der Legitimation durch rechtlich geordnete multilaterale Entscheidungsstrukturen. Ich stelle mir vor, dass die Vereinten Nationen die verantwortliche Instanz für die Wahrung und Einhaltung der Menschenrechte sind und die Erlaubnis besitzen, solchen Staaten, die nicht willens oder nicht fähig sind, einen menschenwürdigen Rechtszustand einzuhalten, die Souveränität zu entziehen oder einzuschränken. Dazu wird es aber in vielen Fällen nur kommen können, wenn das Regime, das den Zustand der Unzurechnungsfähigkeit des Landes und die Unterdrückung der elementaren Menschenrechte für dessen Bevölkerung zu verantworten hat, notfalls auch mittels bewaffneter Gewalt beseitigt wird.

Wer wie wir Europäer die Einhaltung der Menschenrechte fordert, der muss auch in der Lage und willens sein, diese Absicht gegen Widerstände umzusetzen. Mit anderen Worten: Wer der Welt eine Ordnung geben möchte, der muss gegen Regelverstöße vorgehen können und muss »Weltpolizist« sein beziehungsweise andere diese Rolle spielen lassen.

Ich halte diese deutlichen Aussagen für notwendig, denn wir schulden sie den Toten von Srebrenica genauso wie den Millionen von Kambodschanern, die in den *Killing Fields* von den Roten Khmer Pol Pots zu Beginn der 1970er-Jahre ermordet wurden. Am Fall Kambodschas lässt sich auch die Perversion der bestehenden völkerrechtlichen Praxis besonders gut aufzeigen. Denn als im Dezember 1978 der Nachbarstaat Vietnam

Kambodscha besetzte und auch dem nihilistischen Steinzeitkommunisten Pol Pot das Handwerk legte, wurden Vietnam und die in Kambodscha hernach regierende Regierung unter Ministerpräsident Heng Samrin von den Vereinten Nationen scharf verurteilt und von keinem westlichen Staat anerkannt. Nicht nur wurde Vietnam des Völkerrechtsbruchs bezichtigt, sondern noch jahrelang wurde Kambodscha in den Gremien der Weltorganisation offiziell durch die Roten Khmer Pol Pots vertreten.

Ein zweiter Gesichtspunkt kommt hinzu. Die Verhältnisse in einzelnen Staaten wirken sich angesichts der globalen Vernetzung, der Verbreitung von Massenvernichtungswaffen und des internationalen Terrorismus immer stärker auch auf andere Staaten aus. Die aktuellen Diskussionen um Präemption und Prävention drücken aus, dass die völkerrechtlich legitimierte Verteidigung in den klassischen Kategorien gegen solche Bedrohungen nicht mehr ausreicht. Auch dieser Frage muss man sich vorurteilsfrei stellen. Aber auch hier wird die Antwort nicht ein Recht des Stärkeren sein dürfen, sondern eine Legitimation, die die Zustimmung der Völkergemeinschaft erfordert. Und die wird nur zu finden sein, wenn die Entscheidung in jedem Einzelfall nicht Sache einzelner Staaten, sondern der Rechtsgemeinschaft aller Staaten und damit der Vereinten Nationen ist.

Das legt Gedanken über die Reformbedürftigkeit der Vereinten Nationen nahe. Darüber besteht genauso viel Konsens wie über die Einschätzung, dass eine solche Reform tatsächlich nicht leicht in absehbarer Zeit zu erreichen sein wird. Man darf dabei das Problem nicht aus dem Auge verlieren, das sich aus der Notwendigkeit ergibt, dass in den Vereinten Nationen grundsätzlich alle Staaten Mitglied sein müssen, unabhängig von der Art ihrer demokratischen oder rechtsstaatlichen Verfasstheit. Anderenfalls könnten die Vereinten Nationen nicht leisten, was die Welt gerade von ihnen erwarten muss. Das aber führt dazu, dass heute die Mehrheit der Mitglieder der Vereinten Nationen auch nicht annähernd unserem westlichen Verständnis von Menschenrechten, Rechtsstaatlichkeit, geschweige denn Demokratie entspricht. Aus diesem Grund wie auch aus den ganz unterschiedlichen Größen der einzelnen Mitgliedsstaaten wird sich zum Beispiel das Mehrheitsprinzip nur sehr begrenzt als Ordnungselement für die Vereinten Nationen eignen.

Das Grundprinzip der Organisation der Vereinten Nationen trägt dem Rechnung. Neben der Vollversammlung, in der alle Mitgliedsstaaten vertreten sind, werden die entscheidenden Befugnisse im Weltsicherheitsrat konzentriert, und der besteht neben einigen turnusmäßig von der Vollversammlung zu wählenden Mitgliedern aus fünf ständigen, die mit einem Vetorecht ausgestattet sind. Das bedeutet, dass Entscheidungen gegen einen dieser Staaten nur unter außergewöhnlichen Voraussetzungen zustande kommen können. Unter dem Gesichtspunkt grundsätzlicher Gleichberechtigung ist das nicht leicht zu rechtfertigen, und ob die fünf ständigen Mitglieder heute noch dem Prinzip der Repräsentation plausibel genügen, das kann mit gutem Grund bestritten werden. Aber das Prinzip als solches entspricht doch auch wieder der Notwendigkeit, dass bei ganz unterschiedlicher Verfasstheit im Einzelnen grundsätzlich alle Staaten Mitglied der Vereinten Nationen sein müssen.

Deshalb sollte man in der internationalen Politik derzeit nicht zu viel Kraft in der Debatte über die Frage nach der Verteilung der Sitze und Stimmrechte im Weltsicherheitsrat verbrauchen, da Änderungen realistischerweise nicht leicht zu erreichen sein werden. Stattdessen muss sich jetzt die Schicksalsgemeinschaft des Westens zunächst darin bewähren, die Möglichkeiten der Vereinten Nationen in all ihrer Unvollkommenheit zu nutzen, um eine Weltordnung zu entwickeln, die durch Zustimmung aller Kulturen und Gesellschaften für mehr Stabilität für alle im Zeitalter der Globalisierung sorgen kann.

Je besser das gelingt, desto größer wird danach auch die Chance sein, zu einem Konsens bezüglich der institutionellen Verfasstheit der Vereinten Nationen zu kommen.

Wenden wir uns nun der zweiten Herausforderung zu: In den vergangenen zwei Jahrzehnten ist Aids zur globalen Epidemie geworden und hat bereits über 24 Millionen Menschen das Leben gekostet. Im südlichen Afrika leben 70 Prozent der weltweit 40 Millionen HIV-Infizierten. Allein im Jahr 2001 haben sich weitere fünf Millionen Menschen weltweit infiziert. Die Infektionsrate der Bevölkerungen im südlichen Afrika liegt bei bis zu 35 Prozent. Dort haben Malaria und Aids zu einer dramatischen Verkürzung der Lebenserwartung geführt, was diese Länder neben den katastrophalen humanitären Folgen schlicht ihrer ökonomischen Zukunft beraubt. Dieser Kenntnisstand ist nicht neu. Was jedoch überrascht, ist die Tatsache, dass sich trotz dieser Zahlen in Europa kein durchdringender Aufschrei gegenüber diesen Entwicklungen erhebt. Aids trifft oftmals Länder, die ohnehin schon als Verlierer der Globalisierung gelten und nur marginal wahrgenommen werden. Des Weiteren ist HIV/Aids ein Beispiel dafür, wie regionale Probleme sehr schnell zu globalen werden können. So schätzt man, dass in Russland zwischen ein und zwei Millionen Menschen mit dem Virus infiziert sind. Während man noch vor fünf Jahren in Europa auf das weit entfernte Afrika verweisen konnte, hat man die großen Herausforderungen und Gefahren vor der eigenen Haustür übersehen. Auch SARS hat dies dramatisch, wenngleich in anderem Ausmaß bestätigt.

Entwicklungsländer sind beim Aufbau eines funktionierenden Gesundheitssystems und einer nutzbaren Infrastruktur auf einheimische Elite- und Fachkräfte angewiesen. Wandern diese in nennenswerter Zahl aufgrund zunehmender Perspektivlosigkeit ab, ist eine nachhaltige Entwicklungspolitik in diesen Ländern nicht mehr zu gestalten. In Afrika und Teilen von Asien kommt der erwähnte Bruch der Bevölkerungsentwicklung durch HIV/Aids und Malaria erschwerend hinzu. Gleichzeitig führen wir in Deutschland die Debatte, wie wir uns im Rahmen einer reformierten Immigrationspolitik für spezialisierte Fachkräfte aus Entwicklungsländern öffnen können. Die Tatsache, dass die Abwerbung von Computerspezialisten aus Indonesien oder Indien die Entwicklungsmöglichkeiten dieser Länder durch ein von Deutschland gefördertes *Green-Card*-Programm signifikant beschneidet, spielte in der öffentlichen Diskussion bei uns praktisch keine Rolle. Auch in Europa denken wir offenbar gern global, handeln dann aber kurzsichtig an unseren regionalen Interessen orientiert, was am Ende Indonesien oder Indien genauso schadet wie uns selbst, wenn dort gut ausgebildete junge Menschen ihre Heimatländer verlassen, um im Westen zu vermeintlichen Gewinnern der Globalisierung zu werden. Nachhaltiger Umgang mit den Herausforderungen der Globalisierung ist dann nicht möglich, wenn man die Segnungen globaler Märkte – zum Beispiel die Mobilität von Arbeitskraft – in Anspruch nimmt, sich aber den negativen Konsequenzen einer globalen Marktwirtschaft verschließt beziehungsweise seine rein nationalen Interessen zur Handlungsmaxime erhebt.

Der Bereich Umwelt ist schließlich ein äußerst geeignetes Beispiel, warum Globalisierung ohne Regulierung fatale Folgen haben kann. Luftverschmutzung oder vergiftete Flüsse fragen eben nicht nach nationalen Grenzen. Klaus Töpfer als Direktor von UNEP wies erst kürzlich auf die Gefahren extensiver Luftverschmutzung hin, die zu braunen Smogteppichen über Asien führt. Scheinbare Gewinner der Globalisierung wie Singapur oder Hongkong sind davon genauso betroffen wie verarmte Regionen in China oder Indonesien, die fossile Brennstoffe verfeuern oder industriell ihre Umwelt ausbeuten, um dem wirtschaftlichen Druck ihrer Nachbarn standzuhalten und konkurrenzfähig zu sein. Dies ist mit Blick auf nationale Interessen nachvollziehbar, mit Blick auf die Entwicklung von ganzen Regionen aber fatal und alles andere als eine nachhaltige Strategie. Einzelne Investoren, deren Ziel in erster Linie der Erhalt ihrer eigenen Wettbewerbsfähigkeit ist, werden selten von sich aus Lösungen dieser Probleme vorlegen, solange nicht Regierungen und Investoren kooperieren. Zwar weichen viele Grenzen in einem globalen Kontext auf, in dem man nur noch Mouseclicks voneinander entfernt zu sein scheint. Verlangen dann aber globale Probleme nach praktischen, regional umsetzbaren Lösungen, fehlen den Industrienationen vielfach der Wille und die handfesten Anreize zu handeln.

Das Tückische erscheint mir dabei, dass die Nebenwirkungen der Globalisierung zu Anfang nur regional gespürt werden, sich dann aber massiv ausbreiten. Und das kann bis vor unsere Haustür gehen. Erst kürzlich war vom brandenburgischen Ministerpräsidenten zu hören, dass man eine Versteppung der Weideflächen in der Mark Brandenburg befürchte, weil aufgrund der klimatischen Veränderungen das gemäßigte Klima einem Steppenklima wie in Kasachstan oder den Great Plains weiche. Die Tatsache, dass wir in Deutschland erstmals von Tornados heimgesucht werden und viele unserer Flüsse in den Sommermonaten wegen niedrigen Pegelstandes nicht mehr zur Binnenschifffahrt taugen, sind weitere Belege für das Ausmaß unserer Umweltprobleme.

Während die Industrienationen wirtschaftlich den Prozess der Globalisierung dominieren und am meisten von ihm profitieren, nimmt die Bevölkerung in Europa stetig ab. Zunehmend weniger Menschen in der Ersten Welt kontrollieren einen immer größeren Teil des weltweit erwirtschafteten Bruttosozialproduktes. Während die Vereinigten Staaten im Jahr 2000 ein Bruttosozialprodukt von fast 10 000 Milliarden US-Dollar erwirtschafteten, erreichten über 100 Länder gemeinsam noch nicht einmal ein Prozent dieser Summe. Das heißt, die USA schafften es, mehr zu erwirtschaften als 100 andere Länder zusammen, obwohl die Bevölkerung der Vereinigten Staaten weniger als fünf Prozent der Weltbevölkerung ausmacht. Auf die G8-Staaten entfallen etwa zwei Drittel der Weltwirtschaftsleistung. Dabei weisen gerade uns in Deutschland die Zahlen zur europäischen Bevölkerungsentwicklung auf ein Paradoxon hin, mit dem wir es bereits jetzt zu tun haben und künftig noch stärker zu tun haben werden. Nach Angaben von Eurostat lebten im Jahr 1997 374 Millionen Menschen innerhalb der EU. Das entsprach einem Anteil an der Weltbevölkerung von 6,4 Prozent. Im Jahr 1960 betrug der entsprechende Satz noch 10,4 Prozent, und 2020 wird er voraussichtlich nur noch knapp über vier Prozent liegen. Nimmt man die Zahlen über die Altersentwicklung der EU-Bevölkerung hinzu, verschärft sich das Spannungsverhältnis im internationalen Vergleich noch mehr. Eine weitgehend schrumpfende und alternde Bevölkerung bringt nicht nur bereits heute die Fundamente unseres Sozialstaates ins Wanken, sie erschüttert auch alle Institutionen des öffentlichen und privaten Lebens. Hier müssen wir gegensteuern und dürfen auch nicht auf vorschnelle, problematische Scheinlösungen wie eine exzessive Zuwanderung verfallen.

Vor dem Hintergrund dieser Zahlen relativiert sich Europas Bedeutung in der internationalen Politik wie auch innerhalb der Vereinten Nationen, wobei die beiden Letzteren gerade momentan alles andere als identisch sind. Auch wenn Europa militärisch außerhalb des eigenen Kontinents derzeit kaum eine Rolle spielt, bleibt unsere wirtschaftliche Bedeutung groß. Außerdem sind wir als vergleichsweise wohlhabender Teil der Welt vielfältig durch Armut und negative Entwicklung in anderen Teilen bedroht, von Wanderungsbewegungen bis zum internationalen Terrorismus. Deshalb muss Europa seiner Verantwortung in der internationalen Gemeinschaft gerecht werden. Wer der Welt über Jahrhunderte seinen Stempel aufgedrückt hat, mit allen Kriegen und allen Errungenschaften, mit allen Leistungen und in allem Versagen, kann sich nicht als Hauptakteur in globalen Märkten zurücklehnen mit dem Verweis, jeder sei für sich selbst verantwortlich. Explizit tut dies auch kaum jemand. Dies geschieht aber implizit, indem man Globalisierung lediglich als kaum kontrollierbares, rein ökonomisches Phänomen begreift, was einen bequemen Notausgang schafft, wenn Gestaltung gefragt ist: Warum sollte man sich um etwas kümmern, was man ohnehin nicht beeinflussen kann? Europa darf aber gerade aufgrund seiner internationalen Verantwortung nicht immer mehr zum politischen Zwerg mutieren, während es gemeinsam mit den Vereinigten Staaten als wirtschaftlicher Riese die unübersehbare Verelendung der Welt schlicht hinnimmt und als unerwünschte Nebenwirkung globaler Märkte verbucht.

Interessen, Bedrohungen und Verantwortung gelten genauso für die Vereinigten Staaten von Amerika, die im Gegensatz zu den Europäern ihre weltpolitische Verantwortung wahrnehmen – für manche allerdings fast zu sehr und vor allem ganz einseitig. Deshalb sollten Amerikaner und Europäer gemeinsam handeln. In Bezug auf die wirklichen Probleme unserer Welt haben wir gemeinsame Interessen, Vorstellungen und Verantwortung, und gerade deshalb ist der Westen eine Schicksalsgemeinschaft. Auch als Westen insgesamt liegt unser Anteil an der Weltbevölkerung demnächst unter zehn Prozent, was die Schicksalsgemeinschaft noch verstärkt. Umgekehrt ist das wissenschaftliche und technische *Know-how* der acht führenden Industrienationen höher als das in allen anderen Ländern der Welt zusammengenommen.

Der Aufbau wirtschaftlicher Potenz durch Wissensvorsprung ist der direkte Weg, um Länder aus dem Teufelskreis der Armut zu befreien, den sie aus eigener Kraft nicht verlassen können. Geschieht dies nicht, muss ein schrumpfendes Europa seine südlichen Küsten so patrouillieren wie seine Ostgrenzen zu Zeiten des Kalten Krieges. In einer immer stärker von Wissensweiterung und Wissensvermarktung geprägten Welt brauchen die Entwicklungs- und Schwellenländer Europa und die USA als verlässliche Partner und nicht nur als gestaltende Nutznießer der Globalisierung.

Mit dem Trend der Globalisierung geht zugleich eine Tendenz zur Regionalisierung einher. Großräumige, vor allem wirtschaftliche Integration wird begleitet durch oftmals ethnisch begründete, kleinräumige Auseinandersetzungen. Vermutlich wächst mit der Entwicklung zur Entgrenzung und Beschleunigung auch das Bedürfnis nach nationaler Orientierung mit teilweise katastrophalen Folgen wie auf dem Balkan oder während des Genozids in Ruanda. Auch die Folgen für Umwelt, Ernährung, soziale Verteilung und damit Stabilität sind nahezu unabsehbar. Dabei schafft die Gleichzeitigkeit völlig unterschiedlicher Entwicklungsstände im globalen Dorf ein Spannungspotenzial ungeheuren Ausmaßes. Rohstoffe und Umwelt werden verzehrt, und die Ungleichzeitigkeit von verschiedenen Prozessen verhindert schon im Ansatz eine dem Bevölkerungswachstum angepasste Steigerung landwirtschaftlicher Produktion. Die derzeitige Situation in Simbabwe – ein Land, das in geordneten politischen Umständen keine Probleme hätte, seine Bevölkerung zu ernähren – spricht Bände über dramatische Konsequenzen nicht nur des makroökonomischen, sondern auch und gerade des politischen Missmanagements in dieser Region.

Kann sich eine globalisierte Welt am Beginn des 21. Jahrhunderts *failed states*, HIV-Epidemien und eine bedrohte Umwelt leisten? Können sich Stagnation und Reformunfähigkeit gerade mit Blick auf die beschriebenen Probleme der Globalisierung auf nationaler Ebene durchsetzen? Die Antwort ist denkbar einfach: Sie können es nicht! Stellt sich die Welt den Herausforderung der Globalisierung nicht in nächster Zukunft und erkennt sie nicht ihre Chancen, wird sie die einhergehenden Risiken nicht beherrschen können. Wo ist nun mit der Lösung dieser Probleme zu rechnen?

Am Ende ist jedes Programm zur Förderung von Entwicklung immer nur so gut wie seine Umsetzung. Zugleich wächst auch bei uns in Deutschland das Bewusstsein, dass wir oftmals keine andere Option haben, als dringend notwendige Reformen anzupacken, und dass gleichzeitig Probleme in Afrika oder Asien sehr schnell zu unseren eigenen werden. Der barmherzige Samariter von einst sollte unter den Bedingungen des 21. Jahrhundert möglichst schnell erkennen, dass jede von ihm bereitgestellte Hilfe zur Selbsthilfe am Ende auch für ihn selbst überlebensnotwendig wird. Wie er hilft, ist im internationalen Dialog mit Politik und Wirtschaft genau zu überlegen. Zu denken ist hier gerade im Kontext deutscher Politik an eine viel stärkere Verknüpfung von Entwicklungspolitik mit Außen-, Sicherheits- und Wirtschaftspolitik. In jedem Fall kommt der Samariter allein ob seiner Fähigkeit, Hilfe zu leisten, in erster Linie aus dem Westen. Schon in seinem Eigeninteresse ist er zum Handeln verpflichtet, da ihn die Verarmung anderer Teile der Welt selbst zum Opfer machen kann, während ihm die Entwicklung anderer Teile der Welt enorme ökonomische Potenziale eröffnet.

Hilft der Westen in der aktuellen Situation nicht und überlässt Länder wie den Irak, Afghanistan, Liberia oder den Kongo sich selbst, droht er in der Tat am Ende selbst zu zerbrechen. Eine von Deutschland und Europa ausgehende Entwicklungsinitiative wie auch ein globales Handeln der Staatengemeinschaft bedürfen jedoch stets des gesellschaftlichen Konsenses sowie vor allem einer regional und lokal koordinierten Umsetzung. Dezentrale Strukturen sind die beste Garantie dafür, dass Menschen in den betroffenen Gebieten von den politischen Entscheidungsträgern in die Lage versetzt werden, ihr Schicksal selbst in die Hand zu nehmen. Hier macht es keinen Unterschied, ob man über den Arbeitslosen im eigenen Land oder den Bürgerkriegsflüchtling im Kongo spricht.

Ebenfalls in beiden Fällen nötig ist der Konsens zwischen den beteiligten Partnern; der jedoch ist in den offenen Gesellschaften des Westens nur schwer zu erreichen. Warum ist dies der Fall im Westen sowie auch und gerade bei uns in Deutschland? Ist die offene Gesellschaft unsere Stärke oder unsere Achillesferse oder etwa beides zur gleichen Zeit? Hier sollte man eher optimistisch sein, denn nur die offenen Gesellschaften stellen überhaupt selbstkritische Fragen und suchen nach Antworten und Alternativen. Die offenen Gesellschaften des Westens benötigen nur etwas mehr Mut und Wahrnehmungskraft, damit sie erkennen, dass ihre große Bewährung zu Beginn des 21. Jahrhunderts sein wird, wie die Entwicklungsfrage gelöst werden kann. So wie die soziale Frage in den Staaten des Westens zu Beginn der Industrialisierung das gesamte 19. Jahrhundert bestimmte und der Kampf der westlichen Demokratien gegen den Terror der Ideologien das 20. Jahrhundert prägte, wird die Frage einer gerechten, sozialverträglichen, identitätsbewahrenden, ökologischen und nicht zuletzt menschlichen Mondialisation – sozusagen die globale Entwicklungsfrage – das dicke Brett sein, das im 21. Jahrhundert gebohrt werden muss. Mit ihrer Beantwortung wird sich eine neue Weltordnung herausbilden und das vor uns liegende Jahrhundert charakterisieren.

Bei der Suche nach dieser neuen Weltordnung können wiederum drei bereits bekannte Einstellungen und Grundaxiome sehr hilfreich sein.

Mäßigung wird bedeuten, dass der Westen zur Sicherung einer friedlichen Entwicklung der Welt Wohlstand wird teilen müssen. Ein Beispiel hierfür wird unser Umgang mit den agrarischen Erzeugnissen der Entwicklungsländer sein. Der Agrarprotektionismus des Westens ist nicht nur ein wirtschaftlicher

Anachronismus, sondern auch eine moralische Schande. Einkommenserzielung und Existenzsicherung von Millionen von Menschen in den Entwicklungsländern werden durch Agrarsubventionen und die Zollpolitik des Westens massiv behindert. Dies kann so nicht weitergehen. Die US-Amerikaner scheinen dies momentan schneller zu begreifen als die Europäer. Bei der im Frühjahr 2003 in Genf gescheiterten Verhandlungsrunde der Welthandelsorganisation WTO waren es die US-Amerikaner, die den Europäern vorschlugen, gemeinsam die Agrarzölle gegenüber den Entwicklungsländern um 75 Prozent zu senken und bei entsprechender Parallelität in der EU die Subventionen für amerikanische Landwirte um 50 Prozent zu senken. Beide Vorschläge wurden von den Europäern aus Sorge um die europäische Landwirtschaft abgelehnt. Und dies just zu einem Zeitpunkt, zu dem einzelne europäische Regierungen der Meinung waren, man müsse die amerikanische Regierung für ihr Verhalten auf der internationalen politischen Bühne moralisch maßregeln. Das beschämende Verhalten der Europäer wurde dann prompt in einem deutschen Leitartikel sehr treffend umschrieben: »Die Moralprediger der Welt prellen die Armen der Welt um 100 Milliarden Dollar. Brot für die Welt, aber die Wurst bleibt hier.«

Das Ergebnis einer Öffnung der Agrarmärkte wäre aber gleichzeitig eine verbesserte Umwelt- und Entwicklungspolitik in den unterentwickelten Ländern, da dort Menschen in die Lage versetzt würden, in einem fairen Wettbewerb und unter Einsatz aller ihren Fähigkeiten und Kenntnisse Einkommen zu erzielen. Die Menschen in den Entwicklungsländern wollen keine Almosen, sie wollen ihren Teil zum Welthandel und zum Austausch zwischen den Völkern und Kulturen beitragen.

Die weitergehende Verzahnung von Außen- und Entwicklungspolitik wird deutlich, wenn die internationale Staatengemeinschaft darauf zu achten hat, dass eine entsprechende Entwicklung der Dritten Welt nicht durch korrupte Regime verhindert wird. Korruption lässt nämlich jede Entschuldungspolitik oder Marktliberalisierung in den Entwicklungsländern ins Leere laufen und muss daher von den Geberländern adressiert werden. Entsprechende Regeln als Grundvoraussetzung von Investment und Entwicklungshilfe, sind hier der Schlüssel zur Umsetzung. Länder, die sich gegenüber der internationalen Gemeinschaft auf die transparente Umsetzung entsprechender Entwicklungsprogramme verpflichten, erfahren eine an ihren Erfolgen orientierte Unterstützung. Die Zahl der *failed states* wird dadurch verringert und unsere Sicherheit erhöht.

Ein weiteres Beispiel für eine ähnlich global ausgerichtete nationale Sicherheitspolitik ist die Frage der Gewinn bringenden Proliferation von Waffen in Entwicklungsländer. In Afrika werden die meisten Menschen in Bürgerkriegen von Macheten getötet – gleich gefolgt von Schnellfeuerwaffen wie Kalaschnikows und G3-Gewehren, wobei Letztere ursprünglich aus Deutschland stammen. Über den legalen Import in »befreundete Drittländer« werden die entsprechenden Exportverbote in Krisenregionen umgangen. Über gecharterte Klein- und Transportflugzeuge und im Austausch für Diamanten und andere Rohstoffe wechseln diese Waffen dann auf Buschpisten des Kongo oder Somalias ihre Besitzer. Das Problem des afrikanischen Kontinents sind, anders als in Asien und im Nahen Osten, eben diese Kleinwaffen und ihre nahezu unkontrollierte Verbreitung in Krisenregionen.

Auch nach dem Ende des globalen Ost-West-Konfliktes und trotz des damit einhergehenden Schrumpfungsprozesses in der weltweiten Waffenindustrie wird die Welt immer weiter mit Waffen überschwemmt. So wurden in den Jahren 1994 bis 2001 weltweit Waffen für über 300 Milliarden Dollar exportiert; über zwei Drittel dieses grenzüberschreitenden Waffenhandels gingen in Entwicklungsländer. Insgesamt kauften die Entwicklungsländer in diesen acht Jahren Waffen für rund 209 Milliarden US-Dollar im Ausland. Gruppiert man die Waffenexporte nach regionalen Gesichtspunkten, dann fällt auf, dass weit über die Hälfte dieser Waffen in den Nahen Osten verkauft wurde. Saudi-Arabien, Ägypten, die Vereinigten Arabischen Emirate, Israel und Kuwait haben seit dem Jahr 1994 weit mehr Waffen importiert als alle Industrieländer zusammen. Der mit Abstand größte Abnehmer der Welt ist das Königreich Saudi-Arabien, das im vergangenen Jahrzehnt rund ein Viertel aller international gehandelten Waffen kaufte.

Mit Abstand wichtigster Produzent und Lieferant sind die Vereinigten Staaten von Amerika, gefolgt von Russland, Frankreich, Deutschland und Großbritannien. Führende Länder des Westens zeichnen somit für das Gros aller Waffenexporte der letzten Jahre verantwortlich. Die Bundesregierung unter Kanzler Schröder, die ja die Wahrung des Weltfriedens und die nachhaltige Entwicklung der Welt zumindest in Wahlkampfzeiten auf ihre Fahnen schreibt, gibt hier kein gutes Bild ab. Denn trotz des Abschlusses der Bestandsverkäufe der ehemaligen Nationalen Volksarmee ziehen die deutschen Waffenexporte wieder an. Seit Beschluss der EU-Verhaltensmaßregel im Jahr 1998 sind in Deutschland in den zwölf Monaten danach 11 400 Rüstungsexportgenehmigungen erteilt und 27 verweigert worden.

Die Kosten, die nicht nur in Entwicklungsländern durch die Verbreitung von Kriegswaffen entstehen, sondern die auch die industrialisierte Welt zunehmend belasten, weil sie mit den Folgen konfrontiert ist, sind meines Erachtens viel höher als der wirtschaftliche Ertrag aus der Rüstungsproduktion.

Wie gesagt: Im Medienzeitalter kann sich niemand mehr damit herausreden, er habe von derlei Entwicklungen nichts gewusst, wenn er im Fernsehen mit Landminenopfern, Chemiewaffenanlagen oder Kindersoldaten konfrontiert wird. Die Opfer sind eben auch Opfer westlicher Produkte geworden. Ähnlich wie bei der Reform des Völkerrechts leben wir in einer Zeit, in der sich niemand darauf zurückziehen kann, er habe von Gräueltaten oder Völkermorden nichts gehört. Das Informationszeitalter macht Verantwortung zu einer globalen Angelegenheit und lässt mögliche Interventionen der Staatengemeinschaft in einem völlig anderen Licht erscheinen.

Völkerrecht, UN-Mandate, globale Umweltpolitik – all dies sind nicht nur Herausforderungen, sondern auch Chancen, die einen Umgang mit dem Anderen ermöglichen, indem sie einen fruchtbareren Rahmen für internationale Beziehungen schaffen, den wir in der Welt der Globalisierung dringend brauchen. Die Beispiele der Agrarpolitik und des Waffenhandels zeigen auch, warum und wie der Westen scheitern kann. Glaubwürdigkeit und Vorbildfunktion und somit auch Führungsanspruch kann und muss der Westen nach innen gegenüber den eigenen Bevölkerungen und nach außen gegenüber Partnern und anderen Kulturen im Wettbewerb der Ideen und Systeme und im Ringen um Legitimität täglich unter Beweis stellen. Nach innen gerät er dabei unter Druck, weil er mit einer zu ungezügelten, maßlosen Globalisierung seine Bevölkerungen überfordert. Nach außen gerät er auf eine schiefe Bahn, wenn er die Globalisierung hemmungslos zu seinem eigenen Nutzen missbraucht. Gleichgültig, ob der Westen von innen heraus zerbrechen oder an äußeren Herausforderungen scheitern würde – der Verlust wäre nicht nur für uns fürchterlich.

Fürchterlich, weil die Welt die Offenheit des Westens, seine Experimentierfreude und seine Kritikfähigkeit, seinen nimmermüden Freiheitsdrang und seinen Anspruch auf die Verbesserung der Welt dringend benötigt.

8. Deutschlands Aufgabe – Handlungsfähigkeit nach innen und außen

In der Nachkriegsgeschichte Deutschlands hat Fußball mehrfach eine symbolische Bedeutung gewonnen. Die Weltmeisterschaft 1954 im Berner Wankenstadion hatte dem durch Hitler und seinen verbrecherischen Krieg zerstörten Volk erstmals wieder ein neues Erfolgsgefühl vermittelt, was auch von weniger sportbegeisterten Historikern unstreitig bestätigt wird. Und 1990, im Jahr der Wiedervereinigung, wurde die deutsche Mannschaft wieder Weltmeister. Ich hatte das Team als Innenminister von Rom mit einer Maschine der Bundeswehr nach Frankfurt zurückgeholt und werde den Anblick der jubelnden Menschenmenge während der Fahrt vom Flughafen und auf dem Frankfurter Römer nicht vergessen. Franz Beckenbauer meinte damals, für ein Jahrzehnt seien die Deutschen nun im Fußball fast konkurrenzlos. Wie man sieht, kann auch der »Kaiser« sich irren. Inzwischen haben wir uns schon gefreut, als wir in der Qualifikation für die Europameisterschaft noch in den Schlussminuten gegen die Faröer Inseln gewonnen haben. Aber weil Höhen und Tiefen nahe beisammenliegen, braucht man niemals zu resignieren. »Steh auf, wenn du ein Schalker bist«, lautet ein sympathischer Fangesang in der neuen Arena zu Gelsenkirchen.

Auch in der Politik scheint die Begeisterung des Jahres 1990 rasch verflogen. Aber bei aller Ernüchterung ist auch vieles vorangekommen. Wer heute offenen Auges durch Berlin geht, wird sich allenfalls kopfschüttelnd noch an die quälende Haupt-

stadtdebatte erinnern können. Besucher aus aller Welt sind von der Dynamik der Veränderungen in unserer Hauptstadt fasziniert. Und manchmal trauen uns andere mehr zu, als wir das selbst tun. Im August 1987 war ich auf einer Reise in Südostasien, und der für September angekündigte Besuch Honeckers in der Bundesrepublik, für dessen Vorbereitung ich als Chef des Bundeskanzleramtes verantwortlich war, beschäftigte alle meine Gesprächspartner. Meine politisch korrekten Versicherungen, dass die Politik der deutsch-deutschen Zusammenarbeit nichts mit Wiedervereinigung zu tun habe, wurden freundlich akzeptiert, aber in den Mienen aller Gesprächspartner war deutlich zu spüren, dass mir niemand glaubte. Zwei Jahre später kam es dann zu den allseits bekannten Ereignissen.

Damit bin ich bei den Herausforderungen im Deutschland des Jahres 2003, die nicht nur uns selbst, sondern auch unseren Partnern zunehmend Sorge bereiten. Wie immer man es im Einzelnen drehen und wenden mag: Die Leistungsfähigkeit und die Dynamik Europas hängen zu einem nicht geringen Teil von Deutschland ab. Wir sind das bevölkerungsreichste Land. In der Mitte Europas gelegen, haben wir die meisten Nachbarn, und in absoluten Zahlen ist unser Bruttoinlandsprodukt immer noch das höchste. Lange Zeit waren wir die Wachstumslokomotive in Europa. Das hat sich mittlerweile geändert. Seit geraumer Zeit liegen die deutschen Wachstumsraten nur noch im mittleren europäischen Bereich, und inzwischen sind wir sogar ziemlich am Ende der europäischen Wachstumstabelle angelangt. Das wird noch verstärkt durch die vor wenigen Jahren kaum vorstellbare Tatsache, dass ausgerechnet gegen Deutschland, das maßgeblich für Stabilitätskriterien und Stabilitätspakt der gemeinsamen europäischen Währung eingetreten war, von der Europäischen Kommission ein Verfahren wegen Verletzung der Stabilitätskriterien eingeleitet werden musste. Nicht ohne Häme kommentieren unsere Nachbarn, dass der

Klassenstreber in der Gefahr steht, als Erster das selbst gesteckte Klassenziel nicht zu erreichen.

Wir sollten bei allen aktuellen Problemen nicht vergessen, warum wir bei der Einführung der gemeinsamen europäischen Währung so viel Wert auf den Stabilitätspakt gelegt haben. Die Sorge, die in fünfzig Jahren bewährte D-Mark durch eine weniger stabile europäische Währung zu ersetzen, war gerade auch wegen der traumatischen Inflationserfahrung der Deutschen besonders groß, und um eine gemeinsame europäische Währung überhaupt akzeptanzfähig zu machen, musste dieser Sorge begegnet werden.

Auch wenn in jüngster Zeit mehr von Deflation die Rede war, darf nicht aus dem Blickfeld geraten, dass Inflation soziale Sicherheit untergräbt und dauerhaftes Wachstum verhindert. Fünf Prozent Inflation seien ihm lieber als fünf Prozent Arbeitslosigkeit, sagte Bundeskanzler Schmidt im Jahr 1976; aber leider wurden damals aus fünf Prozent Inflation eben ziemlich schnell auch fünf Prozent Arbeitslosigkeit, und das war erst der Anfang einer traurigen Entwicklung. Im Übrigen verführt eine Politik des leichten Geldes auch dazu, die eigentlichen Probleme zu übersehen und sich an ihrer Lösung vorbeizudrücken. Das können wir uns aber nicht leisten, und deshalb muss der Versuchung, durch weniger Stabilität gewissermaßen mit schmerzlindernden Mitteln grundlegenden Reformen auszuweichen, widerstanden werden.

Die Schwächen sind inzwischen allgemein bekannt: geringe Wachstumsdynamik, wachsende Finanzierungssalden und Probleme in den öffentlichen Haushalten wie in den Sozialversicherungssystemen sowie ein verkrusteter und überregulierter Arbeitsmarkt, der bei nahezu fünf Millionen offiziellen Arbeitslosen und einer in Wahrheit eher bei sieben Millionen liegenden stillen Beschäftigungsreserve nach wie vor nicht in der Lage ist, selbst in Regionen mit überdurchschnittlich hoher Arbeitslosigkeit hinreichend qualifizierte Bewerber sowohl für hoch als auch für niedrig qualifizierte Arbeitsplätze zur Verfügung zu stellen. Hinzu kommen etwa Genehmigungsverfahren bei Neugründungen und öffentlichen wie privaten Investitionen, die länger dauern als in fast allen vergleichbaren Ländern, oder ein Bildungssystem, das entgegen früherer Annahme im internationalen Vergleich kaum noch herausragt.

Was hat dies mit Deutschlands Rolle in der Welt zu tun? Ich habe die Notwendigkeit der Orientierung an Vorbildern schon hervorgehoben, und dies gilt nicht nur für die individuelle Ebene. Wenn ein strauchelnder Westen, wenn ein reformunfähiges Deutschland mit all seiner Wirtschaftskraft und den damit verbundenen Ressourcen Vorbilder, Werte, Gestaltungsmöglichkeiten nicht mehr bieten könnte, dann wirken wir auf andere nicht mehr überzeugend. Und dann werden eben andere zu Vorbildern oder jedenfalls Gestaltern, und das muss nicht unbedingt unseren Interessen und unseren Vorstellungen von globaler Ordnung entsprechen. Wenn dargestellt wurde, dass der Westen dann nicht scheitern muss, wenn man sich beim *nation building*, beim Aufbau europäischer Streitkräfte oder beim Kampf gegen Armut, Aids oder Malaria und bei der Verbreitung europäischer Kultur und Lebensart engagiert, dann geht es dabei immer um nach außen gerichtete Tätigkeiten. Wenn sich dagegen Deutschland immer mehr nur noch mit sich selbst beschäftigen und sein Schicksal beklagen sollte, statt es in die Hand zu nehmen; wenn es sich im Kampf der Interessengruppen zerfasern sollte, dann würde es sich aus jeder Form der Gestaltung der Welt zurückziehen. So blockiert am Ende eine innenpolitische und wirtschaftliche Krise jede Möglichkeit außenpolitischer Gestaltung.

Außenpolitische Gestaltungsmöglichkeiten sind in einer globalisierten Welt auf rein nationalstaatlicher Ebene kaum noch denkbar. Wenn selbst die USA nicht gut beraten sind, auf Unilateralismus zu setzen, dann folgt daraus, dass jedenfalls

Deutschland gut beraten ist, nicht mehr »Weltpolitik« in wilhelminischem Sinne zu betreiben, sondern sich in europäische und transatlantische Politik einzubringen, um im europäischen Verbund seine Interessen zu vertreten.

Das heißt nicht, dass wir keine nationalen Interessen haben, sondern dass eine partnerschaftliche Politik am besten unseren nationalen Interessen entspricht. Nationales Interesse sowie europäische und atlantische Partnerschaft sind keine Gegensätze, sondern bedingen sich gegenseitig. Auf diese gemeinsame Politik müssen wir jedoch Einfluss ausüben. Das entspricht unserem Interesse, und das erwarten unsere Partner von uns.

Einfluss können wir nehmen durch konzeptionelle Beiträge. In welche grundsätzliche Richtung die gehen sollten, habe ich in den vorangegangenen Kapiteln darzulegen versucht. Aber Einfluss üben wir nur in dem Maße aus, in dem wir auch zu angemessenen eigenen Beiträgen bereit und fähig sind. Als wirtschaftlich größtes Land in der EU müssen wir auch außen- und sicherheitspolitisch ein entsprechendes Maß an Verantwortung übernehmen, was größere Lasten bedeutet, als wir insoweit vor dem Jahr 1990 zu schultern gewohnt waren. Dies aber setzt entsprechende wirtschaftliche Leistungskraft und finanzielle Handlungsspielräume voraus. Und schließlich wirken wir auf andere überzeugender, wenn wir im eigenen Land unsere Aufgaben lösen. Wer global agieren will und muss, der sollte zunächst seine eigenen Probleme in den Griff bekommen. Was wir anderen empfehlend nahe legen, sollten wir bei uns selbst verwirklicht haben. So etwa hängen Marktöffnung und Attraktivität für ausländische Investoren zusammen oder auch Toleranz und Integration. Und aus demselben Grund ist die Reform unseres föderalen Systems notwendig nicht nur im eigenen Interesse, sondern eben auch, um den Föderalismus als staatliches und gesellschaftliches Ordnungsmodell weltweit attraktiv zu halten: die wirtschaftliche Leistungsfähigkeit gewissermaßen als *hard power* und die Überzeugungskraft unserer Lebensverhältnisse als *soft power*.

Deutschland als Land mit den ältesten Studenten, den jüngsten Rentnern, den kürzesten Arbeits- und den längsten Urlaubszeiten ist momentan aber von beidem weiter denn je entfernt. Das Bild, wie immer im Einzelnen überzeichnet, setzt sich zunehmend fest. Leidet Deutschland an der japanischen Krankheit?, ist eine in der internationalen Fachpresse zunehmend gestellte Frage. Die Antwort ist ebenso nahe liegend wie unbequem. Wer Besitzstände auf den Prüfstand stellen und lieb gewonnene Gewohnheiten überprüfen muss, tut dies in der Regel nicht gern. Der Öffentlichkeit ist das Ausmaß unserer Schieflage gleichwohl nicht verborgen geblieben, und dementsprechend werden die Rufe nach Änderungen lauter und dringender. Und sie beschränken sich nicht mehr auf Wirtschaftsverbände, denen im Zweifel interessengeleitete Motivation unterstellt werden kann. Der frühere Bundespräsident Roman Herzog hat mit seiner »Ruck-Rede« allgemeine Zustimmung gefunden, und inzwischen hat dem auch die rot-grüne Bundesregierung Ausdruck verliehen, etwa in der Regierungserklärung des Bundeskanzlers am 14. März 2003 und in der so genannten *Agenda 2010*.

Die Regierung hat damit in ihrer Politik einen Kurswechsel vorgenommen. Nach dem Regierungswechsel hatte sie in den Jahren 1998/99 die zuvor mühsam durchgesetzten Korrekturen am Arbeitsmarkt sowie in der Renten- und Krankenversicherung zurückgenommen, was inzwischen fast unbestritten als verhängnisvolle Weichenstellung bewertet wird. Jetzt versucht man, genau diese Fehler wieder zu korrigieren. Da sich die Lage in der Zwischenzeit weiter dramatisch verschlechtert hat, ist der Korrekturbedarf noch sehr viel größer geworden. Auch darin drückt sich aus, wie sehr sich Veränderungsprozesse in jüngerer Zeit beschleunigt haben, wobei für unser Land die demografische Entwicklung noch entscheidend hinzukommt. Der

Anteil junger Menschen nimmt ab, und der Anteil älterer steigt, was den Handlungsbedarf für die sozialen Sicherungssysteme wie für die wirtschaftliche Struktur insgesamt außergewöhnlich zeitkritisch macht.

Fragt man sich, wie wir nach dem Triumph von 1990 in weniger als einer Dekade in eine derartige Schieflage kommen konnten, dann schließt sich der Kreis. Globalisierung ist eben auch gegenüber vermeintlichen Gewinnern unbarmherzig, in dem sich nicht nur der wirtschaftliche Aufstieg, sondern auch der wirtschaftliche Abstieg im Zeitraffertempo vollzieht. Japan hat dies in weniger als zehn Jahren schmerzlich erfahren müssen. Auch in Deutschland wird es nicht anders sein, wenn wir unsere Probleme nicht in den Griff bekommen. Nachlassende Wettbewerbsfähigkeit können wir uns angesichts konkurrenzfähiger Alternativen etwa in Tschechien, Polen oder auch in Indonesien nicht leisten. Deshalb müssen wir uns auf das Wesentliche konzentrieren und uns auf unsere Stärken wieder besinnen. Unsere öffentlichen Verteilungs- oder auch Besitzstandsverteidigungsdebatten erwecken nicht immer den Eindruck, als sei das schon allgemein verstanden. Wenn in der Diskussion um die Gesundheitsreform der Zahnersatz die persönliche Intervention des Bundeskanzlers erforderte, dann wirkt das fast ein wenig, als würde man in der Intensivstation darüber streiten, welche Maniküre man dem Patienten angedeihen lassen will.

Grundlage unserer Erfolge waren immer die Leistungen der Menschen in Deutschland. Überreiche Rohstoffvorkommen gehören nicht zu den Standortvorteilen Deutschlands. Und deshalb müssen wir uns auf Ausbildung und Erziehung, auf Bildung und Forschung konzentrieren. Das ist gewissermaßen Deutschlands Kerngeschäft und gewiss die beste Vorsorge im Prozess der Globalisierung. Ein Gang durch die Humboldt-Universität, bei dem man die Gemälde der 29 Nobelpreisträger, die allein diese Bildungseinrichtung hervorgebracht hat, auf sich wirken lässt, verdeutlicht, wie sehr wir in Gefahr sind, unser Erbe zu verspielen. Wenn heute deutschen Forschern – seltener als früher – ein Nobelpreis verliehen wird, dann sind die Ausgezeichneten in der Regel an Forschungseinrichtungen im Ausland tätig. Ein *Brain Drain* deutscher Forscher ins Ausland wird oft beklagt. Umgekehrt sind wir für Spitzenkräfte aus dem Ausland, bei Studenten wie bei Forschern, kaum noch attraktiv. Auch das medial wirksam gepriesene *Green-Card*-Programm erwies sich eher als Flop. Und das belegt, dass wir Mängel in der eigenen Qualifikation auf Dauer nicht durch Importe ausgleichen können. Anziehungskraft für Spitzenkräfte werden wir nur bewahren, wenn wir selbst auch in der Spitze bleiben. Bildung und Forschung sind so gesehen klassische Ausdrucksformen von *soft power*, und darum gilt es gerade in diesem Bereich als unserer Kernkompetenz, an alte Stärken anzuknüpfen.

Zu den Vorzügen Deutschlands gehört auch unsere Lage mitten in Europa. Die Osterweiterung der Europäischen Union eröffnet den Zugang zu neuen Märkten, was wir als Chance begreifen sollten, statt uns zuerst von neuer Konkurrenz bedroht zu sehen. Die Nähe zu den neuen Märkten ist auch für neue Investoren aus dem Ausland ein Standortvorteil Deutschlands. Hier sind wir wieder bei dem Zusammenhang zwischen der inneren Lage unseres Landes und unserer außenpolitischen Rolle. Nicht nur unsere Nachbarn in Europa erwarten von Deutschland eine gestaltende Rolle in der europäischen Entwicklung, und sie beurteilen Deutschland auch danach, ob und inwieweit wir diese Erwartungen erfüllen können. Wirtschaftliche Leistungsfähigkeit und außenpolitische Handlungsfähigkeit bedingen sich gegenseitig. Markenzeichen Deutschlands waren lange seine wirtschaftliche Stärke und Stabilität »*Made in Germany*«. Nicht militärische Macht, sondern Wirtschaftskraft zeichnete die Bundesrepublik Deutschland in Zeiten des

Kalten Krieges aus und war ein entscheidender Faktor bei der Wiederherstellung von Vertrauen in dieses Land. Wenn Deutschland nun wirtschaftlich schwächer werden sollte, wird auch unsere außenpolitische Handlungskompetenz geringer und unsere Rolle als ernst zu nehmender globaler Partner infrage gestellt. Wer in Zeiten der Rezession Einschnitte ablehnt oder Arbeitskämpfe in ohnehin strukturschwachen Regionen anzettelt, der riskiert, bald erheblich mehr zu verlieren als die Zuzahlung beim Zahnersatz. Globalisierung zwingt zu Veränderungen. Wer sich nur, und auch noch wenig erfolgreich, mit sich selbst beschäftigt, zählt nicht zu den Gestaltern globaler Prozesse, sondern zu denen, die von ihnen überrollt werden.

Die Verteidigungspolitik ist dafür ein Beispiel: Wer nicht über ausreichende Fähigkeiten verfügt, wird mit der bloßen Kritik an der Politik anderer Staaten wenig erreichen. Und das gilt für die Außenpolitik insgesamt. Mit Selbstgenügsamkeit lassen sich globale Entwicklungen nicht steuern. Wer auf Partnerschaft angewiesen ist, muss zu eigenen Beiträgen bereit und fähig sein, und wer zunehmend von Entwicklungen in allen Teilen der Welt betroffen ist, im Guten wie im Schlechten, muss sich dafür interessieren. Introvertiertheit und Stagnation hängen eben zusammen.

Nehmen wir als aktuelles Beispiel Afghanistan. Die Debatte über einen Einsatz der Bundeswehr auch außerhalb Kabuls war ein beherrschendes Thema im Sommer 2003. Aber jede Diskussion um eine Ausweitung des deutschen militärischen Beitrags greift zu kurz, wenn sie nicht erklären kann, warum und mit welcher Zielrichtung deutsche Soldaten den erheblichen Risiken eines solchen Einsatzes ausgesetzt werden sollen. Grundlage des ISAF-Mandats war die Überlegung, durch militärische Sicherung in Kabul eine Basis dafür zu schaffen, dass eine afghanische Regierung das Land zu dauerhafter Stabilität entwickeln kann. Entsprechend ist die Regierung Karzai seit der Petersberg-Konferenz im Amt, aber ihre Autorität ist bislang im

Wesentlichen auf Kabul beschränkt geblieben. Und damit wird die Lage selbst in Kabul durch Bedrohungen aus der Umgebung wieder gefährdeter.

Deshalb ist nachzuvollziehen, wenn der Verteidigungsminister sagte, dass entweder der Einsatz in Afghanistan über Kabul hinaus ausgeweitet oder die Soldaten auch aus Kabul abgezogen werden müssten. Aber diese Alternative beschreibt ein Dilemma: Ein Abzug aus Kabul könnte schnell zum Scheitern im Kampf gegen den internationalen Terrorismus werden, und das wäre dann nicht nur eine Niederlage der USA, sondern des Westens insgesamt mit unabsehbaren Folgen auch für unsere Sicherheit. Umgekehrt rechnen Experten, dass eine militärische Kontrolle von ganz Afghanistan mindestens 200 000 Soldaten erfordern würde. Man muss dabei daran erinnern, dass schon zur Stabilisierung des vergleichsweise kleinen Bosnien zeitweilig bis zu 60 000 Soldaten eingesetzt wurden. Für den Irak kommen entsprechende Berechnungen schnell auf 500 000 Soldaten. Kein westliches Land ist zu derart großem Engagement bereit und in der Lage – noch dazu über einen längeren Zeitraum.

Was also tun? Nur eine bessere Kombination von *hard power* und *soft power* wird einen Ausweg aus dem Dilemma bieten können. Und das heißt mehr internationale Verantwortung und damit auch stärkere Einbindung von Nachbarstaaten in die Stabilisierungsbemühungen. Das gilt in Afghanistan, das gilt in den zahllosen Konflikten Afrikas, und das gilt gewiss auch im Irak. Und das fordert stärkere Verantwortung und größere Beiträge für die Vereinten Nationen.

Gewiss muss man davon die Vereinigten Staaten erst noch überzeugen. Aber die Chancen dafür nehmen zu – das ist die Kehrseite der nicht erfreulichen Entwicklung in Afghanistan wie im Irak. Auf sich allein gestellt drohen die USA beim Prozess des *nation building* zu scheitern, sind trotz aller militärischen Überlegenheit in ihren Kräften zunehmend überfordert und verspüren wachsenden innenpolitischen Widerstand. Weil aber, wie der Verteidigungsminister nicht zu Unrecht gesagt hat, auch die Sicherheit Deutschlands am Hindukusch verteidigt wird, geht es eben nicht nur um ein Scheitern der USA, sondern genauso um unsere eigene Sicherheit. Dies gilt so ähnlich auch für andere Krisengebiete – im Nahen Osten etwa und auch im Irak.

Position der Union war immer, dass ein Mandat der Vereinten Nationen Voraussetzung für eine deutsche Beteiligung sein muss. Insoweit besteht Übereinstimmung auch mit der Bundesregierung. Wenn aber der Bundeskanzler vor einem Jahr – und erneut im August 2003 – erklärte, Deutschland werde sich auch im Falle eines UN-Mandats auf keinen Fall beteiligen, dann wird damit die Chance für eine entsprechende Rolle der Vereinten Nationen nicht größer, sondern kleiner.

Wer für multilaterale Entscheidungen eintritt, muss zu eigenen Beiträgen auch bereit sein. Das beantwortet noch nicht die Frage, wer im Einzelfall welchen Beitrag am besten leisten kann. Aber Arbeitsteilung setzt immer die grundsätzliche Bereitschaft zu gemeinsamer Verantwortung voraus.

Die Internationalisierung der Konfliktbekämpfung und der Prävention verbessert die Wirkungsmöglichkeiten von *soft power*. Wie auf dem Balkan sollten auch in Afghanistan oder im Irak militärische Kräfte zunehmend durch Zivil- und Polizeikräfte ergänzt und ersetzt sowie mit wirtschaftlicher Aufbauhilfe verbunden werden.

Aber das alles erfordert umfassende Konzepte, die Perspektiven für eine positive Entwicklung aufzeigen und die eigene Beiträge, auch die Übernahme von Risiken, verantwortbar machen. Und es erfordert mehr Aufwendungen für Sicherheit und Stabilität. Die Bereitschaft dazu ist zumal in Zeiten von wirtschaftlichen und finanziellen Schwierigkeiten und sozialen Problemen nicht leicht zu gewinnen.

Tatsächlich sank auch der zusammengefasste Anteil der Etats für Außen-, Verteidigungs- und Entwicklungspolitik am Bundeshaushalt von mehr als 20 Prozent im Jahr 1990 bis heute auf weniger als zwölf Prozent. Aber damit ist zugleich auch angedeutet, dass wir in Wahrheit nicht die Wahl zwischen mehr Aufwendungen für unsere außenpolitische Verantwortung auf der einen Seite oder für die Lösung unserer Probleme im Innern haben: Denn gerade in der Zeit, in der die Aufwendungen für Außen-, Sicherheits- und Entwicklungspolitik so zurückgegangen sind, hat sich unsere wirtschaftliche Lage nicht verbessert, sondern erheblich verschlechtert. Und das zeigt wiederum, dass wirtschaftliche Leistungs- und außenpolitische Handlungsfähigkeit untrennbar zusammenhängen.

Wer seinen Wohlstand so sehr wie Deutschland internationaler Arbeitsteilung verdankt, kann sich aus der Verantwortung für die Entwicklung der Welt nicht ausklammern. Deshalb müssen wir uns um die außenpolitischen Aufgaben genauso kümmern, wie wir die Probleme in unserem Lande lösen müssen. Noch immer aber steht die allgemeine Einsicht in die Notwendigkeit von Veränderungen in einem unübersehbaren Widerspruch zu den Widerständen gegen jedwede Reform, sobald sie konkret zu werden droht.

Als eine von der Bundesregierung eingesetzte Sachverständigenkommission im Frühjahr 2003 eine Anhebung des Renteneintrittsalters ab dem Jahr 2011 über einen Zeitraum von 24 Jahren – also bis zum Jahr 2035 (!) – um zwei Jahre empfahl, wetterte der Vorsitzende des VdK unverzüglich dagegen, dass die Rentner nicht zum »Sparschwein der Nation« werden dürften, und das Politbarometer ermittelte eine Ablehnung von über 80 Prozent gegen einen solchen Vorschlag. Demoskopische Befunde belegen die Widersprüchlichkeit zwischen der Einsicht in die Notwendigkeit von Reformen allgemein und den Widerstand im Konkreten. Das öffentliche Palaver, das bei jedem einigermaßen konkreten Vorschlag unmittelbar einsetzt, hat inzwischen dazu geführt, dass der Begriff »Reform« als solcher öffentlich schon negativ besetzt ist: zum Teil, weil »Reform« mit Einschränkung gleichgesetzt wird, zum Teil aber auch, weil das Zutrauen immer mehr abnimmt, dass am Ende tatsächlich etwas geschieht.

Wie gesagt: Alle demoskopischen Befunde belegen, dass einerseits die Forderung nach grundsätzlichen Veränderungen immer mehr Zustimmung findet, dass aber andererseits jeder konkrete Reformvorschlag mit mindestens ebenso hohen Mehrheiten abgelehnt wird. Und das spricht dafür, dass die wirkliche Lage trotz aller Klagen und Skepsis immer noch erheblich schlechter ist als die Stimmung. Ausmaß und Qualität der strukturellen Krise sind noch nicht wirklich erfasst. Einige Beispiele:

- Mittelstand und duales Ausbildungssystem galten aus Sicht anderer Länder stets als die Grundpfeiler des »*Made in Germany*«-Gütesiegels und als Schlüssel für unsere wirtschaftliche Dynamik, die wiederum durch das Wirtschaftswunder unsere Rolle in der Welt legitimierte. Mittlerweile sind es gerade die Kernbereiche des klassischen Mittelstands, die von der derzeitigen Krise besonders stark betroffen sind. Handwerksverbände weisen darauf hin, dass innerhalb weniger Jahre Hunderttausende von selbstständigen Betrieben mangels Betriebsnachfolger aber auch wegen unzureichender wirtschaftlicher Perspektiven ausscheiden werden.
- Die Verlegung ganzer Betriebe oder die Verlagerung von Betriebsteilen nach Mittel-, Ost- und Südosteuropa beziehungsweise ganz aus Europa hinaus in die Billiglohnländer Asiens nimmt zu. Große Unternehmen kündigen an, zunehmend auch Entwicklungsarbeiten ins Ausland verlegen zu wollen. Während noch vor zehn Jahren geringere Qualifikation der Arbeitskräfte, geringere Produktivität, Qualität

und Lieferzuverlässigkeit trotz niedriger Lohnkosten gegen eine Verlagerung sprachen, sind diese Nachteile inzwischen weithin abgebaut. Der Kostenunterschied ist aber geblieben. Wenn demnächst auch noch Nachteile in der Infrastruktur abgebaut sein werden, wird die Standortkonkurrenz noch intensiver.

- Die Marktkapitalisierung börsennotierter Unternehmen zeigt, dass in Wahrheit viele große deutsche Publikumsaktiengesellschaften international Übernahmekandidaten sind, wobei etwa im Bankengewerbe ganz offen gesagt wird, dass diese Gefahr derzeit tatsächlich nicht so groß ist, weil der Standort Deutschland für internationale Investoren nicht hinreichend attraktiv sei.
- Die Jahresarbeitszeit liegt in Deutschland niedriger als in allen vergleichbaren Industrieländern, beispielsweise 25 Prozent unter jener der Schweiz oder jener der Vereinigten Staaten. Entsprechend sind die Ausgaben für Urlaub und Tourismus überdurchschnittlich hoch.

Man muss die Aufzählung nicht fortsetzen. Mit niedrigem Rentenalter, längeren Ausbildungszeiten und kürzerer Arbeitszeit werden wir bei nicht mehr im Spitzenbereich liegender Qualifikation im härter werdenden europäischen wie globalen Wettbewerb an Konkurrenzfähigkeit notwendig verlieren müssen – und damit Wachstums-, Beschäftigungs- und Wohlstandschancen auch als Grundlage sozialer Sicherheit einbüßen. Die Finanzierungsprobleme unserer sozialen Sicherungssysteme sind zwar allgemein viel diskutiert worden, werden aber in ihrer Dimension gleichwohl immer noch unterschätzt. Neben den Finanzproblemen von Renten- und Krankenversicherungen werden die Pensionslasten der öffentlichen Haushalte in der Öffentlichkeit kaum gesehen, obwohl sie mindestens ebenso dramatisch sind. Würde man die Versorgungslasten der öffentlichen Haushalte nach bilanzrechtlichen Gesichtspunkten bewerten, wären die Folgen für die öffentlichen Haushalte kaum noch vorstellbar.

Die immer geringer werdenden Handlungsspielräume in den öffentlichen Haushalten sind keineswegs nur ein Problem von Finanz- und Haushaltspolitik, sondern sie beschreiben einen dramatisch kleiner werdenden politischen Gestaltungsspielraum insgesamt, zumal das klassische Hilfsmittel gegenüber solchen Problemen – die Verringerung der Schuldenlast durch Inflation – wegen der gemeinsamen europäischen Währung nationaler Politik nicht mehr so einfach zur Verfügung steht.

Ein besonders deutliches Beispiel dafür ist die Lage der Bundeshauptstadt Berlin. Das Land erfüllt längst die Voraussetzungen für die vom Bundesverfassungsgericht entwickelte Haushaltsnotlage. Sogar ein SPD/PDS-Senat ist zu Maßnahmen gezwungen, die diese Parteien in der Opposition zumindest zur Ausrufung des Generalstreiks veranlasst hätten. Die Humboldt-Universität hat Ende April 2003 angekündigt, zum Herbst keine neuen Studenten mehr aufnehmen zu können, weil die vom Senat vorgelegten Haushaltskürzungen sie dazu zwingen. Gleichzeitig aber werden Forderungen nach Einführung von Studiengebühren abgelehnt, mit der zusätzlich paradoxen Folge, dass der Besuch von Kindergärten den Eltern sehr viel teurer kommt als das Studium ihrer Kinder an einer Universität.

Wir werden es bei kosmetischen Reformversuchen nicht bewenden lassen können, zumal die Auswirkungen der demografischen Entwicklung zusammentreffen mit dem hohen Anspruchsniveau einer Wohlstandsgesellschaft und einem großen Maß an bürokratischer Ineffizienz. Hinzu kommen auch Änderungen in den Lebensgewohnheiten. Alle diese Veränderungen vollziehen sich schneller, als es frühere Generationen gewohnt waren, was wiederum zusätzlich Verunsicherung verursacht.

Man kann Ähnliches im Freizeitverhalten beobachten. Man vergleiche nur die relativ triste Lage im Tennissport heute mit dem Boom noch Ende der 1980er-Jahre. Das hat nicht nur mit Boris Becker und Steffi Graf zu tun, und das beschränkt sich nicht auf Fernsehzeit, Einschaltquoten und Preise für Übertragungsrechte, sondern es zeigt sich auch in der Tatsache, dass vor wenigen Jahren der Bau von Tennisanlagen blühte, während heute viele davon wieder in Parkplätze umgewandelt werden.

Die Veränderungen in den Verbrauchsgewohnheiten hängen mit der Entwicklung von Medien und Kommunikation zusammen. Immer mehr Informationsangebote verschärfen den Wettbewerb um das knappe Gut Aufmerksamkeit. Eine Folge ist, dass die Fokussierung auf jeweils ein Thema öffentlicher Aufmerksamkeit – oder auch Erregung – stärker wird, allerdings auch mit der Folge schnellerer Ermüdung und damit eines schnelleren Wechsels zum nächsten Gegenstand. Pädagogen und Psychologen beschäftigen sich mit den Problemen der Überflutung von Kindern mit medialen Reizen und ihren Folgen auf die Entwicklung der Kinder. Vielleicht gilt das, was auf Kinder zutrifft, auch für die Gesellschaft insgesamt. Die Untersuchungen über Wertewandel und ihre Auswirkungen auf gesellschaftliche Strukturen geben jedenfalls vielfältige Hinweise – von der Erlebnis- und Spaßgesellschaft bis zur »Generation Golf I und II«.

Kommunikation und Medien als die Wachstumsbranche schlechthin sind ähnlich wie der neue Markt insgesamt fast über Nacht zur Problembranche geworden. Fast scheint es, als sei unsere Gesellschaft nicht mehr wohlhabend genug, um sich anspruchsvolle Zeitungen und Zeitschriften noch leisten zu können. In Wahrheit sind es natürlich eher Änderungen von Lebens- und Verbrauchsgewohnheiten als Folge gewachsenen Wohlstands, was wiederum belegt, dass die Mehrung von materiellen Gütern allein nicht notwendig in jeder Hinsicht zur Besserung führt. Zu viel ist eben immer auch schädlich, und keine Ordnung darf den Bereich »jenseits von Angebot und Nachfrage« vernachlässigen. Dementsprechend korrelieren Wertewandel und Bindungslosigkeit insbesondere der jüngeren Generation mit einer Unsicherheit selbst hoch qualifizierter Berufsanfänger über ihre Zukunfts- und Lebensperspektiven: Verunsicherung durch schnellen Wandel.

Dass jede noch so positive Entwicklung immer auch ihre Kehrseiten hat, kann man an den Problemen unseres Arbeitsmarktes studieren. Vertiefte Arbeitsteilung und damit verbunden Spezialisierung und Leistungsaustausch sind die Antriebskraft wirtschaftlichen Fortschritts, wie es das Gesetz von den komparativen Kostenvorteilen ausdrückt. Verbindet sich wachsender Wohlstand mit Verteilungsgerechtigkeit, kann daraus Wohlstand für alle und soziale Sicherheit werden. Im Falle der Übertreibung können allerdings auch überhöhte Lohn- und Lohnnebenkosten daraus werden, und so leiden wir heute zunehmend daran, dass bei hoher Arbeitslosigkeit viel Arbeit, weil zu teuer, nicht mehr nachgefragt wird. Schwarzarbeit und Schattenwirtschaft blühen, und der Prozess zunehmender Arbeitsteilung kehrt sich teilweise in das Gegenteil. Dass sogar in der sozialdemokratischen Partei im Sommer 2003 diskutiert wurde, ob man »Soziale Gerechtigkeit« zumindest mit neuem Inhalt versehen müsse, belegt auch wieder, dass ein Übermaß immer schadet. Hier sind wir wieder beim *Meden agan*! Freiheit und Gleichheit bedingen sich eben nicht nur gegenseitig, sondern sie begrenzen sich auch.

In den vielfältigen Problemen zeigt sich eine grundlegende globale Anpassungskrise unseres Landes. Sie hat mit den Entwicklungen im Zeitalter von Internet und Globalisierung ebenso zu tun wie mit den Verwerfungen der deutschen Geschichte gerade im 20. Jahrhundert.

Dem schnellen Aufstieg der »verspäteten Nation« zu wirtschaftlicher Blüte und dem Streben nach Weltgeltung der Wilhelminischen Ära, der Katastrophe des Ersten Weltkrieges, dem Scheitern von Weimar, dem Abgrund der Nationalsozialistischen Diktatur und dem Inferno des Zweiten Weltkrieges folgten der Verlust staatlicher Souveränität, die Teilung und dann im westdeutschen Teil ein wirtschaftlicher und auch politischer Wiederaufstieg, dessen Ausmaß zu Recht als »Wirtschaftswunder« begrifflich festgeschrieben wurde.

Am Ende kam es dann sogar zur Überwindung der Teilung wie der kommunistischen Diktatur. Die »Wiedervereinigung in Frieden und Freiheit« – lange Zeit Standardformulierung in Festreden, die kaum noch jemand für realistisch hielt – war Wirklichkeit geworden. Jetzt haben wir auch des fünfzigsten Jahrestages des 17. Juni auf feierliche Weise gedacht, was noch in den 1980er-Jahren eher als Ausdruck mangelnden Realismus und reaktionärer Gesinnung verdächtigt wurde.

Da Erfolg immer auch müde machen kann, darf nicht überraschen, wenn die früher ebenso bewunderte wie kritisierte Neigung der Deutschen zu Arbeitsamkeit, Fleiß und Disziplin nicht mehr die vorrangige Sorge unserer Nachbarn, Freunde und Wettbewerber zu sein braucht. Während die Franzosen arbeiteten, um zu leben, lebten die Deutschen, um zu arbeiten, war früher ein geflügeltes Wort – stattdessen reden wir heute vom kollektiven Freizeitpark.

Aber was ist zu kritisieren, wenn ein Volk nach so dramatischen Höhen und Tiefen das Bedürfnis entwickelt hat, das Erreichte auch zu genießen? Man darf die dem Wirtschaftswunder zugrunde liegenden Anstrengungen nicht unterschätzen; wobei hinzukommt, dass diese Aufbauleistung von einer Gesellschaft erbracht werden musste, der ein Großteil der männlichen Bevölkerung im aktiven Alter durch Krieg, Verfolgung und Gefangenschaft verloren gegangen war. So wuchs die junge

Generation in einer weitgehend vaterlosen Gesellschaft auf, was auch die Zerstörung von Autorität durch das Versagen in der nationalsozialistischen Diktatur mit einschließt – eine Erfahrung, die sich in Ansätzen am Ende der SED-Herrschaft in der ehemaligen DDR noch einmal wiederholte.

Mit der wechselhaften Geschichte im 20. Jahrhundert hängt ebenso zusammen, dass gesellschaftliche Strukturen länger unverändert blieben. Wer in Nipperdeys Geschichte des 19. Jahrhunderts über die sozialen und familiären Strukturen im Kaiserreich liest, findet vieles davon in seinen eigenen Erfahrungen aus den 1950er-Jahren wieder. Eine Folge davon war, dass die Achtundsechziger-Bewegung in Deutschland tiefere Spuren hinterließ als in anderen europäischen Ländern.

Ein spezifisches Problem dabei ist das Verhältnis von Frauen und Männern. Entwicklungen zur Emanzipation waren im Dritten Reich auf die Wilhelminische Zeit zurückgeworfen. Selbst in der Rüstungsproduktion verzichteten die NS-Machthaber im Wesentlichen – im Gegensatz etwa zu Churchills Großbritannien – auf den Einsatz von Frauen, setzten stattdessen auf Zwangsarbeiter. Nach dem Krieg aber musste eine ganze Generation von Frauen zu einem erheblichen Teil ohne Männer ihre Kinder erziehen und einen wesentlichen Teil der Wiederaufbauarbeit leisten – der Begriff »Trümmerfrauen« bereichert seitdem nicht nur die deutsche Sprache. Die Veränderungen im Verhältnis von Männern und Frauen sind nicht ohne Auswirkungen auf die Tatsache, dass die Geburtenrate in Deutschland mit am niedrigsten ist.

Das deutsche Bedürfnis, in Ruhe gelassen zu werden, wurde zusätzlich genährt durch die Erfahrung, über Jahrzehnte für die äußere Sicherheit, für die uralte und noch immer wesentliche Frage von Krieg und Frieden letztlich nicht mehr selbst verantwortlich zu sein. Eingeschränkte Souveränität hat eine durchaus bequeme Nebenwirkung. Wer andere, im Wesentlichen die

US-Amerikaner, für den eigenen Schutz verantwortlich sieht, vermag leichter eine spezifische Sensibilität für Friedfertigkeit und Gewaltlosigkeit zu entwickeln. Amerikanische Stimmen haben in der Debatte vor dem Irakkrieg darauf nicht ohne Grund hingewiesen. Eine spezifisch deutsche Betroffenheit aus dem Gräuel der Nazi-Diktatur und dem zugrunde liegenden Versagen der Deutschen kommt hinzu, und daraus ergibt sich eine eigenartige Mischung aus pazifistischen Tendenzen und Betroffenheitskultur. Sie steht im Widerspruch etwa zu US-amerikanischen Tendenzen, Bedrohungen als Herausforderungen zu akzeptieren, und auch zu dem Selbstvertrauen, letztlich jedes Problem lösen zu können.

Das besonders ausgeprägte Bedürfnis nach Gerechtigkeit kann zum Teil als Reaktion auf den nationalsozialistischen Unrechtsstaat interpretiert werden. Da wir uns selbst nicht zutrauen, Gerechtigkeit weltweit verwirklichen zu können, tun wir uns umso leichter, sie wenigstens weltweit zu fordern. Die Einschätzung, die eigene Forderung nicht selbst verwirklichen zu müssen, erleichtert es sehr, Forderungen an andere zu stellen – Ausdruck eben von Betroffenheitskultur. Demzufolge entsprach es den Regeln von politischer Korrektheit, zu Zeiten des Ost-West-Gegensatzes für die Menschenrechte überall in der Welt, insbesondere etwa im Südafrika der Apartheid, einzutreten, am wenigsten aber im kommunistischen Machtbereich – und umso weniger, je näher er uns lag, also schon gar bezogen auf die DDR, bei der man mit der Forderung nach Menschenrechten gleich zum Entspannungsgegner und »Kalten Krieger« wurde.

Mit dem Gerechtigkeitsbedürfnis verbindet sich widersprüchlich die Erfahrung, dass Markt und Wettbewerb zwar die Effizienz der Produktion von Gütern und Dienstleistungen stärken, also auch allgemein den Wohlstand erhöhen, aber nicht zu Verteilungsgerechtigkeit führen. Wie bereits ausgeführt, nähren sich daraus der Widerstand der Globalisierungsgegner genauso wie die Verteidigung sozialer Errungenschaften in aktuellen Reformdebatten.

Andererseits kann dieses Gerechtigkeitsbedürfnis auch die Tendenzen zur Überregulierung verstärken. Wer dem entgegenwirken will, muss sich über die Beziehung von Eigenverantwortung und Regulierungsdichte Klarheit schaffen. Die bürokratische Alltagswirklichkeit hat viel damit zu tun, dass die Bezugnahme auf eine Vorschrift den Entscheidungsträger absichert. Im Ergebnis ist eine Backstube theoretisch kaum noch genehmigungsfähig, weil etwa der Fußboden hygienemäßig für den Gesundheitsschutz so glatt sein muss, dass er für den Unfallschutz nicht mehr rutschfest genug sein kann. Wer also den Augiasstall der Bürokratisierung ausmisten will, wird um eine Stärkung der Entscheidungsverantwortung der unteren Verwaltungsebene nicht herumkommen, also mehr Ermessen und weniger Verrechtlichung. Man sollte diesen Gedanken auch bei der Überprüfung von zivil- und strafrechtlicher Haftung berücksichtigen. Das Bürgerliche Gesetzbuch hatte bewusst die Haftung von Beamten auf Fälle grober Fahrlässigkeit begrenzt, weil es die Entscheidungsfreude nicht zu sehr durch Haftungsrisiken beeinträchtigen wollte. Ein Übermaß an Vorsorge gegen Haftungsrisiken ist aber einer der Gründe für Überregulierung und mangelnde Effizienz. Je weniger man entscheidet, und je genauer man sich an detaillierte Vorschriften halten kann, desto geringer ist das persönliche Risiko für den Entscheidenden.

Die Geschichte der Hochschulen seit den Bildungsreformdebatten Mitte der 1960er-Jahre belegt lehrbuchhaft, wie der Ersatz von vielleicht überholter Autorität – »Muff von tausend Jahren« – durch Formalisierung, Gremiendemokratie und Verrechtlichung am Ende zum Verlust von Effizienz und Substanz gleichermaßen führt.

Die Gerechtigkeitsdebatte wie die schwächer gewordene

Autorität der Eliten werden im Alltag leicht zur kleinen Münze der Privilegiendiskussion oder des Neids. Jedenfalls wird in Deutschland wirtschaftlicher Erfolg eher geneidet, während er etwa in den USA Grundlage für eigenen Stolz und Anerkennung durch andere ist.

Mit der deutschen Teilung und der eingeschränkten Souveränität hängt zusammen, dass die Neigung der Deutschen, sich mit außen- und sicherheitspolitischen Fragen und Verantwortung zu befassen – von Phasen risikobegründeter Betroffenheit abgesehen –, eher gering geworden ist. Das hat mit den vorangegangenen Katastrophen zu tun und wurde gewiss begünstigt dadurch, dass die Verantwortung für Frieden und Freiheit letztlich in den Händen anderer lag. Daraus ist das Gefühl einer größeren Sensibilität geworden oder auch die nach dem Jahr 1990 gelegentlich kritisierte »Machtvergessenheit«, die in den zurückliegenden Auseinandersetzungen um den Irakkrieg sich in dem Vorwurf zuspitzte, anstelle verantwortlichen Handelns nur noch Betroffenheitskultur zu pflegen.

Mangelndes außenpolitisches Verantwortungsgefühl bedeutet, dass man sich auf die vermeintlich eigenen, medial wirksamen Probleme konzentriert, was notwendigerweise dazu führen muss, dass Besitzstände stärker wahrgenommen und verteidigt werden. So fördert Introvertiertheit im Ergebnis Reformstau und Stagnation.

Verlust von Autorität und geringere Funktionsfähigkeit von Eliten haben auch mit schwächer werdender Wertorientierung oder religiöser Bindung zu tun. Die Marx'sche Kritik, dass Religion Opium für das Volk sei, also zum Verharren in Unmündigkeit und Ungerechtigkeit beitrage, besagt im Umkehrschluss eben auch, dass ein Mangel an religiöser Bindung egalitäre Tendenzen fördern kann, die im Übermaß zur Perversion von Überregulierung, Ineffizienz und Stagnation führen.

Die Auswirkungen der medialen Entwicklung kommen hinzu. Scheinbare Nähe durch umfassende Information auch mit bewegten Bildern in Echtzeit und der daraus folgende Verlust an Distanz ist Autorität nicht förderlich, weil Autorität immer auf Diskretion und Distanz angewiesen bleibt. Grenzenlose Nähe macht gesellschaftliche Prozesse schwierig, was auch mit dem Phänomen des Verschwindens von Scham und Tabus belegt werden kann. Außerdem fördert die medial vermittelte Nähe eine Zuschauerhaltung, die zum einen Passivität begünstigt und zum anderen Besserwisserei. Fußballbundestrainer haben es im Zweifel mit mindestens 25 Millionen Experten zu tun. Rollen – ob die eines Bundestrainers oder die eines Politikers, Richters oder Pfarrers – erfordern ein gewisses Maß an Autorität, um verantwortungsvoll ausgeübt zu werden. Instinktiv möchten wir Kirchen, die unsere Sünden vergeben, Richter, die auch mal ein Auge zudrücken, Fußballtrainer, die ein persönliches Näheverhältnis zu ihren Spielern entwickeln, oder eben Politiker, die volksnah den Menschen die Wünsche von den Lippen ablesen. In aller Regel aber liegt eine solche, scheinbar volksnahe Ausübung von Rollen allenfalls kurzfristig im Interesse der Allgemeinheit. Langfristig verlieren Kirchen, in denen alles akzeptiert wird, ihre Mitglieder. Trainer, die ihren Spielern zu stark entgegenkommen, werden ihre Mannschaft selten an der Spitze halten, und Politiker, die jedem Druck von Interessen wider besseres Wissen nachgeben, werden nicht lange Erfolg haben. Wer stets mit der Zeit geht, wird schnell Witwer. Persönliche Autorität als Grundlage von *leadership* speist sich neben individuellen Qualitäten auch aus der Legitimation eines Amtes, das durch keine Berater, keine Lobbyisten und kein Fußballmagazin ersetzt werden kann.

Die Geringschätzung von Politik mag auch darin eine Ursache finden, dass nahezu jeder aus der Sicht seines Teilaspektes die Unvollkommenheit jeder Entscheidung empfindet. Andererseits will sich kaum jemand der Mühe unterziehen, die sich aus der Notwendigkeit einer Gesamtentscheidung angesichts der Knappheit aller ökonomischen und sonstigen Ressourcen und Parameter ergebende Begrenzung zu erfassen. Darin liegt eines der gefährlichen Wirkungspotenziale populistischer Politikansätze: Die Verabsolutierung der Kritik an Entscheidungen und Konzepten unter je einem Gesichtspunkt ohne die Notwendigkeit, eine insgesamt realisierbare Alternative belegen zu müssen.

Weil aber auch eine grundsätzlich egalitäre Gesellschaft ohne Idole nicht auskommen mag, fördert die mediale Wirklichkeit zusätzlich eine Art von Starkult, der heute allzu leicht mit Autorität verwechselt wird. Wenn man die Auflagenerfolge der Bücher von Dieter Bohlen oder Stefan Effenberg betrachtet, gewinnt man einen Eindruck davon, dass mediale Aufmerksamkeit nicht notwendigerweise zur Steigerung von Niveau und Substanz führen muss. Das Virus des »Effenberg-Effekts« lässt sich mittlerweile auch in Feuilletons großer Tageszeitungen entdecken: Je unsäglicher die Argumentation, desto größer die Provokation, und daraus folgen Beachtung und vielleicht auch Auflage.

Der schnellere Wechsel von Themen und eine größer werdende Beliebigkeit gehen einher mit der Beschleunigung von Veränderungen und Entwicklungen – ob in Naturwissenschaft und Technik, in der Arbeits- und Berufswelt, in den Sozialverhältnissen oder auch in dem beschleunigten Verlust von Artenvielfalt und Ressourcen in der Natur.

Der Mensch zeichnet sich durch eine unglaubliche Anpassungsfähigkeit aus, was man individuell so sehr erfahren kann wie in der Evolution der Menschheitsgeschichte insgesamt. Die Frage wird gleichwohl zunehmend gestellt, ob die Beschleunigung der Veränderungen in vielen Lebensbereichen diese Anpassungsfähigkeit nicht doch überfordert. Jedenfalls korreliert die bei der jüngeren Generation vielfältig diagnostizierte Zurückhaltung gegenüber tradierten Wertvorstellungen und längerfristigen Bindungen mit der Tatsache, dass die Perspektiven der Lebens- und Berufsplanung für die Jüngeren am Ende ihrer Berufsausbildung sehr viel ungewisser sind, als dies noch vor einer Generation der Fall war. Hier liegt die Gefahr von Verunsicherungen und Orientierungslosigkeit nahe, und dass junge Menschen dies auch tatsächlich so empfinden, kann man wiederum in vielen Untersuchungsbefunden entdecken, wo das Bedürfnis nach Autorität sich ebenso erschließt wie die Wertschätzung von Verlässlichkeit, Treue oder auch die Sehnsucht nach langfristig verlässlichen Bindungen. »Die neuen Werte: Ordnung, Höflichkeit, Disziplin, Familie«, lautete ein *Spiegel*-Titel im Juli 2003, und auch in der heute bereits wieder überholten Spaßgesellschaft drückt sich aus, wie schnell sich gesellschaftliche Trends in Zeiten der Globalisierung verändern und wie das Pendel auch wieder zurückschlagen kann.

Zu viel oder zu wenig Veränderung – das scheint die fast schon paradoxe Frage. Mit ihr wird ein Dilemma beschrieben. Eine eigenartige Mischung aus Hektik und Stillstand prägt unsere öffentlichen Debatten: auf der einen Seite immer schnellere und größere Veränderungen, auf der anderen zunehmend die Verteidigung von Besitzständen. Die Themen öffentlicher Erregung wechseln in schneller Folge. Vor zwei Jahren hatten wir eine breite Diskussion über bioethische Probleme. Die Frage der Forschung an Stammzellen hatte sich rasch zum Grundsatzstreit über das Verhältnis von Menschenwürde und Forschungsfreiheit entwickelt. Zwei Jahre später, im Juni 2003, stand dann in einem Zeitungsbericht über den ökumenischen Kirchentag in Berlin, es sei dort viel über Ethik geredet worden, erstaunlicherweise aber kaum über bioethische Fragen.

Auch das führt uns wieder zum Problem des Maßhaltens. Dafür braucht es ein richtiges Verständnis vom Menschen und von menschlicher Gesellschaft. Der Mensch ist auf Veränderung, Bewegung angelegt. Stundenlang gehen oder laufen fällt uns leichter als stundenlang stillstehen, und wenn wir schon stillstehen müssen, dann geht das eher, wenn wir zum Beispiel singen – wie man das etwa bei Chören beobachten kann, wo die Sänger das Stehen besser aushalten als trainierte Soldaten bei Militärparaden.

Der dem Menschen innewohnende Drang nach Bewegung hängt meines Erachtens damit zusammen, dass das Leben ein ständiger Prozess ist von Werden und Vergehen, vom Anfang bis zum Ende, und das schließt notwendig auch Grenzen ein. Genauso ist es mit der Evolution, in der Biologie so sehr wie in den gesellschaftlichen Prozessen: Leben als beständige Veränderung und als Austausch. Das wiederum setzt Verschiedenheit voraus. Nur zwischen unterschiedlichen Polen entsteht Spannung und Dynamik. Verschiedenheit, Unterschiedlichkeit ist also Voraussetzung für Bewegung, letzthin für Leben überhaupt. Immer leben wir in der Welt der Gegenwart, können der Moderne nicht ausweichen, aber das darf nicht Grund zur Resignation werden, sondern muss Pflicht zum Handeln, zur Menschlichkeit im umfassenden Sinne sein. Auch diese Erkenntnis ist alles andere als neu. Als Protestant verweise ich auf den Apfelbaum, den Martin Luther noch im Angesicht des unmittelbar bevorstehenden Weltuntergangs pflanzen wollte.

Angesichts der Beschleunigung technologischer Entwicklungen und wissenschaftlichen Fortschritts wie des Wandels in Kultur, Sozial- und Wirtschaftsstrukturen stellt sich zunehmend die Frage, ob die Beschleunigung des Evolutionstempos die Anpassungsfähigkeit von Mensch und Gesellschaft nicht überfordern könnte. Auch die Zunahme populistischer Tendenzen in der Politik könnte eine Reaktion auf eine zu große Veränderungsgeschwindigkeit in gesellschaftlichen Prozessen sein. Deshalb brauchen wir in der Veränderung Maß und Mitte statt Hektik und Stillstand.

Ein ähnliches Dilemma stellt sich in unseren demokratischen Entscheidungsprozessen. Die Klage ist wohlfeil, im Streben nach Mehrheiten sei die Politik geradezu zum Stillstand verurteilt. Wer anders als die Mehrheit sollte aber entscheiden? Die Demokratie mag im Sinne von Entscheidungsfindung nicht die effizienteste Staatsform sein; aber die Zeiten, in denen politische Führung in Deutschland Entscheidungen leichter durchsetzen konnte, waren im Ergebnis nicht gerade unsere besten. Aufgabe der Demokratie ist nicht zuerst die Effizienz von Machtausübung, sondern eher umgekehrt die Legitimierung von Macht und deren Begrenzung.

Deshalb kann Demokratie allerdings auch nicht auf Führung verzichten, und diese Führung bedeutet, Mehrheiten für als richtig erkannte Konzeptionen zu gewinnen. Die Demoskopie vermag dabei nur begrenzt zu helfen, weil deren Befunde immer nur rückwärts blickende *Status-quo*-Betrachtungen sind. Im Übrigen erfreuen sich in allen Meinungsumfragen Konsens und Geschlossenheit besonders hoher Zustimmung. Tatsächlich ist Konsens für eine freiheitlich verfasste Gesellschaft ein hohes Gut. Aber Konsens und Geschlossenheit dürfen den demokratischen Wettbewerb nicht ersetzen, weil sonst Stillstand notwendig die Folge ist.

Die politischen Parteien kennen das Problem. Der Eindruck von Uneinigkeit führt unweigerlich zum Absturz in den Meinungsumfragen. Vor allem die großen Volksparteien müssen um der Mehrheitsfähigkeit willen ein hinreichendes Maß an Ausgleich in der Vielfalt von Interessen und Meinungen zustandebringen. In der Mathematik wird schon das kleinste gemeinsame Vielfache zum Nenner. Für politische Führung genügt das aber nicht.

In der Opposition stellt sich noch das zusätzliche Problem, dass die Zustimmung zu konkreten Reformvorhaben in aller Regel erst nach getroffenen Entscheidungen mit zeitlicher Verzögerung folgt. Was in der Wirtschaft als der *Break Even Point* bei Investitionsplanungen bezeichnet wird, ist in der politischen Debatte die abgeschlossene Entscheidung. Aber die kann die Opposition mangels Mehrheit nicht erreichen. Deshalb muss sie ihre Alternative eher grundsätzlich formulieren und die Festlegung auf zu viele konkrete Details möglichst vermeiden. Anderenfalls würde der politische Wettbewerb, in dem Regierung und Opposition jeweils spezifische Vorteile haben, nicht mehr funktionieren.

Politische Führung muss sich auch bewusst bleiben, dass eine freiheitlich verfasste Gesellschaft nicht auf Knopfdruck reagiert, sich nicht kommandieren lässt. Politische Führung kann Einstellungen und Verhaltensweisen beeinflussen, durch Argumentation, konzeptionelle Klarheit, Vorbild und institutionelle Regelungen. Aber die grundlegenden Wirkungen vollziehen sich in der Regel allenfalls indirekt. Es scheint, dass die Bundesregierung in der Reformdebatte des Sommers 2003 auf diese Zusammenhänge abheben wollte, wenn sie argumentiert, dass mit der Agenda 2010 eine Veränderung von Einstellungsweisen in der Bevölkerung eingeleitet worden sei. »Deutschland bewegt sich«, lautete die Überschrift der Regierungserklärung vom 5. Juni. Möglicherweise war in diesem Sinne die größte Veränderung der zurückliegenden Monate der gescheiterte Metallarbeiterstreik in Ostdeutschland, der die Verkrustung in der Wirklichkeit unserer Flächentarifverträge jedermann ins Bewusstsein gerückt hat.

Ich vermute nicht, dass Bundeskanzler Schröder in diesem Sinne besonders erfolgreich sein wird. Langer Atem oder die von Max Weber geforderte Beharrlichkeit beim Bohren dicker Bretter hat sein politisches Wirken bislang nicht ausgezeichnet. Und vermutlich hat er mit seiner Politik opportunistischer Beweglichkeit und taktischer Positionswechsel schon zu viel persönliches Vertrauen zerstört, um noch im Sinne von nachhaltiger politischer Führung wirkungskräftig sein zu können. Aber das wird sich in den kommenden Jahren zeigen.

Die Union – die derzeit in der Opposition ist, aber gleichzeitig über die Stimmenmehrheit im Bundesrat verfügt – hat sich entschieden, eine Entwicklung zum Besseren nicht zu blockieren, sondern im Rahmen ihrer Möglichkeiten zu unterstützen. Ich halte die Position von Angela Merkel für richtig. Die vorrangige Verpflichtung auch in der Opposition gilt der Allgemeinheit. Zwar wird dieses Wohl im politischen Wettbewerb zwischen Mehrheit und Minderheit identifiziert, aber dieses Prinzip erfordert den zurückhaltenden Gebrauch einer gegenüber dem Bundestag unterschiedlichen Mehrheit im Bundesrat. Solange die durch die Mehrheit der Wähler gewählte Regierung im Amt ist, muss sie zwar durch die Opposition unter dem Druck von Kritik und Alternative gehalten werden; an der Chance, erfolgreich für das Land zu wirken, darf sie indes letztlich nicht gehindert werden.

Ich vermute, dass eine solche Grundhaltung am Ende auch die Chancen der Opposition, bei künftigen Wahlen erfolgreich zu sein, nicht mindert. Zwar ist für den Ausgang von Wahlen das Urteil über Erfolg oder Misserfolg der jeweiligen Regierung von vorrangiger Bedeutung; aber für die Wahlchancen der Opposition ist auch die Einschätzung von Kompetenz und Seriosität wichtig. Eine Opposition, die das Gemeinwohl gewissermaßen zur Geißel ihrer eigenen Wahlchancen nehmen wollte, würde so wenig Vertrauen schaffen.

Die Erfahrung bei der Bundestagswahl 1998 mit dem Erfolg der von Lafontaine in den Jahren 1996 bis 1998 durchgesetzten Blockade bei damals genau umgekehrten Mehrheitsverhältnissen in Bundestag und Bundesrat könnte dem entgegenstehen. Und ich gebe zu, dass ich in jener Zeit auch eher überrascht war, dass die von Lafontaine geführte SPD diese Strategie zwei Jahre lang durchhalten konnte und am Ende die nächste Wahl sogar

gewann. Aber vermutlich war das nur in der damaligen Sondersituation möglich, wo nach einer langen, insgesamt erfolgreichen Regierungszeit in der Bevölkerung das Bedürfnis nach einem Wechsel überhand genommen hatte.
Bei der Suche nach Kräften, die das Dilemma von Stillstand und Hektik vermeiden und auf den rechten Weg der Mitte zwischen Wettbewerb und Konsens führen können, stößt man meines Erachtens auf ein vergleichbares Phänomen wie bei der Suche nach einem stabilen Ordnungsrahmen für die *interdependenter* gewordene Welt der Globalisierung: *The Dignity of Difference* – die bereits zitierte Würde der Verschiedenheit – braucht Raum für die Entwicklung und Bewahrung von Identität. Und das führt dazu, auf die Kräfte der Freiheit und Personalität zu setzen und Betroffenheit in Verantwortung zu konkretisieren.

Entgegen viel allgemeinem Lamento zeigt sich immer wieder, dass die Hilfs- wie die Leistungsbereitschaft in unserer Gesellschaft hoch geblieben sind, sobald sich Menschen konkret angesprochen fühlen. Bei der Flutkatastrophe im Sommer 2002 war die Welle der spontanen Hilfswilligkeit genauso überwältigend wie die Wassermassen selbst; von den konkreten Hilfseinsätzen an den bedrohten Deichen und Dämmen bis zur Spendenbereitschaft der Bevölkerung insgesamt. Wer Zivildienstleistende in ihrem Einsatz etwa in der Alten- und Behindertenpflege beobachtet, kann ähnlich eindrucksvolle Erfahrungen machen, und wer als Behinderter im Alltag andere um konkrete Hilfe bittet, wird in aller Regel ebenfalls nicht enttäuscht werden. Auch die Soldaten der Bundeswehr werden bei ihren Einsätzen auf dem Balkan und in anderen Teilen der Welt für ihre Disziplin wie für ihre mitmenschliche Fürsorge allgemein gelobt.

Wenn Leistungs- wie Hilfsbereitschaft vorhanden sind, kann die Politik darauf setzen. Zuerst und vor allem muss sie darauf achten, Raum dafür zu schaffen, indem sie die Kräfte nicht durch ein Übermaß an kollektiver Fürsorge und damit notwendig verbundener Regulierung zuschüttet. Subsidiarität heißt das schon erwähnte Ordnungsprinzip, das aus dem Grundverständnis von Freiheit und personaler Würde folgt. Und Subsidiarität bedeutet letztlich oder auch zuerst, sich über die Begrenztheit politischer Gestaltungsmöglichkeiten Gewissheit zu verschaffen. Politik kann nicht alles, sondern sie muss sich darauf beschränken, einen Rahmen zu schaffen, in dem sich die Kräfte der Menschen entfalten können. Das ist das Gegenstück zum totalitären Staatsverständnis.

In diesem Zusammenhang muss auch die vielfältige Forderung nach einem Gesamtkonzept in jeder Reformdebatte hinterfragt werden. In aller Regel ist ja zu hören, dass man zu Einschränkungen durchaus bereit wäre, wenn sichergestellt wäre, dass alle anderen von Einschränkungen genauso und gerecht betroffen würden. Aber ein solches Gesamtkonzept wird es in einer pluralistischen Gesellschaft letztlich niemals geben, weil immer irgendeine Gruppe ein Haar in der Suppe finden wird. Und so wird aus der Forderung nach einem Gesamtkonzept folgerichtig im Ergebnis eine Reformblockade, weil wie in einem Geleitzug das langsamste Schiff das Tempo bestimmt. Der Ruck, der nach Meinung nahezu aller durch unsere Gesellschaft gehen sollte, bleibt so nicht nur abstrakt, sondern eben auch wirkungslos.

Politik kann gesellschaftliche Prozesse nur indirekt beeinflussen, und deshalb sollten wir uns bei dem Versuch, Innovation zu fördern, nicht auf das pädagogische Prinzip der flächendeckenden Enzyklopädie, sondern auf das des exemplarischen Lernens an konkreten Beispielen konzentrieren. Für die Überwindung der Schwierigkeiten unserer wirtschaftlichen und sozialen Entwicklung drängt sich auf, anstelle eines imaginären Gesamtkonzepts konkrete Schritte zu verwirklichen. In diesem Sinne gewinnt die Lockerung des Kündigungsschutzes ihre Rechtfertigung – nicht um *hire and fire* zu ermöglichen, sondern um den Zusammenhang deutlich zu machen, dass ein überregulierter Arbeitsmarkt Eigenverantwortung zuschüttet und deshalb zur Verkrustung führen muss.

Als der Bundeskanzler im Herbst 1999 ankündigte, eine Kommission zur Reform der Rentenversicherung einsetzen zu wollen, habe ich ihm als Partei- und Fraktionsvorsitzender nach Absprache im Präsidium der CDU und mit dem CSU-Vorsitzenden angeboten, dass die Union bereit sei, an einer grundlegenden Reform der Rentenversicherung mitzuwirken und diesen Bereich gewissermaßen aus dem normalen politischen Wettbewerb zwischen Regierung und Opposition auszuklammern. Dazu hatte mich die Überlegung bewogen, dass eine solche Reform wegen der demografischen Entwicklung keinen weiteren Verzug mehr duldete, zumal die rot-grüne Bundesregierung nach ihrem Amtsantritt im Jahr 1998 unsinnigerweise den zuvor eingeführten demografischen Faktor in der Rentenversicherung wieder gestrichen hatte. Außerdem war ich überzeugt, dass der rot-grünen Koalition allein die Kraft zu einem solchen Schritt fehlen würde.

Schröder hatte das Angebot positiv aufgenommen, aber im weiteren Verlauf ist dann wegen anderer politischer Entwicklungen nichts daraus geworden. Nun hat sich die Lage um weitere vier Jahre verschlechtert, und inzwischen mehren sich in allen Lagern Stimmen, die einräumen, dass eine grundsätzliche Reform der gesetzlichen Alterssicherung unausweichlich geworden ist. Sie wird nicht anders möglich sein als in Form einer gesetzlich geregelten Mindestabsicherung, die durch betrieblich zu vereinbarende und individuelle Vorsorge ergänzt werden kann, also die Eigenverantwortung stärker betont.

Wer aber der Eigenverantwortung stärkere Wirkungskraft verschaffen will, der muss auf Nähe und Betroffenheit setzen. Nach dem Zusammenbruch Preußens in den Napoleonischen Kriegen setzten die Reformer um Stein und von Hardenberg zum Wiederaufbau eines dynamischen Staatswesens auf Dezentralisierung durch kommunale Selbstverwaltung – Humboldt parallel auf die Autonomie der Hochschule. Deshalb ist die Stärkung kommunaler Selbstverwaltung auch heute von besonderer Bedeutung. Sie muss bei einer dezentral orientierten Finanzreform ansetzen. Ohne eine dauerhaft gesicherte kommunale Finanzkraft wird die kommunale Selbstverwaltung obsolet. Der Raum für Entscheidungen für die kommunalen Selbstverwaltungsträger wird durch Vorgaben von Bund und Ländern zunehmend enger, wobei noch hinzukommt, dass nach Angaben des Deutschen Städtetages inzwischen rund 60 Prozent aller kommunalen Entscheidungen auch durch Vorgaben der Europäischen Union mit beeinflusst werden.

Wer Bürokratie bekämpfen will, muss zu einer stärkeren Abschichtung von Aufgaben und Zuständigkeiten kommen. Das gilt für die Stärkung kommunaler Selbstverwaltung, für die Reform unseres föderalen Systems und für die europäische Verfassungsdebatte gleichermaßen.

Wenn eine Korrektur unseres grundsätzlich bewährten föderalen Systems jetzt in Angriff genommen werden soll, wird sie genau an diesem Punkt ansetzen müssen: bessere Abgrenzung von Zuständigkeiten und klarere Aufteilung von Verantwortung. Meines Erachtens muss das auch für das Finanzsystem gelten. Die von der großen Koalition in den Jahren 1966 bis 1969 durchgeführte Finanzverfassungsreform mit immer mehr Mischfinanzierung einschließlich des Systems der Verteilung der Gemeinschaftssteuern erweist sich mittlerweile zunehmend als Hemmschuh, was sogar einer ihrer Väter, Helmut Schmidt – der damalige Fraktionsvorsitzende der SPD –, vor kurzem eingeräumt hat.

Weniger Gemeinschafsaufgaben, mehr Eigenverantwortung auch der Länder für ihre Steuereinnahmen und ein Finanzausgleichssystem, das der grundsätzlich notwendigen Solidarität im Bundesstaat Rechnung trägt, ohne die Ergebnisse unterschiedlich erfolgreichen wirtschaftlichen und politischen Handelns zu nivellieren, kurzum: Wettbewerbsföderalismus in richtig verstandenem Sinn scheinen mir richtige Schritte zu sein, um die Zukunftsfähigkeit unseres Gemeinwesens zu stärken.

Der Freiburger Verfassungsrechtler Konrad Hesse hat schon in seiner im Jahr 1962 erschienenen Habilitationsschrift »Der unitarische Bundesstaat« herausgearbeitet, dass jeder föderalen Ordnung immer eine Tendenz zur Verlagerung von Zuständigkeiten auf die bundesstaatliche Ebene innewohne. Dem muss immer wieder entgegengewirkt werden, um das System zu erhalten, und das entspricht auch wieder dem Prinzip, durch Mäßigung jeder Übertreibung zu wehren.

Neben der Entmischung von Zuständigkeiten und der Bündelung von Verwaltungsfunktionen möglichst auf unterer, dezentraler Ebene gehört zur Bekämpfung von Überregulierung auch eine Korrektur der Intensität unserer verfassungs- und verwaltungsrechtlichen Überprüfungspraxis. Ich habe schon vor Jahren gewarnt, dass Gesetzgebung nicht immer mehr zur bloßen Verfassungsinterpretation denaturieren darf. Inzwischen hat das Verwaltungsrecht in Rechtsprechung und Praxis mit der Notwendigkeit einer gesetzlichen Ermächtigung für jeden belastenden Eingriff im Einzelnen dazu geführt, dass Verwaltung zu sehr nur noch Gesetzesinterpretation und zu wenig Gestaltung geworden ist. Typisch dafür ist die immer stärkere Begrenzung von Ermessensentscheidungen bei der Rechtsprechung. Im Prinzip kann heute fast schon jede Klassenarbeitsbenotung beim Verwaltungsgericht angefochten werden. Wenn wir die Schwerfälligkeit unserer politischen wie verwaltungsmäßigen Entscheidungsprozesse beklagen, dürfen wir die Freiheit zur Gestaltung für Entscheidungsträger nicht immer stärker einschränken. Auch Verrechtlichung kann im Übermaß ins Negative umschlagen: *Summum ius summa iniuria* – schon die alten Römer wussten, dass ein Übermaß rechtlicher Detailregelung nicht zur Gerechtigkeit führt. Dabei hat dieser Trend zur Verrechtlichung seine Ursache nicht nur in der Regulierungswut von Gesetzgeber und Verwaltung, sondern auch in einer gesellschaftlichen Entwicklung, die Entscheidungen kaum noch und ohne unmittelbare Ableitung aus Gesetzen gar nicht akzeptieren will. Freiheit und Eigenverantwortung fordern aber auch Entscheidungsfähigkeit.

Dezentralisierung bei der Zusammenlegung von Arbeitslosen- und Sozialhilfe in kommunaler Trägerschaft – auch um zu verwirklichen, dass für den Bezug von Sozialleistungen, wenn Erwerbsarbeit nicht vermittelt werden kann, vergleichbare gemeinnützige Arbeit geleistet werden muss –, ist ein konkretes Beispiel aus der aktuellen Reformdebatte. Ein anderes wäre die Stärkung kommunaler Schulträgerschaft nicht nur bezüglich der Sachmittel, sondern auch in der Personalauswahl und -führung. Sie könnte die Motivation aller Beteiligten verbessern – *Corporate Identity*, das hat die Betriebswirtschaftslehre längst belegt, setzt Kräfte frei. Wer den überraschenden Erfolg Leipzigs beim innerdeutschen Wettbewerb für die Olympia-Bewerbung analysiert, wird neben anderen Gründen darauf stoßen, dass die Identifizierung der Bevölkerung mit diesem Projekt eine beachtliche Rolle gespielt hat.

Ähnliches gilt für die Suche nach Lösungen, wie die Lage unserer Hochschulen verbessert werden könnte. Differenzierung in Profil und Trägerschaft, Studiengebühren und die Möglichkeit, die Studenten selbst auswählen zu können, sind richtige Lösungsansätze. Auch sie setzen auf die Prinzipien von Nähe, Eigenverantwortung, Identität.

Weil Identität, Zugehörigkeit, Nähe, Vertrautheit für die Menschen so wichtig sind – in Zeiten von Grenzenlosigkeit und schnellen Veränderungen eher noch wichtiger werden –, muss auf sie gesetzt werden zur Sicherung von Freiheit und Toleranz genauso wie zur Stärkung von Motivation, Selbstvertrauen, Zukunftsorientierung. Das brauchen wir für wirtschaftliches

Wachstum so sehr wie für soziale Gerechtigkeit oder etwa auch für ökologische Nachhaltigkeit.

Ein Beispiel dafür, wie wechselnde Aufmerksamkeit in der medial vermittelnden Öffentlichkeit politische Prioritäten beeinflusst, ist beim Umweltschutz zu beklagen, der an politischer Relevanz offensichtlich unter einer rot-grünen Regierung dramatisch verloren hat. Dabei ist diese Unterschätzung so falsch wie die der demografischen Entwicklung. Auch der Umweltschutz wird durch die Prinzipien von Nähe und Eigenverantwortung besser zu gewährleisten sein. Eine stärkere Anknüpfung der Besteuerung an den Verbrauch von Energie und Ressourcen – wozu etwa auch Landverbrauch, Emissionen und Müllproduktion zählen sollten –, kann den Menschen die Bedeutung von Eigenverantwortung im alltäglichen Leben vermitteln. Eine stärkere Regionalisierung von Produktion und Verbrauch vermag der Ressourcenvergeudung entgegenzuwirken und den Verbraucherschutz zu stärken.

Man muss nicht die Thesen von Hermann Scheers »Solarwirtschaft« im Einzelnen teilen – zumal er nicht der Gefahr widersteht, alle Probleme der Welt und ihre Lösung letztlich monokausal zu deuten, was Grundlage und Fehler jeder Ideologie ist –, und man darf die innovatorischen Vorzüge von Arbeitsteilung und Wettbewerb nicht verkennen, auch nicht zur Lösung von Umwelt- und Ressourcenproblemen. Aber das Problem der richtigen Kostenanlastung von Ressourcenverbrauch und Emissionen etwa durch den Verkehr darf ebenfalls nicht ausgeblendet werden. In einer technisch komplizierter und anspruchsvoller werdenden Zeit werden die Anforderungen an Vertrauen als Grundlage für Arbeitsteilung größer. Da kann Regionalisierung helfen.

Die europäische Agrarpolitik, um noch ein konkretes Beispiel zu nehmen, wird nur durch stärkere Regionalisierung reformiert werden können. Die Produktion immer größerer Überschüsse in den industrialisierten Ländern führt zur Ersetzung bäuerlicher Landwirtschaft durch industrielle Nahrungsmittelerzeugung. Das hat unvertretbare Folgen für den Natur- und Landschaftsschutz, für eine ausgewogene regionale Entwicklung und führt zu wachsenden Problemen bei Düngemitteleinsatz wie bei den Schadstoffrückständen. Darüber hinaus zerstört sie auch die Ansätze für Selbstversorgung und wirtschaftliche Entwicklung in den unterentwickelten Regionen dieser Erde. Weil aber andererseits die Lebensfähigkeit einer bäuerlichen Landwirtschaft für Landschaftspflege und Umweltschutz, für die Stabilität des ländlichen Raums wie für die Ausgewogenheit regionaler Entwicklung im Stadt-Land-Verhältnis notwendig bleibt, muss die europäische Agrarpolitik umgestellt werden.

Der Reformansatz des zuständigen Kommissars Franz Fischler, anstelle der produzierten Menge auf die bewirtschaftete Fläche als Ansatz von Förderung zu setzen, scheint mir grundsätzlich in die richtige Richtung zu gehen. Aber wenn das so ist, liegt es eben nahe, die Zuständigkeit zur Förderung von der europäischen auf die Ebene der Mitgliedsstaaten oder der Regionen zurück zu übertragen, denn eine einheitliche europäische Förderung von Portugal bis Finnland kann angesichts so unterschiedlicher Verhältnisse keine effizienten Ergebnisse zustande bringen. Kriegen wir diese Probleme bereits innerhalb Europas nicht in den Griff, scheint es mir wenig wahrscheinlich, dass wir auf globaler Ebene glaubwürdig Lösungsansätze für Probleme im Bereich Umwelt-, Klima- und Wasserschutz umsetzen können.

Freiheit und Eigenverantwortung als Ordnungsprinzipien brauchen als Gestaltungsmechanismen nicht notwendig Regulierung, durch deren Übermaß sie auch eher erdrosselt werden. Das gilt ebenso bei der Reform unserer Verwaltungswirklichkeit, zu der im Übrigen auch eine Reform unseres Haushaltsrechts gehören muss. Das kameralistische System mit seiner einfachen Gegenüberstellung von Einnahmen und Ausgaben, das aus dem Budgetrecht des Parlaments begründet wird, fördert eine Einstellung, die im Rahmen von beschlossenen Haushaltsansätzen und Stellenplänen jedenfalls nicht die Gesichtspunkte von sparsamer Mittelverwendung und Effizienz stärkt. Dazu braucht es Anreize – im Gesundheitssystem so sehr wie in den öffentlichen Verwaltungen.

Mehr Entscheidungsspielraum und Ermessensentscheidungen zu fordern bedeutet auch die Bereitschaft, nicht hundertprozentige Perfektion anstreben zu wollen. Dem Juristen zumal fällt diese Einsicht nicht leicht, weil er dazu ausgebildet ist, gerade Streit- und Grenzfälle systematisch richtig zu entscheiden. Seit wir aber lernen, dass selbst in den Naturwissenschaften Unschärfen und Zufälle Ordnungsprinzipien sind, sollten wir in den Sozialwissenschaften umso weniger ein Übermaß an Perfektion anstreben wollen.

Vielleicht kann man aber auch bei der Deregulierung des vermeintlich Guten zu viel tun. Ich jedenfalls finde, dass für Qualitätssicherung oder Vertrauensschutz der Kunden berufsständische Lösungsansätze nicht völlig außer Acht geraten sollten. Das Prinzip, den nur ökonomischen Wettbewerb in Teilbereichen nicht primär durch staatliche Kontrollen, sondern zuerst durch Selbstregulierung zu begrenzen, könnte auch für die Zukunft ein bedeutsames Gestaltungselement bleiben. Mir kommt dieser Gesichtspunkt bei vielen Debatten etwa um freie Berufe, Apothekenrecht, Handwerksordnung oder auch um technische Überwachungsvereine oft zu kurz. Wenn wir in der Globalisierungsdebatte erkennen, dass Markt und Wettbewerb allein – das heißt die Ökonomisierung aller Lebensbereiche durch Einseitigkeit oder Übertreibung – eher zu Missständen als zu einer allgemein akzeptierten und damit stabilen Ordnung führen können, dass wir im Interesse von Freiheit und Vielfalt Identität und die Bereicherung durch Unterschiede nicht vernachlässigen dürfen; dann könnte uns diese Einsicht nahe legen, auch bei unseren innerstaatlichen Reformdebatten nicht alles über einen Leisten schlagen zu wollen. Vielleicht könnte sogar die politische Linke für dieses Prinzip gewonnen werden, wenn man daran erinnert, dass selbst einer ihrer Säulenheiligen einst forderte: »Lasst tausend Blumen blühen«.

Aus Unterschieden begründen sich Freiheit wie Evolution. Dem Verständnis von der Würde jedes einzelnen Menschen ist auch nicht anders Geltung zu verschaffen als durch den Respekt vor der jeweiligen Individualität. Eine stabile Freiheitsordnung setzt aber auch eine Grundübereinstimmung in Werten und in den Vorstellungen von menschlichem Leben und menschlicher Gesellschaft voraus. Lenins Satz »Vertrauen ist gut, Kontrolle ist besser« führt in der Konsequenz in die totalitäre Diktatur, weshalb Freiheitsordnungen eher auf Vertrauen als auf Kontrolle setzen müssen, was Fehlverhalten und Scheitern im Einzelfall notwendig in Kauf nimmt.

Das alles setzt allerdings voraus, die Kräfte von Freiheit und Verantwortung, Wertebildung und Moralität zu stärken. Das geht durch institutionelle Vorkehrungen, braucht aber auch die Funktion von Leit- oder Vorbildern. In der Entwicklung unserer medialen Wirklichkeit ist zu erfahren, wie scheinbar unbegrenzte Information nicht notwendig zu mehr Informiertheit führt, sondern durch die Eigenart des Wettbewerbs um das knappe Gut Aufmerksamkeit eher zu Oberflächlichkeit. Letzten Endes ist es immer das Problem der Wahrung von Maß und Mitte.

Weshalb diese ausführliche Analyse unserer inneren Probleme in einem Buch zu Deutschlands Rolle in der Welt? Die Begründung ist darin zu sehen, dass gerade für uns Deutsche aufgrund unserer geografischen Lage, aufgrund unserer nationalen Interessen in einem geeinten Europa und aufgrund unserer traditionellen wirtschaftlichen und politischen Dependenz in einer enger werdenden Welt die Gestaltungsspielräume ohne Reformen im Innern zur Rückgewinnung wirtschaftlicher Stärke schwinden werden. Unsere nationalen Interessen sind notwendigerweise in unseren Staatsprinzipien von Demokratie, Rechtsstaatlichkeit und Freiheit sowie in Gestalt eines föderal organisierten Sozialstaats angesiedelt, sie bedürfen aber in einem globalen Zusammenhang der Umsetzung auch auf europäischer und transnationaler Ebene. Außen- und Sicherheitspolitik sind die dazu notwendigen Vehikel.

Versucht man eine überparteiliche Liste mit außenpolitischen Experten in Deutschland aufzustellen, so wird diese Liste ziemlich kurz, da man mit Außenpolitik im Normalfall nur schwer Wahlen gewinnt, auch wenn es davon mit Blick auf das Jahr 2002 uns allen bekannte Ausnahmen geben mag. Das mangelnde Interesse an der Gestaltung deutscher Außenpolitik und der Definition deutscher Interessen ist symptomatisch für unsere Neigung, uns in uns selbst zurückzuziehen. Leider kann man auf diese Weise keines der beschriebenen und äußerst drängenden, globalen Probleme lösen. Sicherheitspolitik, Klimaschutz und der Umgang mit transnationalem Terrorismus lassen sich per Definition nicht im Alleingang lösen, sind aber deshalb nicht weniger wichtig.

Im Gegenteil: Wenn wir uns als Deutsche und Teil des Westens aus der Gestaltung der Welt zurückziehen, überlassen wir diese Gestaltung womöglich Menschen oder Nationen, unter deren Entscheidungen und Handlungen wir dann womöglich mittel- und langfristig zu leiden haben. Die Auswirkungen einer ernsten Krise der transatlantischen Beziehungen können uns am Ende viel persönlicher treffen als die neue Verordnung zur Regelung der Pendlerpauschale. Wir können uns unserer globalen Verantwortung schon im eigenen Interesse nicht entziehen. Für ebendiese Themen habe ich versucht, in diesem Buch ein Bewusstsein zu wecken. Lösen wir künftige Krisen als

Teil des Westens nicht, besteht in der Tat die Gefahr, dass der Westen scheitert und wir mit ihm. Wer nicht in der Lage ist, über den eigenen Tellerrand zu blicken, droht in der darin befindlichen Suppe zu ertrinken. Wer Reformen im Innern aus dem Weg geht und Probleme verschiebt, der wird zu den dringend notwendigen globalen Reformen nicht in der Lage sein und setzt so auch alles national Erreichte aufs Spiel. Wer das Erbe der Väter vergisst und nicht neu erwirbt, der begibt sich in die Gefahr, das Erbe zu verspielen beziehungsweise von den Konsequenzen einer sich zu schnell verändernden Welt überrollt zu werden.

Schlusswort

Am Anfang der Neuzeit stand die Erfahrung der Freiheit und scheinbar grenzenloser Machbarkeit. Aber weil die Freiheit der Machbarkeit die Freiheit selbst auch zerstören kann, betitelte Picco de la Mirandola sein schon im Jahr 1486 erschienenes großes Werk über die Freiheit ausdrücklich »Die Würde des Menschen«. Nur mit einem hinreichenden Maß von Gelassenheit und Distanz, die dieser Würde entsprechen, kann dem Hin- und Herschwanken zwischen Hedonismus und Betroffenheitskultur entgegengewirkt werden.

Leit- und Vorbilder haben es in der medialen Wirklichkeit des globalen Informationszeitalters nicht leicht. Weil Menschen als Mängelwesen nicht nur groß, sondern immer auch klein, schwach und fehlerhaft sind, hat die soziale Evolution Scham und Tabus herausgebildet. Vertrauen braucht Nähe und Distanz gleichermaßen, Diskretion. Hinzu kommt die Beschädigung von Eliten und Autorität durch Missbrauch, Versagen in totalitärer Versuchung oder auch Widerstand gegen Modernisierung, also Verteidigung von Besitzständen, Privilegien und Strukturen gegen die Wirklichkeit der Modernisierung. Aber die schwächer gewordene Wirkungskraft von Eliten und Autorität ist nicht ohne Probleme, weil ihre Vorbild- und Führungsfunktion notwendig ist. Wer moralisch begründetes Verhalten unter den Bedingungen freiheitlicher Ordnung fördern möchte, kann auf Eliten nicht verzichten.

Geschichtsbewusstsein, Übernahme von Verantwortung,

Zugehörigkeit heißt im Zusammenhang von nationaler Identität auch, das Bewusstsein von der Priorität von Außen- und Sicherheitspolitik zu verstärken, gegebenenfalls neu zu begründen. Eine Gesellschaft oder ein Volk, das sich für Probleme und Entwicklungen außerhalb seiner eigenen Grenze letztlich nicht zuständig fühlt und kaum interessiert, gibt der Introvertiertheit Raum. Introvertiertheit muss dazu führen, nicht nur sich ausschließlich mit den eigenen Problemen zu beschäftigen, sondern vor allem Besitzstände zu verteidigen. Die Verteidigung der Besitzstände aber erschwert Innovation, und so wird aus Introvertiertheit Stagnation.

Nationale Identität ist kein Gegensatz zu europäischer Einigung, auch nicht zu atlantischer Partnerschaft und globaler Verantwortung. Und nationale Identität ist kein Gegensatz zu Offenheit und Toleranz. Wir werden weder die Verkrustungen unseres Arbeitsmarktes noch die Folgen der demografischen Entwicklung durch unbegrenzte Zuwanderung lösen können, weil ein solcher Ansatz mit dem Prinzip von Eigenverantwortung nicht zu vereinbaren wäre. Bequeme Ausreden, die die Analyse und Beseitigung der wirklichen Schwachstellen scheinbar überflüssig machen, schaden der Eigenverantwortung. Aber auf Offenheit und Toleranz bleiben wir angewiesen, im Sinne der gesellschaftlichen Innovation wie bei weltweiter Arbeitsteilung und Verantwortung. Und Offenheit setzt die Fähigkeit und Bereitschaft zu Integration voraus. Deshalb bleiben auch in der Zuwanderung Maß und Mitte unverzichtbar.

In Maß und Mitte, Gelassenheit gegenüber Machbarkeitswahn und hypertrophem Veränderungstempo – wie in den globalen Entwicklungen werden wir in den Problemen unseres eigenen Landes am ehesten Lösungen finden, wenn wir uns auf die Kräfte besinnen, die im Menschen stecken. Jeder einzelne Mensch ist sehr viel mehr als nur ein Wirtschaftssubjekt: zur Freiheit berufen und zur Verantwortung bereit, anpassungsfähig an die verschiedenartigsten Herausforderungen. Je stärker er sich persönlich angesprochen, auch betroffen fühlt, desto mehr ist er zu Einsatz bereit, auch zu Solidarität.

Vor Jahren hatte ich über Pater Delp zu sprechen an einer Schule, die seinen Namen trägt. Ich habe meine vierzehnjährigen Zuhörer dabei an Hannah Arendts Ausführungen über die Banalität des Bösen erinnert, die sie nach der Beobachtung des Eichmann-Prozesses schrieb. Auch das Gute kommt oft ganz alltäglich daher, und manchmal wirkt es fast zufällig, ob einer sich zum Guten oder zum Bösen entscheidet. Den Unterschied macht, ob man den Anderen ansieht, als Mitmenschen zur Kenntnis nimmt oder nur als anonymes Objekt, als abstrakte Größenordnung. Das habe ich bei dem Film »Der Pianist« so empfunden. Der Wehrmachtsoffizier, blond, blauäugig, groß gewachsen, der im zerstörten Warschau auf das Elendsbündel trifft, das aus dem Getto geflohen ist und sich unter unsäglichen Umständen über Monate hinweg vor der tödlichen Bedrohung versteckt hat, folgt einer Laune des Augenblicks, als er auf die Aussage des Juden, er sei Pianist gewesen, einen Konzertflügel in der halb zerstörten Villa sieht und den Verängstigten auffordert zu spielen. Und in diesem Moment ist der Verfolgte nicht mehr ein abstraktes Objekt, sondern ein Mensch, und aus dem Wehrmachtsoffizier wird auch ein Mensch, der unter Inkaufnahme großer persönlicher Gefahr dem Verfolgten hilft. So hat mir in Yad Vashem der Museumsleiter vor kurzem die Umbauarbeiten erläutert und gesagt, man wolle anstelle der großen Zahlen in Zukunft mehr auf das Schicksal einzelner Opfer in den pädagogischen Bemühungen abstellen.

Aus Nähe, Vertrautheit, zwischenmenschlicher Kommunikation wächst auch Lebensfreude. Verglichen mit der Armseligkeit mancher Prominentenparty, wo es letztlich nur um mediale Aufmerksamkeit geht und jede Unterhaltung abgebrochen wird, wenn ein publicityträchtigerer Gesprächspartner winkt, ist jedes Lagerfeuer von Pfadfindern kommunikativer. Dass das Bedürfnis gerade im Zeitalter der elektronischen Medien und des Internets wächst, kann man sogar in der aktuellen Krise der Fußballbundesliga entdecken: Während die Einnahmen aus Fernsehübertragungsrechten zurückgehen, boomen die Zuschauerzahlen in den Stadien. Unmittelbares persönliches Erleben ist offensichtlich durch nichts gleichwertig zu ersetzen.

Weil der Mensch so vielfältig begabt ist, muss jeder Übertreibung entgegengewirkt werden, denn die Übersteigerung führt notwendig zur Einseitigkeit und in der Folge zu Verkümmerung. Ideologisch begründete Systeme enden immer im Totalitarismus. Das ist die Erfahrung des 20. Jahrhunderts, und die fundamentalistischen Exzesse unserer Tage zielen in die gleiche Richtung. Auch diese Erfahrung spricht gegen die Steigerung jedes einzelnen Gesichtspunktes oder Interesses und eben für Maß, Mäßigung und Ausgleich. Nichts anderes meint Karl Raimund Popper, wenn er sagt, dass offene Gesellschaften immer zur Korrektur von Irrtümern in der Lage sind. Wieder einmal: Nichts im Übermaß!

Das gilt auch für globale ökonomische Interessen. So wichtig das Streben nach Wohlstand ist, so unbestritten Markt und Wettbewerb die effizienteste Ordnung auch im globalen Rahmen zur Deckung materieller Bedürfnisse und zur Steigerung der Güterproduktion sind, so wenig darf die menschliche Dimension jenseits von Angebot und Nachfrage vergessen werden. Gesellschaften ohne Werte sind wertlos im wörtlichen Sinne. Ein Schiff ohne Tiefgang und Anker wird zum Spiel der Wellen. Gesellschaften leben von der Zufriedenheit der in ihnen lebenden und arbeitenden Menschen. Wenn man sich heute das Betriebsklima etwa in Krankenhäusern, nicht nur im Verhältnis zu den Patienten, sondern genauso der Mitarbeiter untereinander anschaut, fragt man sich zunehmend, wer eigentlich durch Arbeitszeitverkürzung, Lohnsteigerung und Rationalisierungsdruck am Ende wirklich etwas gewinnt. Und was sich im Konkreten zeigt, gilt auch ganz allgemein: Verglichen mit anderen Zeiten und anderen Teilen der Erde leiden wir trotz aller wirtschaftlicher Probleme in Deutschland nicht an Armut, und dennoch nehmen Verunsicherung und öffentliche Verdrießlichkeit zu. Überdruss, der aus Überfluss folgt?

Die Kräfte, die im einzelnen Menschen stecken, begründen letztlich die Überlegenheit des Subsidiaritätsprinzips. Und das Wissen, dass der Mensch nicht vom Brot allein lebt, nährt Zufriedenheit und Gelassenheit gegenüber jeder einseitigen Übersteigerung. Wenn der Einzelne wichtig ist, dann ist jeder Einzelne wichtig. Das ist die Grundlage für persönliche Verantwortung, Betroffenheit und Solidarität. Und wenn jeder einzelne Mensch seine eigene unverwechselbare und unveräußerliche Würde hat, dann folgen daraus Gleichberechtigung und der Wert der Verschiedenheit. Deshalb muss Raum bleiben für unterschiedliche Identitäten.

Veränderung ist ohne Grenze nicht denkbar, während grenzenlose Veränderungen Menschen global wie national überfordern. Man muss die Grenzen nicht absolut setzen. Letztlich bleiben sie ohnedies außerhalb menschlicher Verfügung, aber nur mit Grenzen ist zeitliche und räumliche Bewegung identifizierbar. Der Mensch wie jedes irdische Leben ist auf Bewegung und Veränderung angelegt, beständig, vom Anfang bis zum Ende. Stillstehen fällt schwerer als Bewegung. Im Streben liegt Erfüllung. Das ist der Inhalt der Faust'schen Wette. Und deshalb begreife ich mit Albert Camus den Sisyphos als glücklichen Menschen. Die verbreitete Lesart der klassischen Sisyphoslegende sieht ihn eher als Hamster, der beständig sinnlos sein Rad dreht. Diese Sichtweise ist jedoch falsch, denn durch immer neue Grenzen, die man erreichen möchte, durch neue Ziele, die es zu erreichen gilt, erhält auch das Streben immer neuen Sinn und verschafft Erfüllung.

Kommunikation und Verschiedenheit, unterschiedliche Identitäten, erfordern auch Gerechtigkeit. Die ist so wenig absolut zu setzen wie Grenzen, aber sie liefert Maßstäbe für individuelles Verhalten und Streben, auch Rechtfertigung. Üblicherweise sagt man, dass das Recht den Schwachen schützt. So richtig das bleibt, so sehr erfahren wir, in den aktuellen weltweiten Spannungen genauso wie in unseren innergesellschaftlichen Verteilungskämpfen, dass auch der Starke des Rechts bedarf. Ohne die präventiv befriedende Wirkung von Recht und Gerechtigkeit werden die Konflikte übermächtig, und die bedrohen am Ende den Wohlhabenden mehr als den Armen, weil Ersterer mehr zu verlieren hat. Die Selbstmordattentäter im Zeitalter asymmetrischer Kriegsführung scheinen auf den ersten Blick in dieses Erklärungsschema zu passen. Doch sie geben ihr Leben im Tausch für das vermeintliche Sein als Märtyrer. Hier muss eine westliche Politik ansetzen, die all jenen Verzweifelten und Hoffnungslosen ein glaubwürdiges und greifbares Lebensmodell verschafft und sie von der Werthaltigkeit des diesseitigen Lebens überzeugt.

Die Steigerung materiellen Wohlstands allein macht Menschen noch nicht glücklich, nicht einmal zufrieden. Das Gesetz vom abnehmenden Grenznutzen ist ja ein ökonomisches. Die Freude eines Kindes unter dem Weihnachtsbaum über ein neues Spielzeug nimmt bald ab; es sei denn, durch Beschäftigung mit dem Spielzeug wird neue Befriedigung geschaffen.

Schon Goethe wusste das: »Was du ererbt von deinen Vätern, erwirb es, um es zu besitzen.« Daraus wächst Selbstvertrauen, also aus Streben, und damit das Streben Markierung findet, müssen wir uns über unsere Aufgaben verständigen, jeder Einzelne, unsere staatlich verfasste Gesellschaft, die Europäer und der Westen gemeinsam und letztlich auch die Menschheit insgesamt in unserer *interdependenter*, von einander abhängiger gewordenen Welt.

Verantwortung für künftige Generationen gehört gewiss

dazu. Also kein Übermaß an Schulden nach dem Prinzip »Nach mir die Sintflut«. Wir brauchen eine neue Generationengerechtigkeit, die die Realitäten der demografischen Entwicklung berücksichtigt und Jungen und Alten das Gefühl vermittelt, miteinander im Boot zu sitzen. Wir brauchen ökologische Nachhaltigkeit und müssen uns dazu angesichts der selbstzerstörerischen Fähigkeiten menschlicher Zivilisation im Verbrauch endlicher Ressourcen bescheiden. Wir müssen die Beherrschbarkeit von Konflikten und die Vermeidung der Eskalation von Gewalt und Zerstörung weiterentwickeln.

Ein Deutschland, das seine Probleme durch Rückbesinnung auf die eigenen Stärken in den Griff bekommt, leistet damit seinen Beitrag, das Scheitern des Westens zu verhindern. An unserem Wesen soll sicherlich nicht mehr die Welt genesen, aber uns Deutschen ist so viel mit auf den Weg gegeben worden, dass wir uns einer globalen Verantwortung nicht entziehen können und dürfen. Die Werkzeuge zur Lösung nationaler wie globaler Probleme stehen als Teil des Westens uns allesamt zur Verfügung. Wir müssen nur den Willen aufbringen, die uns gegebenen Möglichkeiten zu nutzen zum Wohle aller. Weil Aufgaben Streben begründen und der Mensch im Streben Erfüllung findet, haben wir angesichts der Größe der Aufgaben wenig Grund zu Verzagtheit, aber viel für maßvolles und entschiedenes Handeln. Und eben Letzteres ist es, das nicht nur das Scheitern des Westens verhindert, sondern damit auch das Potenzial schafft, aus der Globalisierung eine Mondialisierung zum Wohle aller zu machen. *Erkenne dich selbst* und *Nichts im Übermaß!*

Dank

Dieses Buch ist das Ergebnis gemeinschaftlicher Arbeit, für die ich Markus Kerber und Nils Ole Oermann danke. Markus Kerber, 1963 geboren, hat im Jahr 1992 das Studium der Wirtschaftswissenschaften und der politischen Wissenschaften an der Universität Hohenheim und der University of California, Los Angeles, mit einer Dissertation über »Verteidigungsausgaben, wirtschaftliche Leistungsfähigkeit und internationaler Status: Westliche Industrieländer im 20. Jahrhundert« abgeschlossen und danach beim Bankhaus Warburg sowie später bei der Deutschen Bank in London gearbeitet, ehe er 1998 Gesellschafter sowie für Finanzen, Betriebswirtschaft und Personalwesen zuständiges Vorstandsmitglied der GFT Technologies AG wurde. Neben seiner Tätigkeit in der Wirtschaft haben ihn die Fragen der Außen- und Sicherheitspolitik sowie zunehmend die ethischen Grundlagen der modernen Gesellschaft und Wirtschaft nie losgelassen, und genau darüber haben wir immer wieder miteinander diskutiert, seit ich ihn kennen lernte, als er im Frühjahr 1997 im Büro des damaligen Stellvertretenden Fraktionsvorsitzenden Hans-Peter Repnik die CDU/CSU-Bundestagsfraktion im Zusammenhang mit der Gesetzgebung zur Förderung der Finanzmärkte beraten hat.

Im Jahr 2002 ist Nils Ole Oermann zu unseren Diskussionen hinzugestoßen. 1973 geboren, hat er nach dem Studium der evangelischen Theologie, Rechtswissenschaften, Geschichte und Philosophie an den Universitäten Münster und Leipzig

1996 einen Mastergrad in Theologie an der Universität Oxford und 1997 das Diplom als evangelischer Theologe an der Universität Leipzig erworben. Im Jahr 1998 wurde er mit einer kolonialgeschichtlichen Dissertation zum Doctor of Philosophy in Modern History an der Universität Oxford promoviert. 1999 erwarb er den Doktorgrad in Theologie an der Universität Leipzig. Von 1999 bis 2001 arbeitete er als Unternehmensberater bei der Boston Consulting Group in Australien und Neuseeland. Danach folgte ein zweijähriges postgraduales Studium an der Harvard University, das er im Jahr 2003 mit dem Master in Public Administration abschloss. Neben der Ableistung eines Vikariates bei der Evangelischen Kirche von Berlin/Brandenburg habilitiert er sich derzeit in Wirtschaftsethik an der Theologischen Fakultät der Humboldt-Universität zu Berlin bei Professor Richard Schröder.

Das vorliegende Buch ist das Ergebnis unserer Gespräche und gemeinsamen Arbeit, der ich viele neue Erfahrungen und Kenntnisse verdanke. Mit vielen der Fragen und Themen, die in diesem Buch angesprochen werden, beschäftige ich mich seit langem und immer wieder. Unser gemeinsames Bemühen ist es gewesen, Grundströmungen aufzuspüren und Zusammenhängen nachzugehen. Markus Kerber und Nils Ole Oermann haben dazu für mich unschätzbar wertvolle Beiträge geleistet. Gleichwohl bleibt die Verantwortung für jede Aussage dieses Buches ausschließlich bei mir.

Angesichts unserer Absicht, grundsätzliche Beobachtungen mit aktuellen Problemen und Erfahrungen zu verbinden, haben wir uns für eine zeitnahe Veröffentlichung entschieden. Das hat auch an den Bertelsmann Verlag zusätzliche Anforderungen gestellt, und ich bedanke mich bei Klaus Eck und Johannes Jacob mit ihren Mitarbeitern für stets aufmerksame und hilfsbereite Unterstützung.

Register